ホツマツタヱ発見物語

松本善之助 著
池田満 編

本書は「秘められた日本古代史・ホツマツタヘ」（一九八〇年七月）及び「秘められた日本古代史（続）ホツマツタヘ（一九八四年九月、共に毎日新聞社刊）の一部を削除し、池田満氏によるまえがき、解題などを加えて新たに編集したものです。

なお、松本善之助先生の著書ではホツマタヘ゛と表記されていますので、松本先生の著書の部分はそのままとしました。詳しくは巻末の凡例をお読みください。

ホツマツタヱ発見物語

目次

はじめに

松本善之助先生に捧ぐ

池田　満

現代発見から50年

ちょうど、今年で、松本善之助先生の現代発見から50年を迎えます。

ヲシテ文献は、『古事記』『日本書紀』の原書だったのです。記紀との比較によって、わたくしたちが確認しました。奇跡とも言える、『ホツマ ツタヱ』などヲシテ文献の発見です。

誰が、そのような事態を想像し得るでしょうか？ 漢字以前の真実の文献だ、なんて。まさに、現代の奇跡と申せます。想像さえが、まったくの未知の領域です。

記紀の原書の、現代で奇跡的な発見です。どれほどに、大きな価値を持った発見であるのか？ いま一度、皆さま思いを馳せて下さいませんでしょうか？

『ホツマ ツタヱ』などヲシテ文献に遭遇して、その価値の在り処(か)を順当に見定めると言う快挙こそは、松本善之助(まつもとよしのすけ)先生が現代に実現なさいました巨大な功績です。奇跡からの、本当の真実への転換です。『古事記』『日本書紀』の原書としての位置の発見です。

これが、第一の重要事項です。この、我が国の根拠を定め直す端緒を歴史に刻んだ功績は、どれほど、讃えても過分には当たらないとわたくしは考えております。

そこで、『ホツマ ツタヱ』などヲシテ文献の現代発見に至る、幾つもの不思議なドラマを、松本善之助先生の真剣な思いの過程を、ご承知して頂きたいと願っています。

我が国の本来の伝統の根幹の揺らぎ、そこの大事を、直してゆきたいのに、どうやっても上手く運んでゆけないもどかしさを、松本善之助先生は苦しみ抜いてこられていたからです。気持ちとして身近に居合わせさせて貰っていました私は、その気迫をいつも、常々ひしひしと感じていました。松本善之助先生からは、厳しくも、鍛えて戴きました。今になってやっと、真理が解かってまいりました。

松本善之助先生の功績

松本善之助先生は、復員後、自由国民社の編集長として『現代用語の基礎知識』の発刊から携わっておられました。戦後の荒廃した経営哲学を修復したいと、ピーター・ドラッカーの著書を広めたいと、翻訳本の『現代の経営』の刊行にも尽力をされました。近年には女子高生が運動部のマネージャーになって、ドラッカーの考え方の活用をしてゆく小説本が、ベストセラーにもなりました。そうしましたら、松本善之助先生は、50年は先行する叡智をお持ちだったようです。

ドラッカーさんに、捩じり鉢巻きで翻訳許諾の依頼の手紙を書いたのだと、お話になられていたのを、わたくしは昨日のように思い出しています。

編集者として、第一線に立って活躍しておられても、真摯なお気持ちがウズウズと目覚めてこられたようでした。このあたりから、普通の常人とは違う雰囲気が漂い始めます。ここが、のちの大発展への切っ掛けに繋がる芽吹きだったのだと思います。

「禅」から「梅の花」

松本善之助先生は、この後に、参禅に目覚められます。今、現在でも、やはり、そうです。外国人たちが、または我が国の人々でも、我が国風のことに興味を持ってきたら、キーワードのひとつの筆頭に「禅」が出てまいります。宇宙も世界も、循環をするのでしょうね。アップルのスティーブ・ジョブズなども、やっぱり「禅」でした。スティーブ・ジョブズは、食べ物ではお寿司にはまっていたそうです。お寿司の、流行（はやり）は、我が国の伝統に於いては、それほど古くはないようです。大体、江戸時代頃だと聞いています。本来の我が国の料理の文化・技法は、もっと古い時代から培（つちか）われています。つまり、江戸時代の流行の前には、室町時代の料理法があったわけです。さらには、もっと古く、平安時代の事があってこそです。さらには、もっと遡るとヲシテ時代があってこそですね。

長い歴史があってこそです。これが無かったら、江戸時代は成立していません。お寿司も出来なかったかも知れません。さらには今も、もっと混乱の有耶無耶（うやむや）もいいところだと思います。

我が国の本来の文明を知るには、さらに、さらに、もっと前に遡らないと……。それは、漢字以前の、ヲシテ時代です。これが、ヲシテ文献による、新発見です。ヲシテ時代にまで、此処にと遡（さかのぼ）ると、本当の我が国の姿が解ります。すなわち、大文明の礎石を据える事が、やっと可能になります。

ヲシテ時代の真実に、定礎を定めるのは重要です。

日本回帰の切っ掛けの、そのまた前段階には、室町時代頃の「禅」が、入り口に成り得る場合が多いです。

松本善之助先生は、当時、もっとも求道的に深いと評判の加藤耕山老師に巡り会われます。けわしい道のりも、乗り越えてゆかれます。厳冬期の雪の日の托鉢行もやり遂げられます。こうして、愛弟子と認められるまで道を進められました。いつもはとても厳しい、加藤耕山老師も、雪の日の托鉢の帰りには、『どうじゃった、な？』と、ニコニコと迎えて下さったと、松本善之助先生の述懐を伺った記憶があります。松本善之助先生は、加藤耕山老師から「兀山」という禅の称号を授かります。なんでも『あなたは、ゴツゴツだからね』と、耕山老師はおっしゃっておられたそうです。それは、真理への探究の一途さを松本善之助先生は満身に満ち満ちとさせておられたのでしょう。さすが達人の、加藤耕山老師はスッと見抜かれておられたようです。

さて、とある神社の鳥居の社前にて、托鉢の出で立ちの草鞋の鼻緒が切れたのが不思議でした。ここが、何とも得も言われぬところです。草鞋の鼻緒が切れたのが、切っ掛けでした。ふと見上げる、その、鳥居の先に紅い梅の花が咲いていました、のでした。これが、不思議な転機を生じさせました。松本善之助先生は、やっと、お寺と、神社の違いに気が付いたという事でした。お寺は、そもそもが、外来のモノです。神社は、元をたどると我が国の古来の本来の伝統につながるものです。

外来のモノ、我が国の本来のモノ、その違いが、草鞋の鼻緒が切れたことで、やっと「ハッと」気が付いたのが、その時の松本善之助先生でした。

「これまで、参禅で一生懸命にしてきたけれど、一体、何をやってきていたのだろうか？　我が国とは、一体、何だったのだろうか？　仏教を極めたとしても、はたして、我が国のことが、どれほどに解かるのだろうか？」

この時、ハッと、そう思ったと、松本善之助先生からお聞きしていました。それは、ふっと見上げた、紅(あか)い梅の花でした。

ハッとした気付きは、何処で、ひょんなことから起きるのか？　摩訶不思議、誰にも解かっちゃいないものだという事でしょう。不思議な成り行きが、わたくしたちの、それぞれの人生なのでしょうね。

『ホツマ ツタヱ』などヲシテ文献の、現代発見にまつわる成り行きは、本当の「日本」の再発見への、情熱と信念から生まれた感動のドラマです。ぜひ、ご覧願いたいと、ここに、現代発見から50年の記念に上梓する事になりました。

秘められた日本古代史

ホツマツタヘ

松本善之助

正編

ホツマツタヘに魅せられて

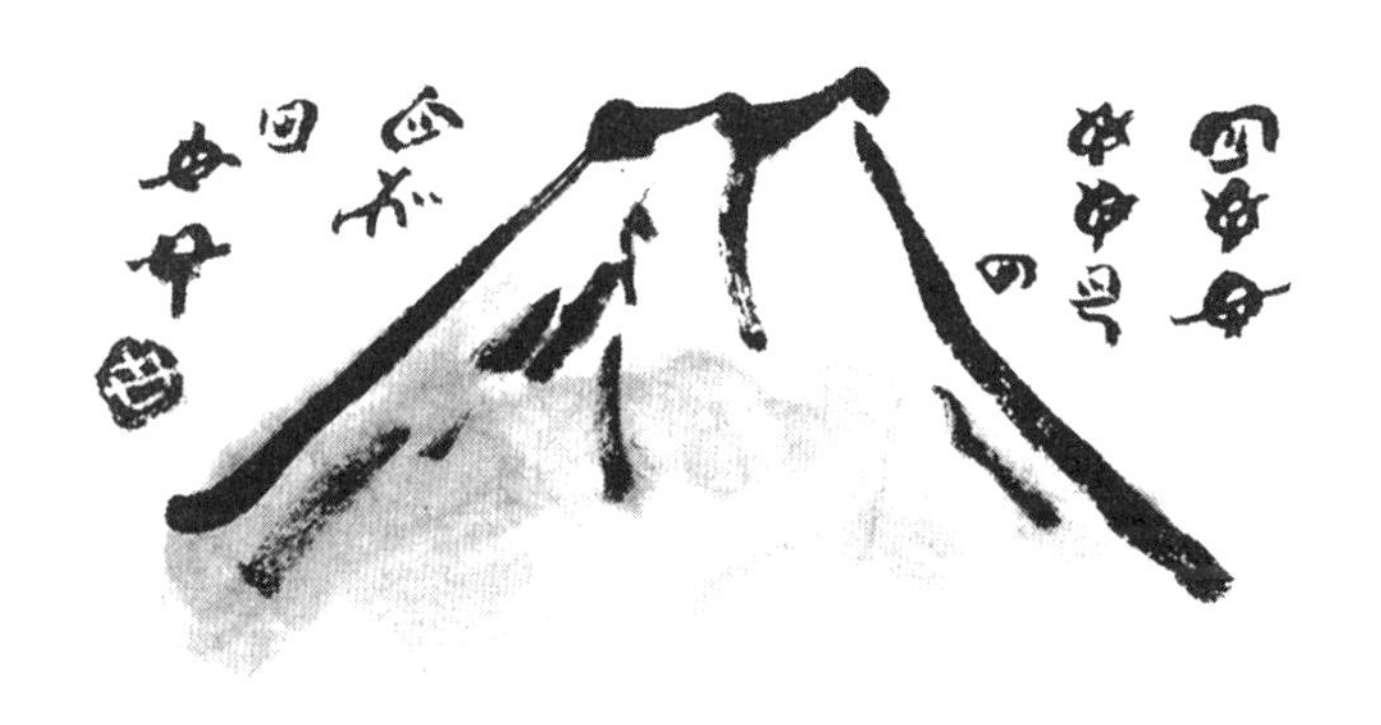

ホツマツタヘは富士の山

ホツマツタヘに魅せられて

あたたかい魂のふるさと

日本をすばらしい国とたたえる書物は、昔から今日までたくさん書かれてきました。でも、日本を心からいい国と思うようになる書物ということになると、ここに述べるホツマツタヘに過ぎるものは過去から現在まであったとは思えません。いや、絶対にないと確信します。

バイブルが欧米の人々に、コーランが中東の人々に、いつまでも変らない心の糧であるように、このホツマツタヘは日本人のあたたかい魂のふるさととして、日本人自身によって大事にされることになるでしょう。いずれ近いうちに、必ずそうなるに間違いありません。

いきなりこう書くと、なんと押しつけがましい独断的な考えだと、反発されるかもしれません。まだ読んでもいないのに無理だと反論する方もあるでしょう。

しかし、そのように思う方でも、この小著を最後までお読みになった後は、ウーンとうなって私の言ったことがウソではないと納得されるでしょう。

またしても、私は自信過剰なことをついつい言ってしまいました。しかし、この言葉の本当の意味は、私が書くような下手でスキだらけの文章でもきっと読者の心を動かすに違いない、なぜならもとのホツマツタヘそのものが抜群に光りかがやいているからと言いたいからに外なりません。

また読者は、本書を読んでゆくうちに、あまりに意外な事柄がありすぎて、本当だろうかと首をひねったりびっくりしたりするところに度々でくわすでしょう。だから、その意味では、この本は日本意外史と言っていいかもしれません。

図案のような文字

いま私は、あなたがこの小著を読んで首をひねったりびっくりしたりされるだろうと書きました。そうです。このホツマツタヘについては、実に想像や常識を超えて首をひねったりびっくりすることばかりが書かれているのです。その第一番目に驚くことから書き始めましょう。

それは、何と言っても文字のことです。

あなたは、右にホツマツタヘという図案のような、見たこともない格好の形を目にし、これにホツマツタヘと仮名がふってあったのをご覧になったでしょう。実はこのホツマツタヘという形は文字なのです。漢字が入る前に、日本で行われていた正真正銘の古代文字なのです。つまり、日本には文字があったのです。

あなたはエッ？　とケゲンな顔をされるでしょう。なぜなら、あなたは日本にはもともと文字はなかったと教わってきたからです。漢字が大陸から入ってきて、初めて我々の祖先は文字というものを知り、書いたり記録したりすることを覚えたと教えられてきたからです。日本国中、何人(なんびと)もそのように信じてきました。そしてこのことを誰一人疑わず、今日まできたのでした。

それが、突然いま何の権威もない私ごとき者から、古代日本には文字があったと聞かされたのです。そしてその実物さえみせられたのです。びっくりしないわけがありません。眉につばをつけたい気持になることも確かでしょう。

でも、この文字の形だけではなく、この文字を使って書かれた書物、それも一巻や二巻ではなく、四十巻という膨大な量の書物がみつかったとしたらどうでしょうか。しかも、このホツマツタヘと、これまでの日本で最古の書物とされていた古事記や日本書紀との関係がはっきりしたらどうでしょうか。

それもホツマツタヘを元にして、古事記や日本書紀ができたということが証明されたとしたらどうでしょうか。

そうなれば、いかに頑固に反対しても、その書物は日本最古のすばらしい書物ということにならざるをえないでしょう。その書物がホツマツタヘというのです。

恐ろしい偏見

しかし、思慮深い読者は、まだ釈然としないものをおもちでしょう。それはこういうことだろうと思います。ホツマツタヘがそんなにものすごいものなら、学者が黙っているはずがない。国語学や日本古代史を日夜研究している大学教授や専門家たちが、このホツマツタヘをいち早く読み先を争って研究するということになってもよさそうなものだ。それにまた、カンのいいことにかけては天下一品のジャーナリストたちが目をつけないというのもおかしい。こりゃ、何だか変だぞ。そう思われるのは当然です。そしてまたあなたは次のようにも考えるでしょう。

その道の専門の人々がホツマツタヘの紹介の本を書くというならまだ話がわかる。それなのに、もともと素人で国語学や古代史の素養のない私ごとき者が、そんな大それた本を書けるはずがない。どうも腑におちない。ますますもっておっしゃる通りです。それにもかかわらず、私はこうして原稿を書いて皆さんに読んでもらおうとしています。なぜでしょうか。

それはズバリ言えば、偏見のなせる術だと思います。国語学者は古代文字がないという支配的学説にひっかかってしまい、現に目の前にあるホツマツタヘをまともに見ようとしないのです。

しかし、これはおかしいのではないでしょうか。ホツマツタヘをよく調べてみて、インチキだとか後世にできたものだとかいうなら話は分かります。まるで見もしないで、これまでの学説に日本には文字がないとされているからないんだというのでは話になりません。それは学者の態度とは言えないのではないでしょうか。

また、一方、古事記は日本で一番古く尊い書物だという考え方は、日本古代史の学界ばかりでなく、マスコミから一般社会までいき渡っています。

しかし、新らたに出てきたホツマツタヘの方が、古事記より古いのです。このことはホツマツタヘと古事記とを、よく読み較らべてみたらわかることです。日本書紀もこれに加えてみればなお一層はっきりします。

そのことの証明をした『ホツマツタヘの成立』という本を、今から八年前の昭和四十八年に私は書きました。そしてそれを、専門家やマスコミへ送りました。でもそれを見ようともしないで、依然として古事記の方を古いと思いこみ、古事記の悪口をいうのはけしからんと言うのでは、これも話にならないのではないでしょうか。

要するに、いったんこうときまった考え方はなかなか直らないものです。また直すのが億劫になるものです。この偏見と億劫さというものが、ホツマツタヘを認めようとしないのです。またホツマツタヘが世に出る道をふさいでいるのだと思います。

自らをいやしめる癖

ホツマツタヘが世に出る道をふさいでいるものに、もうひとつ重要なものがあります。これは相当根の深いもので、日本人の民族的欠点とも言うべきものでありましょう。それは自らを卑しめるという癖です。外国のものは何でもよくて、自分の国のものは何でも悪く劣っているという考え方です。

日本は立派な文字をもっていたのに、他国の文字に眩惑されて漢字を国字にしてしまったのも、この性癖のなせるわざだったのです。

文化はもともと日本にはなかった、西の方から入ってきた文化をうまく料理するのが日本民族の特長だ、そう皆さんは教えられてきたでしょう。

しかし、この考えは間違っています。もとになるチャンとしたものが日本にあったのです。だからこそ、どんなものが入ってきても、これを料理できるのであって、もとがなければ料理するもしないもないでしょう。

そのもとがあるということに、これまでの日本人は気が付かなかったのです。ホツマツタヘを読めば、そのことがよく分かります。

日本にもとがあることを知らないで、キョロキョロと外の方ばかりに目をやって、外国の文物を受け入れるのに忙しかったのが、これまでの日本です。漢字を国字にしてしまった第十五代応神天皇以来、千五百年もの長い長い間、この状態は続けられてきました。

そしてこのお先棒をかついだのが貴族と知識階級であり、これが日本を支配してきたのです。洋行帰りが、今も昔もハバをきかせているのが日本です。

これまでの日本歴史は、外国文化を受け入れた歴史として書かれています。読者の皆さんの教わった歴史もそういうものだったでしょう。例外は一つもありません。

しかし、大事なことは日本民族の底には素晴らしい文化があったことを知らねばならないのです。

ところがよくしたもので、いかなる時代でも日本を本当に支え守ってきた者があったのです。それは庶民だったのです。また女性だったのです。お先棒をかついだインテリの考え方は、庶民と女性の間に入って年月かけてもまれていると、いつの間にか毒をぬかれて浄化され、日本的に変化せざるをえなくなってしまうのでした。これが本当の日本の歴史だったのです。

この庶民と女性の力を、ホツマツタヱ発見後、十五年間に私はしみじみと体験しました。その支えがなければ、今日まで私はやって来られなかったでしょう。

大学という城に住む学者や専門家やしたり顔をした識者などに、私はまったく失望しました。

そこでです、私はこれまで私を守り支持してくれた同志と同じ心をもっているけれど、まだホツマツタヱを知らない庶民と女性に向って語りかけようと思います。それが本書です。

これまでの歩み

この辺で、これまでの私の歩みを簡単に顧みてみたいと思います。いま述べた庶民と女性の力を私がこれまで得てきたということの具体的証拠としてお読みいただければと思います。

私がこのホツマツタヘを愛媛県宇和島市の小笠原家で発見したのは、今から十五年前のことで、私の四十七歳の時でした。その頃、私は修養雑誌『盲人に提灯』というささやかな月刊誌を出していたのでした。

私は発見してすぐ懇意だった国語学者と古代史の大学教授に、このホツマツタヘのことを知らせました。しかし、まったく意外なことには、けんもほろろの挨拶でした。先に書いた偏見に早くも私はぶつかったのでした。

しかし、この時、私はホツマツタヘを棄てはしませんでした。私はそれまで五年間続けてきた月刊『盲人に提灯』を思い切って月刊『ほつま』と改題し、これに「ホツマツタヘ発見物語」を三回にわたって連載しました。これが本書の後の方に載せた「全巻発掘までの探索」です。

そして私は月刊『ほつま』に、ホツマツタヘと一緒に発見した小笠原長武の遺稿を続けて載せました。明治から大正にかけて日本国中で、たった一人ホツマツタヘを守っていた長武の記録は、正に宝物のように私には思われたのでした。ことにホツマツタヘについて唱(うた)った長武の長歌の見事さには、ほとほと感心しました。

長武遺稿の連載が終わると、『ほつま』を休刊し、私は三年間の蟄居(ちっきょ)生活に入りました。

この三年の間、私は文字通り他のすべてを投げうってホツマツタヘ研究に没頭したのでした。この間の生活費は同志によって支給されたものです。そのことが自分には何の利益を与えるものでもないが、日本の国にとって絶対必要なものであるという確信だけで、いささかの条件をつけるでもなく、私を後援してくれたのでした。私のいう庶民の持つ底力とはこういうものです。

私は素人だからなどと言ってはいられません。シャニムニ疑問点をつぶしていきました。そしてホツマツタヘ四十アヤ、を全部読みあげました。ホツマツタヘでは、巻のことをアヤ、と呼ぶのです。

その結果、ホツマツタヘこそ驚くべき書物で、世紀の大発見であることを再確認しました。この書こそ日本の柱になるものだとそう思えたのです。

そこで前の『盲人に提灯』の読者に、このホツマツタヘを一緒に読もうと呼びかけました。これに応じたのが、仙台、東京、名古屋、少し遅れて大阪も加わりました。各地とも十名足らずの僅かの人数でした。女性も各地とも一人ないし三人ほどいました。それで『ホツマツタヘ研究会』が生れたのです。

そこへ月一回、私は喜々として出かけました。この研究会でホツマツタヘの原典を写真版にしたのを、古事記、日本書紀とつけ合わせながら読むというごく地味な作業を始めたのです。

とはいえ、正直言って私はじめ集まった誰もが、これまで古事記も日本書紀も手にしたことさえない人々だということを注目していただきたいと思います。

つまり、ずぶの素人が大学の研究室でもやらないような高級な研究を市井の片隅で始めたのです。豆粒にも等しい集まりとはいえ、まったく自発的に、めいめい忙しい職業を持つかたわら集まったのです。

しかも、世の中は耶馬台国とか卑弥呼とか高松塚とか騒いでいる最中にです。

ひたすらホツマツタヘの魅力にひかれての故である以外、何物でもありません。
こうしているうちに、ホツマツタヘは小さなグループで読んでいるだけではもったいない、ぜひ多くの識者に分かってもらいたいという願いが、私たちの心のうちにだんだん強くなっていくのをどうすることもできなくなりました。

私はいま私たちと書きました。私一個人ではもうないのです。たとえ少数とはいえ、同志ができたのです。

ホツマツタヘが日本独得の古代文字で書かれた書物であり、古事記、日本書紀よりも古く、しかもそれらの原本であるということが分かっただけで、超特大のビッグニュースであるに間違いありません。

そこで、私は「世界を救ふもの」という文章を書いたのです。発見後五年経った昭和四十六年のことでした。そしてこれを印刷し、これぞと思う方々へ送りました。やはり思わしい反響はありませんでした。

しかし、反響がないことで意気がしぼむどころか、私たちはホツマツタヘを読むことに一層精出しました。写真版で読んでいたホツマツタヘを、同じく昭和四十六年に復刻し、これを『覆刻版ホツマツタヘ』として自家出版しました。その費用は勿論、同志の協力によったものでした。自家版で出したのは、どんな出版社も振り向いてもくれなかったからです。

同志の熱い協力で

そして、更に二年たった昭和四十八年に、前にもちょっと書いた『ホツマツタヘの成立』を同じく自家版で、これも同志の力を得て出したのでした。この本の内容は、ホツマツタヘと古事記、日本書紀との三書比較を神武天皇の部分について試みたものでした。ホツマツタヘと古事記、日本書紀とを厳密に比較研究することで、三書の関係がはっきりし、ホツマツタヘそのものの正しさが証明されるからです。

また、右の『成立』を出した翌年の昭和四十九年からは、月刊『ほつま』を復刊して今日まで七年間七十五号を数えています。これはささやかながら日本で唯一のホツマツタヘ研究誌で、私は毎月精一杯の研究成果を書き続けています。

ここで、私は大事なことを書き添えなければ気がすみません。というのは、私がこのような研究論文を書けるようになったのは、ホツマツタヘの索引が完成して利用できるようになったからです。

この索引は、名古屋の女性の同志Sさんが忙しい施設の仕事のかたわら、朝四時起きしてしかも三年間もかかって仕上げたものです。訳も何もないホツマツタヘの原典から直接に索引をつくるという仕事が、いかに困難であるか、私が一番よく知っています。この困難を克服して完成したSさんの辛苦には、まったく頭がさがります。その努力には、いかに感謝しても感謝しようがありません。

昭和五十四年になると、大阪の同志H先生が『ホツマ入門』（大阪・自然社）を出してくださいました。私はうれしくてうれしくて咽び泣きました。

以上が、ホツマツタヘを発見してから十五年間の同志と私の偽りのない略歴です。これを読んであなたはどう思われたでしょうか。

私はすでに書いたように、発見後十五年の間、同志とともに一生懸命ホツマツタヘを勉強してきました。ホツマツタヘを学ぶ醍醐味は、何事にもかえがたいものがあったからです。

そして、一方では、ホツマツタヘを世に出そうとして、あらん限りの力を尽くしてきました。何度袖にされても、性懲りなしに方々に働きかけて来られたのは、ホツマツタヘの醍醐味を共にわかちたいという気持を押えることができなかったからです。

私たちが研究会で摑んだものは、いまの学界の定説からほど遠いものであったし、現在の流行のテーマからもおよそかけ離れたものでした。私たちは、ホツマツタヘから得たものと在来の定説とを緻密に対照しました。この場合、身びいきになっては正確な判断は得られないので、出来る限り、自己にきびしく対決したつもりです。しかし、やはりホツマツタヘの方が正しく、流行のテーマなどに惑わされる必要はないという結論に至りました。だから、今では動揺も不安もありません。

そして何よりも大きな収穫は、古事記や日本書紀の本当の姿をはっきりと摑みえたことです。本居宣長以来の古事記べた惚れの態度は考えものだし、そうかといって日本書紀は漢心だといって、古事記より一段低くみられている今の風潮も、訂正されるべきだということが、はっきり分かりました。こんな大それたことが、自信をもって言えるのも、ホツマツタヘという中心の柱が立ったからです。

というと、私たちの仲間は理窟ばかりこねているように思われるかもしれませんが、とんでもないことです。ウタがうまくなったのは見違えるばかりです。なぜかと言えば、ホツマツタヘそのものがウタだからです。五・七調で一万行からなる長歌体だからです。その気をうけるからウタがうまくなるのです。「智に働けば角が立つ」とは、漱石の『草枕』の有名な出だしですが、おかげで我々は、毎月の研究会で最高の知的作業を満喫しつつ、一方では、十二分の情緒にひたれるという知性と感性とを兼ねた満足行にひたっています。

私は既成の学説や、考え方に捉えられて動きのとれないインテリ専門家を相手にせず、何でもない平凡な女性を含む人たちと共に、ホツマツタヘを学んできたのでした。

これを違う面からいえば、ホツマツタヘは素直な人にとっては、すぐにとびこめる書物だということです。つまらないものなら、十数年もこのような集りが続けられるものではないでしょう。

前書（まえがき）を随分ながながと書いてしまいました。しかし、あなたは以上でホツマツタヘが発見されてから同志と私とが、ホツマツタヘにすっかり惚れてしまったこと、惚れた仲なら火の中、水の中でもいといはしないという気持になっていることがお分かりいただけたと思います。

しかし、これだけでは、あの料理はうまいうまいと言って、はやしたてるようなものでもあります。その料理を実際にあなたが食べてみないことには話にならないでしょう。

いくら日本で一番古い書物といっても、専門家だけにしか興味がない内容なら、私たちはたじろぐばかりです。もちろん、ホツマツタヘにはものすごく深い哲学の部分もあり、宗教的香りの高い部分もあります。でも一方、文学的で人生の機微にふれた記述も随分味わえるのです。

従って、ホツマツタヘの内容に直接にふれていただくのがもっともいいと思います。それで、この本では「ホツマツタヘをやさしく」で、ホツマツタヘの内容それ自体をかなりの頁数掲げたのでした。

原文はもとより五七、五七の長歌体で無慮一万行にもなることは前にも書いた通りですが、ここでは私がそれを現代の物語体の文章に直したものをお目にかけます。

それで面白いなと思われた方は、原文を古代文字によって読まれることをおすすめします。古代文字は四十八字しかないのですから、一晩でおぼえられます。一週間たてばもうなれるでしょう。文章は日本人なら何とかわかります。勿論、難解で歯が立たない個所も少なくはありませんが……。

ともかく、こうして原文を原字で読み進んでゆくと、古代の人々の心がじかに伝わってくるから不思議です。ぜひ、そうすることをお勧めします。本書に載せたホツマツタヘの拙訳は、そこに至る誘い水の役目を果たす方便でしかありません。

「ホツマツタヘをやさしく」の中に書いた私の拙文は、もともと大阪の月刊『自然』（大阪市阿倍野区松虫通一―二―一五自然社）に載せたものが土台になっています。

これを私が書いたのは、九州福岡のHさんという道心のあつい婦人のためにペンをとったのがはじまりでした。この方は今ではホツマツタヘと古事記、日本書紀との対比をひとりでどんどんやってしまうほどになっています。

ホツマツタヘをやさしく

梅(ムメ)の花見の御饗(ミアヘ)して

アワ歌を弾くヒルコ姫

しきしまの　やまと心(こころ)は
アワ(アワ)の歌(うた)　四十八音声(よそやねこゑ)に
極(きは)まりてこそ

ワカ姫と天地(あわ)の歌

年中行事は神代から

ホツマツタヱ(ホツマツタヘ)の一アヤは、次のような書き出しで始まります。

ソレワカハ　ワカヒメノカミ

ステラレテ　ヒロタトソダツ
カナサキノ　ツマノチオエテ
アワウワヤ　テフチシホノメ

これを分かりやすく漢字まじりで書くと、左のようになります。

それ和歌は　ワカ姫の神
捨てられて　ヒロ（拾）たと育つ
カナサキの　妻の乳を得て
アワウワや　手触ちシホの目

ワカ姫の神というのは、天照大神の姉君のことです。生れた時につけられた名はヒルコといいます。この叙述は簡潔そのもので、これだけでは理解しにくいので、他の所の記述で補ってつづると、次のようなお話になります。

（口語訳）　ワカ姫の神は三歳になると、舟に乗せて捨てられました。ワカ姫が生れた時、父のイサナキノ神が四十歳、母イサナミノ神が三十一歳の天の節に当っていたからです。これをカナサキの神が拾って、ヒロタのニシトノという所で育てました。カナサキノ神の妻のお乳をもらい、チヨチ、チヨチ、アァワァワァをしたり（アワウワ）、手をうって目をすぼめたり（シホノ目）、愛情を込めてあやされながらワカ姫は大きくなって行くのでした。

ワカ姫を祭る玉津島神社（和歌山県和歌浦）

いったん捨て子し、拾ってから育てると丈夫に成長するという民間伝承はあちこちの地方に残っていますが、それはこんなに古い時代から行われていたのです。ヒロタは拾ったということですが、このヒロタをとって名付けられたのが今の兵庫県西宮市の旧官幣大社広田神社です。また、カナサキというのは今の住吉神社の祭神スミヨシノ神のことですし、ニシトノというのは広田神社と同じ西宮市の旧県社のエビスさんで有名な西宮神社にあてて間違いではないでしょう(注1)。

前頁に掲げた初めの四行の続きを原字は略し、漢字まじり文で書くとこうなります。

生れ日は　炊御食そなへ
立ち舞や　三冬髪置き
初日餅　アワ（天地）の敬ひ
桃に雛　菖蒲に粽

棚機や　菊栗祝ひ
五年冬　男は袴着る
女は被衣（一アヤ一頁以降）

（口語訳）　誕生日には、小豆入りの蒸し御飯（赤飯）を炊いてもらい、どれくらい立ったり歩いたり出来るようになったか、立ち舞のお祝いをしてもらいます。三歳の冬には、頭に髪を置く儀式をします。一月元旦には、お餅をついて◎◎（天地）を敬い、三月三日には桃のヒナ祭りをし、五月五日には菖蒲に粽、七月七日には棚機のお祭り、九月九日には菊と栗のお祝いをします。そして五歳の冬には男の子は袴をつけ、女の子は被衣をかぶります。

いずれも私たちが年中行事と呼んできた永い永い習慣で、日本人なら誰でも身に覚えのある親しいしきたりです。いまどんな辞書を引いても、すべて中国から渡来し、平安時代以降日本で行なわれるようになったと書かれていますが、これは誤りで神代の時代からずっと続けられている行事だったのです。

言葉を美しくする歌

それに続く文章を、また漢字まじりにしてお目にかけましょう。

言葉を直す
◎◎（天地）歌を　常に教へて

ア カ ハ ナ マ　イ キ ヒ ニ ミ ウ ク
フ ヌ ム エ ケ　ヘ ネ メ オ コ ホ ノ
モ ト ロ ソ ヨ　ヲ テ レ セ ヱ ツ ル
ス ユ ン チ リ　シ ヰ タ ラ サ ヤ ワ
アワ（天地）の歌(うた)　かだかきうちて
弾(ひ)き歌(うた)ふ　自(おの)づと声(こゑ)も
明(あき)らかに　五(ゐ)クラ六(む)ワタを
音(ね)声(こゑ)わけ　二(ふ)十(そ)四(よ)に通(かよ)ひ
四(よ)十(そ)八(や)声(こゑ)　これ身(み)の内(うち)の
めぐりよく　病(やまひ)あらねば
永(なが)らへて　スミヱの翁(おきな)
これを知(し)る（一アヤ二頁）

物語は、ワカ姫を立てて進められていますが、子供たち一般を含めて説かれているのです。

（口語訳）　五歳になって男は袴(はかま)、女は被衣(かつき)を着て成年式を祝ったのですが、それに続いて大事なことは言葉を正しくすることでした。そのために常に、次の天地(あわ)の歌を教えます。

アカハナマ　イキヒニミウク

フヌムエケ　ヘネメオコホノ
モトロソヨ　ヲテレセヱツル
スユンチリ　シヰタラサヤワ

大人は子供たちに、この天地（あわ）の歌を唱いながら琴をかき鳴らしたり弾いたりして教えたのです。すると、おのずから声も明らかになり、五座六渡（ゐくらむわた）の神（注2）に通じ人間らしい声が整えられるのでした。天地（あわ）の歌の前二行、「アカハナマ　イキヒニミウク　フヌムエケ　ヘネメオコホノ」、この二十四音は男神イサナキノ神が歌ったものであり、後の二行「モトロソヨ　ヲテレセヱツル　スユンチリ　シヰタラサヤワ」の二十四音は女神イサナミノ神が歌ったものです。この計四十八音をはっきり言えるようになると、身体の内のめぐりもよくなり、病気もせず長寿することになります。このことによく通じているのがスミノヱ（スミヨシ）の神です。

実はこの十数行の短かい文章の内に、ホツマツタヘ（ホツマ文字表記）の全文一万行が凝縮されているといっても過言ではありません。それは天地（あわ）の歌の大事さにあります。天地（あわ）の歌とは、人間における言葉の大事を意味し、そして同時に陰陽の大事をも説いているものだからです。そしてこの天地（あわ）の歌に通じ、音声がはっきり言えるようになると、健康で長生きし、五座六渡という自然運行を司る神の意にもかなうというわけです。

ワカ姫の恋物語

さて、話がむずかしくなったので、ここで同じ一アヤの中にあるワカ姫の恋物語をご紹介しましょう。ワカ姫はワカを詠んでウタミという短冊のようなものに書き、思い焦れる男性に贈ります。その相手はイミナ（斎名）をアチヒコといい、讃（たた）え名をオモヒカネと申します。古事記、日本書紀には思兼神と書かれている神で、長野県下伊那郡阿智村の延喜式内社阿智神社の祭神です。神代に女性の方から付け文の恋歌をした神様がいたのですから、愉快な話ではありませんか。貞淑一点張りを看板に儒教のワク内に閉じこめてみられていた後代の日本女性とは全く違うヤマトナデシコ像がここに生き生きと蘇ります。

天照大神の姉のワカ姫から付け文の恋歌をもらったのですから、若き男神オモヒカネは、気も動転し、あれこれと思いまどわずにはいられませんでした。

オモヒカネのカネは、古代語では「耐えきれないで」という意味があります。ですから「オモヒカネ」という意味は、恋いしくて恋いしくてたまらないでということになります。ワカ姫の恋しい心が一杯ということで、このような名前を相手の男性の神様につけるとは、神代は何と大らかでロマンチックだったことでしょう。

これまで思兼の語は、あらゆる思考に瞬時に通じる優等生的頭脳のように解されてきました。事実、この神は天照大神の左大臣になったくらいですから、そういう一面もあったのは確かでしょう。古事記や日本書紀には全く出てきませんが、ホツマツタヘに載るイミナ（斎名）のアチヒコとは天霊（アチ）ある男性の意味ですから、このことをよく裏づけています。しかし、その反面、つけ文の恋歌をもらって途方にくれるという純情可憐な若大将でもあったのでした。このアチヒコを社名として今日まで残されているのが前記阿智神社であることも、ホツマツタヘの信憑性を確かにするものとして注目せずにはいられません。

さて、その恋歌を、オモヒカネが思ひあまってカナサキ（スミヨシ）ノ神に見せると、カナサキは非常に驚き、オモヒカネの顔をまじまじとみつめてこう言いました。

「この歌は廻り（まわ）歌というもので上から読んでも下から読んでも同じ意味になる。これをもらったら百年目で〝替えごとならぬ〟というものだ」

〝替えごとならぬ〟というのは絶体絶命どうにも動きがとれぬ、つまり結婚する以外にないということです。カナサキは、自分も天照大神のお供をして船旅をし、暴風雨にあった時、この廻り（まわ）歌を詠んで天照大神ともども九死に一生を得たということを語り、その時詠んだ廻り歌をオモヒカネに大事そうにみせました。ワカ姫が思いをとげ、オモヒカネとめでたくゴールインしたのはもちろんです。

さて、一アヤの最後の行は、

　　これ敷島（しきしま）は

和歌（わか）の道（みち）かな（一アヤ十八頁）

という一句によって結ばれています。この「敷島」とか「和歌」とかいう言葉は、日本人になじみ深いものではありますが、本当の意味はよく分かっていません。しかし、ホツマツタヘからすれば、「敷島」とは、生気溌剌ということであり、「和歌」は若々しいとか、若やぐとか、若返るとかいう「若」と同じ意味なのです(注3)。

このようなすばらしいワカという言葉を名として持っていたのがワカ姫でした。そのワカ姫の一生を契機として、年中行事、天地陰陽の理、敷島の和歌などを語り日本民族の生き方を唱いあげているのが、この一アヤだったのです。

〔注1〕
ホツマツタヘの記述通りなら、広田神社も西宮神社もその祭神はカナサキ(スミヨシ)ノ神かワカ姫でなければならないはずです。広田神社は、古来和歌に霊験ありとされ、社頭でしばしば歌合わせが行われたことは有名で、いろいろな記録にも残されています。これは、ホツマツタヘの記述の正しさを裏付けているものですが今ではこの神社は、天照大神の荒御魂を祭っています。このくい違いは、日本書紀の記事に惑わされてしまったからです。

一方、西宮神社の祭神は、いま蛭児(ひるこ)大神となっています。蛭児はカナ書きにすればヒルコとなります。このヒルコとは、ホツマツタヘではワカ姫が生れた時につけられたイミナ（斎名）なのでした。ですからこの神社は今日までホツマツタヘ通りの大事な伝承を伝えてきたということになります。現在の祭神に蛭児などというおかしい漢字をあててしまったのは、古事記や日本書紀がイサナミノ神が流産したヒヨルコ（ひよわなる子の意味）とワカ姫のヒルコとを混同して蛭児として載せ、同時にワカ姫の方を落してしまったからなのです。

〔注2〕
「五座六渡の神」というのは全く耳なれない神で、古事記や日本書紀はじめあらゆる古代文献にも出ていません。この神はホツマツタヱの別のところでは十一神とも書かれています。

五座とは東、西、南、北、中央の五座に位する神であり、六渡とはその五座の神を密接に連絡するアミヤシナウの六神（一音が一神）をいいます。この合計が十一神になり、この十一神は暦の神でもあります。日本の古代にも暦はあったのであり、そのことはホツマツタヱの記事の上に実証されます。アミヤシナウとは編み養ひ産むの意と思います。ナウとはヤシナ（養）ヒ　ウ（産）ムのヒとムとが略されているのだろうと考えます。そして、ホツマツタヱの時代には、この十一神は大嘗祭の時、ユキ、スキ両殿のうち、スキ宮の方に祀られる神神でした。

〔注3〕
本来ウタといわれるべき言葉が、ワカに代用されたのは、ウタをよめばワカワカしくなるからです。ウタとは、ウタフのフ略でしょう。ウはオホの変形で大いにということ、タは程度の甚しいことのイタと同源の語です。結局大いに甚しい状態、即ち感激の極みということになるでしょう。ウタとはもともとそういう意味だったと思います。

「敷島」はホツマツタヱでの語感からいえば、シ・キ・シマ三語の合成語と考えます。シとは、サ行変格動詞のスの連用形シとみます。ですから動きとか働きとか活動を意味します。これに漢字をあてると、同じシが、仕方と熟したり、敷くになったりして、全く別の言葉のように思われてしまいます。

キとは、本来生の躍動そのものを意味します。これが漢字になると生とか、気とか、木とかで表現され、やはり漢字によって和語の本質は見失われがちです。

シマとは、本来シマルという動詞で、シマルとは、隙間のない詰まった状態をいいます。ツボムのム略がお灸のツボで急所を意味するように、このシマルも同様、要点という意味を持っていたのでした。株屋街を東京でも大阪でもシマというのは中心地という意味でしょう。海に浮ぶ陸地をシマと呼ぶのは、これを古代人は陸地の緊結した場所と考えたからでしょう。この場合も漢字で書けば、締るであったり、島であったりして別々の印象を受けますが、元はといえばシマルから出た語であったのだと思います。結局、シキシマとは、生気溌刺とした中心地という意味なのです。「敷島」という語はこれまでヤマトの枕詞というだけで、語源はどの辞書にも出てはいませんでした。

桃に雛

いにしへの　貴(たふと)き神(かみ)の
物語(ものがた)り　千歳(ちとせ)あまりも
埋(う)もれ居(ゐ)しとは

神代七代のこと

タカミムスビは説く

ここではホツマツタヘの二アヤ「天七代(あめななよ)トコミキのアヤ」の概略をお話しょうと思います。すこぶる意味深長で、今の私には荷が勝ちすぎますが、あえて書いてみます。

ここは天照大神以前の日本の神々についての伝承を綴った部分で、天照大神の皇太子ヲシヒト（ヲシホミミノ命のこと）が結婚前に、第五代タカミムスビノ神から聴いた尊い話です。タカミムスビノ神は神酒を召して一段と張りのある声で、次のように話しました。

神の教えとして聴いているところによると、遠い遠いいにしえのこと、天地が初めて創られまだ未分化の時、ようやく兆しを発して天は動いて陰陽に別れ、陽は天となり、日の輪となった。陰は奇土となり月となった。神がその中にお生れになってその名をクニトコタチノ神と申しあげ、その住む国をトコヨノ国と呼ばれた。

①クニトコタチノ神は八方八降りの子八柱を生み、世界中に配し各々の国を治めさせた。これが国君の始めで、②各八柱のクニサッチノ神という。国を清やかな霊力をもって治めたのでクニサッチノ神と申しあげる（ツはホツマツタヘのツと同じで上と下とを結ぶ助詞である）。

このクニサッチノ神がおのおの子を五柱ずつ生んだ。この世継ぎの君を、③トヨクンヌノ神と申しあげる。このトヨクンヌノ神が天から三つの術を分け与えられ、はじめてキミ（君）とトミ（臣）とタミ（民）の区別ができた。この神には百二十柱もの子がいたが、ただし女子はなく、男神のみであった。そして長い長い三代の時代は過ぎて行った。

以上が、①クニトコタチノ神、②八柱のクニサッチノ神、③トヨクンヌノ神の三代である。

神聖なマサカキを植え継ぎ植え継ぎして五百本になんなんとする頃（マサカキ一本は六万年もの寿命があるとされているから三千万年経ったことになるが）、世継ぎの男神ウヒヂニノ神が、この世に初めての女神スヒヂニノ神をめとって幸福な結婚生活に入ることになる。

その元はといえば、コシ国のヒナルノ岳の神宮に木の実をお持ちになって二神が生れたのだった。

二上神はウヒヂニ、スヒヂニ

ここで筆者の注を少し加えておきます。コシ国のヒナルノ岳の神宮というのは、久しく探していましたが、延喜式神名帳の越中国射水郡射水神社、現在の富山県高岡市定塚町の旧国幣中社射水神社のことと思われます。なぜなら、ご祭神を二上神といい、これはウヒヂニ、スヒヂニの二神を思わせるのと、同社の位置が富山県即ち昔のコシノ国であるというのが決め手になります。しかし、この二上神という以外の詳細な伝承は、現在の同神社ではすでに失われてしまっているようです。

とはいえ、同神社の鎮座する二上岳については、万葉集に長歌三、短歌一〇がみえ、その中八首もが大伴家持の作であり、昔からホトトギスの名所として知られていたらしく、これらの歌の中に詠まれています。

しかし、ここで大事なのは、お山自体に神威ありとされていたらしく、家持の次の長歌の一節は特に注目されます。

「振りさけみれば　神柄（かむから）や　そこは貴き　山柄（やまから）や　見が欲しからむ　すめ神の　裾廻（すそみ）の山の　……」

（三九八五）

即ち「出て立って振り仰いでみやると、領する神の格のせいか非常に尊く、山の格のせいか、たいへ

ホツマツタヘによる神々の系譜

- 一代　クニトコタチノ神
  - 二代　クニサツチノ神
    - 三代　トヨクンヌノ神
      - 四代　ウヒヂニノ神 ＝ スヒヂニノ神
        - 五代　オホトノチノ神 ＝ オホトマヘノ神
          - 六代　オモタルノ神 ＝ カシコネノ神
        - アメヨロヅノ神
          - アワナギノ神
            - 七代　イサナキノ神 ＝ イサナミノ神
          - サクナギノ神
  - ハゴクニノ神
    - 1代　タカミムスビノ神
      - 2代　タカミムスビノ神
        - 3代　タカミムスビノ神
          - 4代　タカミムスビノ神
            - 5代　タカミムスビノ神
              - イサナミノ神

ん人を引きつける。土地を領する神のましします裾みの山の云々」（岩波版万葉集四）というのですが、これは正に二上山の霊威を示すものとみられるからに他なりません。

右のようなら、記紀以来千二百年もの間、不明だった射水神社の祭神二上神の御正体が思いもかけず明確になったわけであり、しかもそれは神代四代目の神という高位の神であったことになります。

この二上神についての伝承が、他にもホツマツタヘには記載されているのですが、それらについては別に書くことにしましょう。

話を元に戻し、ホツマツタヘの記述に従ってタカミムスビの話を続けましょう。

桃の節句の起源

ウヒヂニ、スヒヂニの二神が、さきの木の実を庭へ植えると、三年後の三月三日に花も実も百（沢山の意）に成ったので、モモ（桃）の花と名づけるようになった（これが三月三日桃の節句のヒナ祭りのはじまりです）。二神のお名前もこれに縁づけてモモヒナキノ神、モモヒナミノ神と申しあげるようになった（ヒナというのは、まだ一人前になる前の名であり、この二神が木の実によって生れたので、男神のことをイサナキノ神の例で分かるようにキと云い、女神はイサナミノ神のようにミと名づけられたのでした）。

二神が成人されてからの三月三日は、お神酒を造って奉った。百戸（各戸各戸）でお酒を庭で酌み交わす盃に月が見事に写しだされる（これが今でもヒナ祭りにお神酒やお屠蘇を内裏様に捧げるもとです。内裏様というのはもちろん、このウヒヂニ、スヒヂニの最初の夫婦神のことを指すのです）。

かくてお神酒ははじめ女神がまず飲んだのちに男神にすすめてお床入りとなる（これが今の結婚式の三々九度のはじめです。このように、現在でも式上花嫁の方が先に盃を口にする地方があるのではないでしょうか。民俗学者の協力を得てぜひ知りたいものです）。

暑い夜を過した翌朝、清冽な川の水を浴び袖がヒヂテ（濡れて）夫婦神の心はなごやかに結ばれて完（また）きとなった（ウは大（ウ）で男性を、スは少（ス）で女性を意味するから、ウ〈男性〉の袖がヒヂテでウヒヂとなり、ス〈女性〉の袖がヒヂテでスヒヂとなり、語尾に和（に）ゴコロのニをつけ、結局、ウヒヂニ、スヒヂニの神と申すのです）。

二神の装いはというと、男神は冠をかぶり、大ソデの上衣とハカマをつけ、女神は小袖に上カツキをかぶられる（これは奈良・平安朝の風俗を彷彿させ、それらが中国渡来のものではなく、日本の古くからの着物であったことを思わせ注目されます）。

これ以後、二神にならって、臣も民もみな妻をめとるようになり、国民すべてが一定の男女関係の秩序をもつようになったのです。以下、五代オホトノチノ神、オホトマヘノ神、六代オモタルノ神、カシコネノ神、七代イサナキノ神、イサナミノ神と続くのですが、ここでは割愛します。大事なことはこれら所載の重要な神話が古事記、日本書紀に載せられていないことです。

ウキハシを渡す

女男（めを）の道（みち）　イサナミ神（かみ）に
教（をし）へしは　ハヤタマノヲと
コトサカノヲぞ

女男（めを）の道を教えた神様

ウキハシを渡す

女男（めを）の道を教えた神様なんてきいたこともないけど、そんな神様があるのだろうか。そう思われるに違いありません。実際、こんな神様があったことなど、これまでのどんな書物にもでていませんでした。

しかし、本当にそういう神様がいたのです。

和歌山県の熊野三山のうち、ここでは、速玉（はやたま）大社と那智（なち）神社のことについて書くことになります。熊野三山というのは、家津御子（けつみこ）大神を祀る延喜式内の熊野坐（くまのにます）神社（いまの熊野本宮）と、これから述べる速玉大社と那智神社のことを指すのは、言うまでもありません。速玉大社は新宮市にあり、那智神社は勝浦町に鎮座しています。

速玉大社の祭神は同神社では熊野速玉大神となっていますが、この速玉大神とはどんな神様なのでしょうか、まず、ホツマツタヘにはどうでているかみてみましょう。次の原文を訳したものをご覧ください。

トヨウケの　姫（ひめ）のイサコと
ウキハシを　ハヤタマノヲが
渡（わた）しても　解（と）けぬ趣（おもむ）き
解（と）き結（むす）ぶ　コトサカノヲぞ　（二アヤ十三頁）

トヨウケというのは、第五代タカミムスビノ神のことです。その姫のイサコがイサナミノ神なのです。このイサナミノ神が新婚生活を迎えるのに当たって、ハヤタマノヲノ神が新夫イサナキノ神との間の愛情のやりとりの微妙な方法をいろいろ教えたということなのです。ウキハシという言葉は、漢字では天ノ浮橋と書かれたりして古事記や日本書紀にも出てはいますが、漢字で書かれた意味だけにとらわれるとここでの本当の意味をとりにがしてしまいます（注）。イサナミノ神はハヤタマノヲノ神に教わったことがはずかしくて、いっぺんでは十分に理解することができませんでした。それを今度は代わってコトサカノヲノ神がもう一度教えたので、やっと呑みこむことができたというのです。現代語で言うなら性教育とでもいうべき大事な事柄をハヤタマノヲノ神とコトサカノヲノ神とが一生懸命に、結婚前のイサナミノ神に教えたということだったのでした。ホツマツタヘにはこんなことまで書いてあるのですから、ほほえましくなるではありませんか。

さて、このハヤタマノヲノ神が、新宮市の速玉大社の祭神なのです。では、一緒に努力したコトサカノヲノ神はどこに祀ってあるのかというと、意外なことに独立した神社がないのです。ただ熊野本宮の中に、わずかに間借りしているという哀れさです。私の調べでは全国どこにもこの神を祀った神社はありません。ハヤタマノヲノ神を祀る立派な速玉大社があるのに、このコトサカノヲノ神を祀る神社がないというのは片手落ちではないでしょうか。

一言主と間違えられたコトサカノヲ

ホツマツタヘの中では、このように大事な役目を果たしたハヤタマノヲとコトサカノヲの両神であったのですが、それでは、古事記や日本書紀にはこの二人の神様はどうでているのでしょうか。

ハヤタマノヲノ神について、古事記はどういうつもりか一言も語ってはいません。コトサカノヲノ神については、「言離(ことさか)の神」として登場させています。でも、とんでもないところに出てくるのです。神代

熊野速玉大社（和歌山県新宮市）

の神ですから本当なら上巻に出てくるのが当然なのに、下巻の第二十一代雄略天皇のところに載っているのは意外です。

雄略天皇が大和の葛城山に登った時、出てくる神がこの「言離の神」なのでした。古事記の文章には次のようにあります。

「吾は悪事も一言、善事も一言、言離の神、葛城の一言主の大神なり」

つまり、悪い事も一言、よい事も一言、言い分ける葛城の一言主の大神だ、とこの言離の神が雄略天皇に言いかけたというのです。このくだりは有名なところで、学者が好んでいろいろとりざたしていますから、あなたもどこかでお読みになったことがあるかもしれません。

しかし、この一言主の大神というのは、ホツマツタヱから言うと、こんな時代の下ったところに出てくる神様ではないのです。古事記の一言主の大神はホツマツタヘではカツラギノヒコトヌシといい、別表のようにソサノヲノ命とクシイナタ姫との間に生れた五男三女の中の七番目の男の神様だったのです。

つまり古事記は、コトサカノヲノ神を言離の神とし、カツラギノヒコトヌシノ神のことを葛城の一言主の神とし、ひどいことに別々の神を一緒の神のようにくっつけてしまっているのです。念のために日本書紀をみますと雄略天皇五年のところに天皇が葛城山に狩りに行ったところ怒った猪が出てきたことを載せています。しかし、コトサカノヲノ神もカツラギノヒコトヌシノ神も出てきたようには書かれていません。つまり、ここの部分は古事記と日本書紀共通の資料の中に、今みる日本書紀のように怒った猪がとび出してきたことが書かれていたのを、古事記編者が故意に猪の代わりに「言離の神即ち葛城の一言主の大神」が出てきたように作り変えてしまったと考えられます。古事記でのこのような作り変えの実例は、ここばかりではなく他にもたくさんあることが、当の古事記とホツマツタヘと日本書紀との三書の比較から言えるのです。

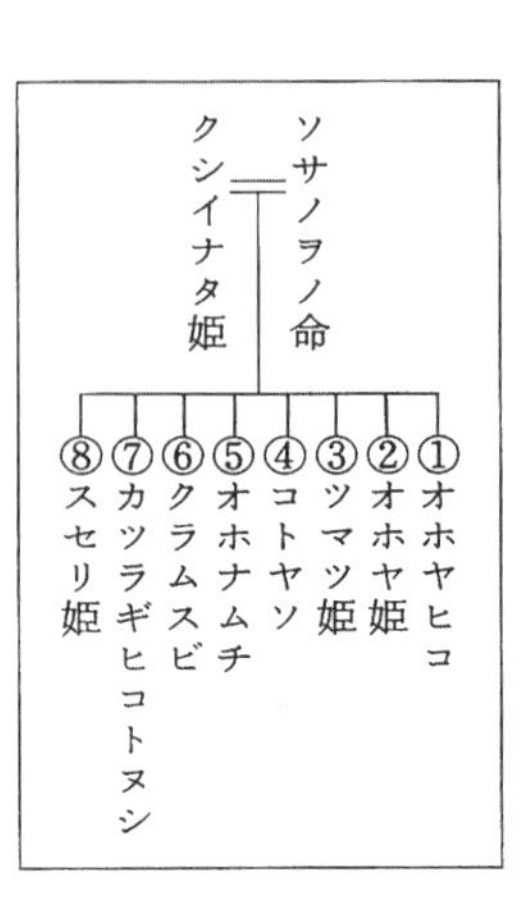

参考までに申しますと、葛城一言主神社は旧県社で、奈良県御所(こぜ)市森脇に今でもちゃんとあります。千年前の『延喜式』の中の「神名帖」にも「葛木坐(かつらぎにます)一言主之命神社」として載っていて、しかもその下に「名神大月次新嘗相嘗」と書かれています。これは明治時代にきめられた官幣大社に相当し、月次祭や、新

葛城一言主神社（奈良県御所市）

嘗祭のたびごとに宮中からお供物を捧げられた大事な神社であったことがわかります。

那智神社の祭神

那智神社の祭神は、神社本庁発行の『神社名鑑』（昭和三十九年）によると、熊野夫須美神として、その下にカッコで囲み、伊奘冉尊としてあります。つまり、熊野夫須美神と伊奘冉尊とを同じ神として祀っていると理解してもいいでしょう。

このような神社の考え方がなり立ったいきさつを少し立ち入って推しはかってみることにします。このことは那智神社の祭神について考える場合、避けることのできない出発点になると思われるからです。

まず、熊野夫須美神という神は、もともとこの神社に祀られていたと考えられます。でも、古事記や日本書紀はじめいろいろな古い文献をみても、この神の正体がよく分からないばかりか、この神がこの神社に祀られている理由が呑みこめないので、この土地に縁の深い伊奘冉尊即ちイサナミノ神にかこつけるのが無難だろうということで、カッコをつけて（伊奘冉尊）としたのであろうと思います。この推理は恐らく間違っていないはずです。

では、熊野夫須美神とはそんなに正体が分からない神なのかというと、とんでもない、ホツマツタヘにはたびたび出てくる神であり、この土地に当然祀られてしかるべき神だったのです。

実をいうと古事記にも日本書紀にも、一度ではありますがこの神は載せられているのです。このことを神社側は気がつかなかったのでしょうか。もしそうだとすれば、祭神に関することですからうっかりしたではすまされない重大問題だと思います。では古事記と日本書紀にどうでているか。

まず古事記からみると、天照大神と速須佐男とが剣と珠を交換し、五男三女神を生むというくだりがあります。その中で速須佐の男命がしたこととして次のように書かれています。

「右の御手に纒かせる珠を乞ひ度して、さ嚙みに嚙みて、吹き棄つる気吹の狭霧に成りませる神の御名は、熊野久須毘の命」（右の御手に纒いておいでになった珠をお請けになって嚙みに嚙んで吹き棄てる息の霧の中からあらわれた神はクマノクスビノ命）。

日本書紀も古事記とほぼ同様の記載なので、ここに載せるのは略しますが、日本書紀では熊野櫲樟日命とあるのがそれに当たります。

微妙に違う神様の名前

これで、

神社側では　熊野夫須美神
古事記では　熊野久須毘の命
日本書紀では　熊野橡樟日命

であったことが分かります。そして

ホツマツタヘでは　ヌカタダ・クマノクスヒ

として出ています。ヌカタダとは、この神のイミナ（斎名）です。イミナというのは、生まれた時につける実名です。これとは別に、その性格や業績に応じて贈られるタタヘナがあり、ホツマツタヘはその双方をきちんと載せていますが、古事記、日本書紀は混ぜこぜに記述しているのです。

神社側と古事記、日本書紀での神名をよく比べてみると、まず最後の一字が違っているのに気づきます。美と毘と日の違いです。しかし、この美のm音と毘・日のb音が交替音であることは、よくみられる例です。眠ることをネムルといったりネブルと言ったりするのがそれです。また、馬はバ・マ、亡はバウ・マウと両方言われていますね。だから、この音は違っていても交替した音ですから、もともとは同じだったとみられるというわけです。

賢明な読者は、この神名の中にもう一カ所、違っている音があるのに、既に気づかれておいででしょう。「夫須美」の夫と「久須毘」の久です。しかし、この夫と久の違いも同じような交替例があります。古事記ではフナド（船戸）神というのに、日本書紀の方では、クナド（岐）神といい、沖縄の与論島ではクビ（壁）・フビ、クミ（米）・フミの両形が両方使われているのがそれです。最後に、このクスヒの命についてホツマツタヘには、次のようなことが載っていますので引いておきましょう。

天地も　のどけき時に
天照らす　神の御幸の
フタミカタ　み潮をあびて
ミソギなす　伴のクスヒが
いぶかさを　天に申さく　（十五アヤ一頁）

解説などしなくても、分かるほどですが、蛇足を少しつけ加えてみましょう。天も地ものどかな時、天照大神がフタミカタで海水を浴びてみそぎをされたのでした。フタミカタというのは、今の二見浦のことでしょう。その時、お伴をしていた皇子のクスヒノ命が、天照大神はもともとケガレなどないはずなのに、どうしてミソギをするのか疑問に思って、その理由を父の大神にたずねた、というのです。

ここで、天照大神のお伴にクスヒノ命がついて行ったということが分かります。言うまでもなく、クスヒノ命が祀られている那智神社は、イセとは目と鼻の先の地続きです。このホツマツタヘの記載が、古事記や日本書紀にも出されていたならば、那智神社の神職たちは、この神社の祭神が天照大神の子のクスヒの命であることに自信をもったでありましょう。そしてカッコをつけて（伊奘冉尊）などとしなければならぬほど迷ったりはしなかったでしょう。気付かなかったのは、神職ばかりか、神職を養成する国学院大学や皇学館大学、それに古代史の学者の不勉強と頑迷な頭脳にあったことは否めませんが、彼らが神典と崇拝する古事記や日本書紀の記載そのものが不十分であったのは確かです。

しかし、祭神を間違えているのは、この神社ばかりではありません。京都の上賀茂神社をはじめ、神奈川県の箱根神社など、まだまだあります。それらは結局、古事記、日本書紀の記載が不十分なためであり、その欠陥を古事記や日本書紀以後の漢字で書かれた文献によってこじつけようとしたため起こった悲劇なのです。

〔注〕

ウキハシという語は、ホツマツタヘにはいずれも「ウキハシ」として六カ所でてきますが、これに対し古事記では「天浮橋」として三カ所、日本書紀でも同様「天浮橋」として五カ所載せられています。これら三書に出る各々の用例を比較してみると、ホツマツタヘではウキハシという語に二つの意味がこめられているのに、記紀には一方の意味だけしか伝えられていないことが分かります。記紀に伝えられた方の意味は、「天からの通路として空中に浮かぶ階段」の義と解釈されますが、これにはもう一つの語義があるようです。その記紀に捨てられてしまった方の語義が、ホツマツタヘのここでの用例です。同様に解される実例がホツマツタヘの他の部分にもあるので、ここに引いてみます。

　　　　　ムカシフタカミ
ノコシフミ　アメノメグリノ
ムシバミオ　ミルマサカニノ
ナカコリテ　ウムソサノヲハ
タマミダレ　クニノクマナス
アヤマチソ　ヲハチチニエテ
ハオイダケ　メハハハニエテ
アトイネヨ　ウキハシオエテ
トツグベシ　メハツキシホノ
ノチミカニ　キヨキアサヒオ
ヲガミウケ　ヨキコウムナリ
アヤマリテ　ケガルルトキニ
ハラムコハ　カナラズアルル
アヘウシロ　ミダレテナガル
ワガハヂオ　ノチノオキテノ
ウラカタソ　カナラズコレオ
ナワスレソコレ

（　　　　昔両神(むかしふたかみ)）
（遺し文(のこしふみ)　天の巡りの）
（日蝕(むしばみ)を　みるマサカニの）
（中凝りて　生むソサノヲは）
（魂(たま)乱れ　国の隈(くま)なす）
（誤ちぞ　男(を)は父に得(え)て）
（ハを抱け　女(め)は母に得(え)て）
（あと寝(いね)よ　ウキハシを得(え)て）
（嫁ぐべし　女は月経(つきしほ)の）
（後(のち)三日(みか)に　清き朝日を）
（拝み受け　よき子生むなり）
（誤りて　汚るる時に）
（胎(はら)む子は　必ず荒るる）
（前後(まへうしろ)　乱れて流る）
（わが恥を　後の掟の）
（卜兆(うらかた)ぞ　必ずこれを）
（な忘れそこれ）　（七アヤ三十一頁）

本文と右の引用での「ウキハシ」の意味は男女間の媒体、つまり性教育という内容のように察しられます。しかし、もちろんそれだけではなく、日蝕などの天体の動きとも密なる関連をもつらしいことが、前後の行文からうかがえます。しかしいまの私には完全な理解が届かず、正解を期することができませんので、あえて長い本文を引用し、識者の教えを乞う次第です。

円空の天照大神像

天照（あまて）らす　大（おほ）ん御神（みかみ）は
ほのぼのと　昇（のぼ）る初日（はつひ）と
ともに生（あ）れます

天照大神は男神だった

富士山で祈ったイサナキ、イサナミ

読者の皆さんは、天照大神がどこでどのようにしてお生れになったのか、これまで一度でもきいたことがあったでしょうか。古事記をみても、日本書紀をみても、このことは一言だって教えてくれません。

ところが、ホツマツタヘにはそのところの事情が詳しく述べられています。

父神イサナキノ神と母神イサナミノ神とが、富士山で輝かしい朝日の霊気を受けて母神がみごもり、そして生れたのが天照大神だったのでした。

富士山は国民的信仰の山であり、また太陽が国旗として日本民族の表徴になっていることが、今さらのように私たちの胸によみがえってきます。このような日本人の心のふるさとというべき事柄が、素直にそして豊かに表現されているのがホツマツタヘなのです。

イサナキ、イサナミはハラミ山（富士山）に登り、男神は女神をかえりみて言いました。

「二人して国々を巡り民を治めてきた。またヒルコ姫といういい姫も儲けた。今度はぜひ日の神を生みたいものだ」

イサナミが夫神に同意したのはもちろんです。

そして、次にホツマツタヘの原文ではこう書いてあります。

池水（いけみつ）に　タの目（め）を洗（あら）ひ
日霊（ひるの）に祈り　カの目（め）を洗（あら）ひ
月（つきの）に祈り　（四アヤ八頁）

この中のタは左、カは右の意味にとっていいようです。ホツマツタヘの別のところには次のような記述があります。

先(さき)にミクサの
宝(たから)もの　御子(みこ)ヲシヒトに
賜(たま)ひしは　兄御孫(あにみまご)得(え)て
フトタマと　カクヤマ羽(はね)の
臣(をみ)となる　コヤネモノヌシ
キヨヒトが　羽(はね)の臣(をみ)なり
君(きみ)と臣(をみ)　心ひとつに
かの鳥の　形は八民(やたみ)
首は君　鏡はタ羽(はね)
剣カ羽(は)　モノノベは足
（二十四アヤ七頁）

これは、皇孫ニニキネノ命が諸国行脚に出かける時、天照大神から受けた勅語(みことのり)の一節です。政治の組織を鳥の形になぞらえ、天皇が首、それを補佐する大臣が羽であるとし、三種の神器の中の鏡は左大臣が、剣は右大臣が奉持するとしています。これからもタは左、カは右と理解されます。

即ち、男神イサナキノ神は池水に左の目を洗って日ノ神に祈り、女神イサナミノ神も同様、池水に右の目を洗って月に祈ったということでしょう。もともと男は日を、女は月をうけているからです。

この時、イシコリトメがマス鏡を作ってすすめると、イサナキは天下を治める聖なる嗣子を生もうとの決意も固く、このマス鏡を左右に飾り、左を日に、右を月になぞらえて神様の降臨を一心に乞い願ったのでした。

こうして日を積んで、千日にもなると、両大神の白い肌は桜色に染まってきました。そしてイサナキは神の御霊が自分の脊骨のチリケに入ったという強い感動を受けました。チリケとは天柱とか身柱という漢字にあてられ、昔からお灸の大事なツボで脊椎骨の第三椎の下のところにあります。

日の精が降下

男神に体の調子をきかれた女神は答えます。

月の汚血　流れ留まり
三日の後　身も清ければ
日待ちすと　（四アヤ十頁）

即ち、「月のものも終わり三日経ちました。身は大変きれいでございます。お日が入るのをお待ちしております」ということでしょう。女性の月経のことは、古事記に一カ所、倭建の命に答える美夜受比売の歌の中に、「月立たなむよ」と出てきますが、これはホツマツタヘの原文から引いたものです。古来、女体の月経は汚血として考えられたので、巫子はその時だけはお勤めから退けられたのでした。それにしても、月経の済んだ後に受胎可能の期間がくるということを、この頃既に分かっていたとは驚くべきことです。

男神はこの答えを耳にしてニッコリされました。そして両神ともに心をこめて日輪を拝みました。すると、お日様の精が両神の前に燦然と降下するのを覚えました。

両神は思わずお日様の精を抱きかかえ、しばらくして夢心地からさめると心身爽快、かつてない素晴らしい気持になったのでした。

三々九度の始め

イサナキ、イサナミ両大神は、富士山での嗣子を授かる千日にも及ぶ行を終えてサカオリノ宮に帰りました。そこでお帰りを待ちかねていたのがオホヤマツミでした。

このオホヤマツミという神様の名前の意味はオホ（大）、ヤ（弥）、マ（真）、ツ（助詞）、ミ（神）、即ち偉大にしていよいよ真(まこと)なる神という称名(たたえな)です。これを古事記には大山津見(つみ)神、日本書紀には大山祇(つみ)神と表記されています。この「大山」という漢字からすると、同神が山の神という印象を受けるし、実際、両書とも山の神であるように書かれています。しかしこれは真実を伝えるものではありません。本当の山の神はスベヤマツミという神だからです。記紀はこのスベヤマツミを、イサナキ、イサナミ時代のオホヤマツミとごちゃまぜにしているのです。オホヤマツミを祀るのは、静岡県三島市の旧官幣大社三嶋大社です。このオホヤマツミノ神が、両大神に清らかなオミキ（お酒）を進めました。

そこでイサナキが、イサナミに向って、

「トコミキ（床酒）というのは何か知っているかね」

とおたずねになりました。すると、女神が答えるのに、

「コトサカノヲに教えて貰いました。トコミキというのは、まず女性が飲んでそれから男性にすすめるのだとききました」

このトコミキは、今日の婚礼の時の献盃、三々九度の起こりでしょう。

初日と共に誕生

両大神はいい嗣子を産むことは国を治めるのと同じこととして心を注いだかいあって遂に女神は懐妊しました。しかし、十カ月たっても生れず、いつになっても同じような容態です。一同はご病気ではないかと心を痛めたのですが、とうとう無事出産になりました。そこのところをホツマツタヘの訳文でみてください。次のように感動的に書いてあります。

九十六月（こそむつき）　やや備（そな）はりて
生（あ）れませる　天照る神（あまてるかみ）ぞ
二十一（ふそひ）スズ　百二十五枝（ももふそゐゑだ）

三島大社（静岡県三島市）

歳キシヱ　初日ほのぼの
出づる時　共に生れます（四アヤ十三頁）

天照大神は、母神のお腹の中に九十六カ月も入っておいでになったのです。九十六カ月といえばちょうど八年間にもなり、これは驚くべき長い期間と言わねばなりません。

他の神々の場合でも、たとえば奈良県の春日大社の祭神アマノコヤネノ命は百カ月、長野県の戸隠神社の祭神タチカラヲノ命は三十六カ月であり、さらに滋賀県高島町の永田神社や三重県鈴鹿市椿大神社の祭神サルタヒコノ命などは十六年間だったと言います。これはどういうことなのか、ちょっと理解に苦しむところです。

だが、通常の分娩は男の子が十二カ月、女の子は十カ月とあります。これだと、今日と比べて男の子の方だけ二カ月長く、女の子は同じだということになります。

み種が女体に入ってから、生命が序々に成長し、出産に至る迄の細かい経過は、オホナムチ（古事記で大国主ノ神と書かれている神のこと）の孫に当たるコモリという医術の達人の手になる『ミタネフミ』なるものの中に細かく書かれており、これがホツマツタヘの十六アヤに載せられています。この記録は日本医学史上、刮目すべき記事に違いないと思いますので、若干の註釈をつけてその筋の雑誌に発表したいと思いながら、まだ果たしていません。というのは言葉が難解で手に負えぬ部分が多いからでもあります。医学専門家との共同研究会のようなものを持ちたいとも念じています。

さて、天照大神は二十一スズ百二十五枝（注）の歳キシヱの日に「初日ほのぼの出づる時」に生れました。スズとはマサカキのことで、一スズは六万年で枯れて植継ぐとされていますから、二十一スズは百二十六万年、即ちクニトコタチノ神から数えて百二十六万年たっていたことになります。枝というのはどういう数え方なのかよく分かりませんが、キシヱというのは日本独得の古代暦で、中国の干支に当てはめると甲午の歳となります。

光あふれる御子

天照大神が元気でお生れになったので、オホヤマツミはお祝いの歌を心から唱いました。

むべなるや　ユキのよろしも

御世継ぎも　世々の幸ひ
開けりと（四アヤ十四頁）

この意味は――本当によかった、本当によかった。祓い清められ一杯に満ち満ちた大気の何とすばらしいことよ。これで両大神の世継ぎもできたので、世の幸いはこれで約束されたようなものだ。何とよろこばしいことよ――大体こういったところでしょう。そして夜を通して祝宴を張り、多くの神々が喜びをわかち合ったのでした。

天照大神は十六歳までイサナキ、イサナミ両大神と共に富士山麓のサカオリノ宮におられましたが、その後はヒタカミノ国の五代タカミムスビのもと（今の仙台市付近）にアマナリ（天成）の道を学ぶために出立します。

タカミムスビは、天照大神に対して、「ヒノワカミヤのワカヒト」という名を奉りました。ワカヒトのワカとは、私の考えでは、ワはハの音が変わったものと思います。たとえば書紀でワシリ（走）とあるのが万葉集ではハシリとなり、また、ウルハシ（麗）をウルワシというように変化するのと同じです。このハとはハフル即ち溢れるという意です。次にカとはヒカリ（光）のことですから、結局、ワカとはヒカリが溢れ出るということになります。したがって、ワカヒトとは、光が溢れるようなお方という訳で、いかにも天照大神にふさわしい名前です。

女神にすり替えたのは聖徳太子と馬子の陰謀

ところで、ここまでお読みになって、ハテナと思われた方も多いのではないでしょうか。世継ぎの神というが、天照大神は女神ではなかったのかと。古事記も日本書紀も、天照大神を女神とし、明治以後の学校教育でもそのように教えてきたのですから、そう思われるのも無理はありません。しかし、これは全くの誤りで、天照大神は実は男神だったのです。

古事記は、イサナキ、イサナミ両大神の御子は、㈠天照大神　㈡ツキヨミノ命　㈢スサノヲノ命の三方とし、このほかに　㈣ヒルコ（蛭児）をあげ、流産した子だから葦舟に乗せて流したと記述しています。日本書紀も同様に三男神としています。

ところが、ホツマツタヘでは、㈠ヒルコ姫　㈡ヒヨルコ　㈢天照大神　㈣ツキヨミノ命　㈤ソサノヲノ命（記紀のスサノヲは誤り）の順に産み、㈡のヒヨルコは葦舟で流されたから御子の数には入らないとあります。つまり、イサナキ、イサナミ両大神の御子は、一姫三男神だったのです。

では、本来、男神である天照大神が、どうして女神にされてしまったのでしょうか。

ズバリ言って、女帝第一号だった推古天皇と密接な関係があるのです。それまで天皇は男性と相場がきまっていたのに、にわかに女性が帝位につくということは、朝廷内外に非常な抵抗と衝激を与えないはずはありません。推古天皇自身も何か合理的な支柱を必要としたことでしょう。その意を汲んで作為したのが、馬子と聖徳太子だったと思います。

今日ならさしずめ憲法改正ということになるのでしょうが、当時はそれを、日本書紀の推古天皇二十八年の所にある天皇紀、国紀の編さんに求めたのです。そこで試みられたのが、天照大神を女性に仕立てるということでした。全く大胆な歴史の改ザンですが、すでにそのころは天照大神が男性か女性かはおぼろげになっていたのではないでしょうか。だから、天照大神は女性なり、とはっきり打ち出しておけば、推古天皇の帝位は天下晴れて合理化されるというものです。

すでにホツマツタヘは、仁徳天皇朝あたりに「秀真伝」として漢抄訳され、宮中に保管されていたと思われます。馬子と聖徳太子はその「秀真伝」を材料とし、これにごく僅かの手を加えることによって天照大神を女性に仕立てることに成功したのだと私は推理します。

その改ザンの過程は、問題の個所についてホツマツタヘと日本書紀とを厳密に比べてみると、手に取るように分かります。一口に言うと、ホツマツタヘにある天照大神の姉、ヒルコ姫についての記述が、日本書紀では天照大神自身にすり替えられてしまっているのです。そういう個所が二カ所あります。たった二カ所の改ザンで、天照大神は女神に変身させられてしまったのです。

この僅かな工作で重大な目的を達したのですから、その頭のいいやり方には舌を巻きます。あまりゴタゴタと作為の跡を残したら、後で見破られるもとになりますが、たった二カ所なのです。それによって、馬子と聖徳太子の編んだ歴史書は、古事記にも日本書紀にも信頼のおける資料として受けつがれ、後世の人を今日までだまし続けてきたのでした。しかしホツマツタヘの発見は、歴史に加えられたこの陰謀を白日の下にさらけ出したのです。天照大神には十二人の后がありました。その后たちの神社のいくつかは式内社として今日まで残っており、そのことも天照大神男神論の有力な証拠と言えるでしょう。

男神に彫った円空

江戸時代の遊行僧、円空（一六二八～一六九五）は、仏像ばかりでなく、神像もかなりの数を作ったことが知られていますが、そのなかでも注目されるのは、彼が天照大神を男性像に彫っていたという事実です。しかもこの男神像は一体だけではなく、名古屋市内、岐阜県下などで数多く発見されています。だから円空は思い違いなどではなく、天照大神を男神と信じて作ったと思わないわけにはいきません。

彼の男神像は、現在たくさん出されている円空に関する書物の多くに載っていますから、誰でも簡単に見出せます。それがこれまであまり注目されなかったのは、円空像が美術鑑賞の域内でだけみられてきたからでしょう。私は昭和四十九年にこのことを小論に書き発表しましたが、専門家は知らん顔です。

これらの像をよくよく見れば誰の目にも男神と見えるでしょう。ヒゲのある女神などきいたこともないからです。それにしても円空が天照大神を男神とした考え方はどこから影響されたのか、その元の思想はどのようなものだったのでしょうか。

そこで、天照大神男神論者を調べてみると、同時代には荻生徂徠（一六一二～一七二八）やその影響を受けたらしい度会延経（一六五七～一七一四）があり、下っては山片蟠桃（一七四八～一八二一）、山片太華（一七八一～一八六六）、帆足万里（一七七八～一八五二）などがあげられます。これらのうちには、男神とする理由として、太陽は本来陽であり陰であるはずがないとし、推古女帝の摂政、聖徳太子に作為ありとする論もあり、最近では津田左右吉もこれを支持しています。

しかし、円空はもともと密教の坊さんですから、このような儒者の説から影響されたとは思えません。そうなると彼の天照大神男神観の根拠は、どこに求めるべきなのでしょうか。

ホツマツタヘでは紛れもなく天照大神は陽神なのですが、この書は真言と天台の両密教にひそかに伝えられた根跡があります。それは『神代神字弁』（嘉永二年。釈頓慈筆録）という写本の中に、「於二北嶺一此文字ヲ伝ヘル時ハ前日ヨリ加行スル事ナリ。山門坐主ヨリ坐主ニ法門伝授ノ時ニ因ミニ此神法ヲ伝フルトナリ。是ハ台密東密共ニ両部行二神道一故也」云々とあるからです。

また円城寺藕峯律師の『和字考』（寛政五年板本）の中にホツマツタヘを重視する記載があり、さらに真言律僧傅泉の『春日山紀』（安永五年板本）にはホツマツタヘばかりかホツマツタヘと同時代に書かれたミカサフミの原文の引用が多量にあるのをみても、密教にこの書が伝えられたという推測を濃くします。

このように見てくると、円空の天照大神男神観の背景には、密教に秘伝されたホツマツタヘの影響があったと思えてならないのです。

男神と断定した伊勢外宮の神官

この円空は坊さんですが、神主にも天照大神は男神だと主張した人物がいます。それは前にもあげた円空の同時代人で、江戸時代初期に伊勢外宮の神官だった度会延経です。延経は『内宮男体考証』と『国学弁疑』を書き、この中で天照大神が男神であることを示したのです。

延経は、平安後期の漢学者であり歌人でもあった大江匡房（一〇四一～一一一一）の書いた『江家次第』の中の記事に注目したのでした。この『江家次第』という書物は朝廷の公事や儀式などを詳しく書いた有名なものですが、この中で延経が目にとめた記事を平易にいうと、次のようになります。

匡房の仕えた七十三代堀河天皇の寛治四年（一〇八七）十一月四日、伊勢に奉幣使が立ちました。天皇の近侍である蔵人が伊勢大神宮へ臨時に神宝を奉るに当たって、天照大神のご装束も奉持して行くのですが、そのご装束の内容そのものが問題なのです。以下それを列記してみます。

(1)御袍　一領　青色
(2)御下襲　蘇芳色
(3)御半臂　一領　緒ヲ加フ
(4)御袙　一領　紅染
(5)御単衣　一領　同色
(6)表御袴　一腰　縮緬綾

(7)御大口　一腰　紅染
(8)御帯　一筋
(9)錦の御襪　一足
(10)御挿鞋　一足
(11)御扇　一枚
(12)帷　一条　白張
(13)御包　一条

簡単な注をつけると、(1)御袍とは朝服の上衣。(2)御下襲とは御袍の下に重ねて着る衣服。(3)御半臂とは、御袍と下襲との間につける袖なしの胴衣。(4)衵とは、下襲の下、単の上に着る衣服で、表は綾、裏は平絹、表裏ともに紅色。(5)御単衣とは裏のない衣で衵の下に着る。(7)御大口とは大口袴のことで、下袴の一。裾口の大きく広いもの。表袴の下にはく。平絹生絹などを用う。(9)御襪とは下履き。(10)御挿鞋とはワラジのことです。

延経はここに載せられているのはみな男帝の装束であると述べ、さらに、「御袍ノ青色トハ麴塵ノ袍ナリ」と書いています。麴塵の袍というのは、男神である天皇のつけられる束帯の上衣のことです。ついで、延経は『左経記』からも引用しています。『左経記』とは、平安時代の源経頼(九八五～一〇三九)の日記。この中に、次のようにあるというのです。

寛仁元年（一〇一七）というと先にあげた寛治四年から六十年ほど前になりますが、その十月二日の所に宇佐大多羅志女（神功皇后）の装束が、次のように載せられています。

(1)摺綾唐衣　一領
(2)日染薄物裙帯　蘇芳
(3)日染綾裳　一腰
(4)御袴　一腰
(5)桜三重唐御衣　一領
(6)摺裳　一腰
(7)単袴　一具

(1)摺綾とは白絹にツユクサなどのしるで、模様をすり出したもの、唐衣は礼装用に表着の上に着る服。前身ごろは袖丈と同じ、後ろ身ごろはそれより短い。(2)薄物とは、地の薄い絹織物、裙帯とは裳の左右に長くたらした幅の広いたれひも、(5)桜三重唐御衣というのは、表と裏との間にもう一枚、中部という布を入れた布服、色は桜色というわけです。

このようにみてくると、右の装束は確かに女性用のもので、前出の装束の方は男性用のものであることは明瞭です。

そこで、延経は「伊勢ノ御装束ハ此レト異ナル也。コレニ由リテ之ヲ見レバ、天照大神ハ実ハ男神ノコト明ラカナリ」と言っているのです。つまり天照大神が女性ならば、神功皇后と同じ服装のはずなのに、前者は男装、後者は女装なのだから、天照大神は男神であると結論したのでした。神宮の神官が、このように断言したところに注目したいと思います。

延経は、さらに次のようなことも言っています。天照大神は配耦神がなくてどうして忍穂耳尊をお生みになれるのだろうか。日本書紀の書きぶりはどうもおかしい。それにまた、日本書紀の神功皇后の条に「五十鈴宮にます神の名、撞賢木厳之御魂天疎向津媛」とあり、これを天照大神のことと理解されているが、この中の「天疎」という語は日の枕言葉で「向津媛」とはムカツヒメと読み正妃のことを言うのですから、これは「撞賢木厳之御魂」というのが天照大神のことで、「天疎向津媛」というのは天照大神の正妃のことを指しているのではないかと、洞察力に富んだ見解を述べています。

延経が注目したこれらの資料以外にも、多くの公卿たちの日記が幸いなことに今日もまだ残されていますから、克明に調べれば天照大神男神論を裏付けるもっと目を見張るような記述が発見できるかと思います。

〔注〕
ホツマツタヘにおいて、数字は次のように示されています。ヒ（一）フ（二）ミ（三）ヨ（四）ヰ（五）ム（六）ナ（七）ヤ（八）コ（九）ト、ツ（十）モ（百）チ（千）ヨロ（万）。五はイではなくヰが当てられています。

その時朝日輝くがごと

白山姫（しらやまめ）　天照る神（あまてるかみ）の
産湯（うぶゆ）なす　その時（とき）朝日（あさひ）
輝（かがや）くがごと

白山神社の祭神・白山姫

古事記、日本書紀では正体不明

白山神社といえば、多くの町や村にあるお社なので、ほとんどの人があの白山さまかと思い浮べる神社だろうと思います。調べてみると、全国で二千七百余あるといいますから、神明社、熊野神社、八幡神社などと並び日本屈指のお社ということになります。本社は石川県石川郡鶴来町にある加賀一の宮、その奥宮は白山山頂に鎮座し、北陸鎮護の名だたる神社であることはいうまでもありません。（注1）

その白山神社の祭神はどなたなのでしょうか。その神様が白山姫であることは、全国いずれの白山神社でも一致しています。では、その白山姫について日本第一の古典とされている古事記がどう伝えているかというと、驚いたことに、一言半句も触れてはいないのです。

それでは古事記の次に重要とされている日本書紀ではどうでしょうか。そこには本文ではなく、「一書」という参考文書の中に、たった一ヵ所「菊理（くくり）媛神」として載っていますが、この部分を何度読んでみても、何をいっているのかよく分かりません。有名な白山神社の祭神が、古事記や日本書紀では分からないというのはなんとも変な話です。

ところで、先年こんなことがありました。名古屋の実業家Sさんは、仕事のために土地を買ったのですが、前もってその土地を見なかったので、白山神社がそこに鎮座していたのを知りませんでした。びっくり仰天しましたが、根が信心深いSさんは、これは白山さまから見込まれたのだ、今後も神社としてお守りして行こうと決心したのでした。

それからのSさんは氏子の人々とも親しくなり、加賀の本社へもあがり、また古事記や日本書紀も読んでその祭神を研究しました。しかし前述のような次第で、Sさんの心は満たされませんでした。

国宝で門外不出の秘典とされている平安末期の『白山記』や鎌倉初期の『白山宮荘厳講中記録』その

他をも熱心にひもときました。これらは確かに古い書物には違いありません。しかしたとえば『白山記』には、白山山頂には「有徳大明神」という神が鎮座するが、その本地は「十一面観音」だとかいったことばかりが漢文でびっしり書かれていて、白山姫の白さえ出て来ないのには、すっかり失望してしまったのです。

そうした頃、Sさんは友人に連れられてホツマツタヘ研究会の名古屋例会へやってきました。Sさんはホツマツタヘの中にある神様の物語りをむさぼるように吸収していきました。その中には白山姫のお話も豊富でした。古事記や日本書紀ですっかり滅入っていたSさんはグンと元気をとりもどし、最近では自分のお守りする白山神社の前に、祭神の神徳をたたえる立札を立てたいと言い始めました。さらには二千七百余にも上る全国の白山神社の氏子たちにも呼びかけて、白山姫の本当のことを知ってもらおうと、夢をふくらませています。

というわけで、私も張り切ってこれから白山姫の物語を始めましょう。

天照大神に産湯を奉仕

白山姫は天照大神の産湯をとった女神なのです。白山姫が産湯の奉仕をすると、大神の体は朝日のようにキラキラと輝き、神々しくてうっとりするほどでした。

このことは、古事記にも日本書紀にもその他どんな古典にも出てこないお話ですから、読者は今はじめて知られることになります。

この産湯ということは、赤児の体をきれいにするという即物的効果があるのはもちろんですが、元来「△（ユ）」という日本語の音そのものが「清める」という意味を持っていて、このことの具体的現われとして産湯の行事が重んじられたのです。

天皇の一世一代の重要な儀式の大嘗祭の時に、スキの宮と共にユキの宮を建てるのも、また山伏が、大事にする湯立行事も同様です。即ち目に見えない「清さ」を現わす「△（ユ）」という語の具体的現われとして、お宮を建てたりお湯を立てたりするのです。

さて、白山姫が産湯を奉仕するそばでは、アカヒコという神様が桑で作った弓を盛んに鳴らして、ハタレ（悪魔）どもを追い祓（はら）いました。この行事は、今日でも宮中で行われている「鳴弦（めいげん）の儀」の始まりです。この鳴弦のことは『大言海』に、次のようにあります。

めいげん（鳴弦）ツルウチ。ユミヅルウチ。弓弦ヲ引き鳴ラシテ物怪（モノノケ）ヲ祓フコト。古ヘハ天皇ノ御入浴、又ハ御不例ノ時ナドニ行ヒ、今も宮中ニテ御産ノ時ナドニ行フ。其状ハ弓ニ矢ヲ番（ツ）ガズシテ弦ヲ張リ放チ、ソノ鳴ル音ニテ妖魔ヲ驚カシ恐レシムルヲ主トス。

弓の材料が桑であることを落している外はなかなかよく書けていると思います。

「鳴弦の儀」の起源は、実に天照大神の誕生の産湯の時に行われた神事にあったのです。

妖魔降伏の神事

ホツマツタヘには、神武天皇の父、ウガヤフキアハセズノ命（注2）が生れた時にも「鳴弦の儀」が行われたことが書かれています。

　　モノヌシ鳴らす

桑の弓　ハハ矢ひきめぞ　（二十六アヤ八頁）

とあるのがそれです。

「モノヌシ」とは、多分第四代目オホモノヌシのヤヘコトシロヌシノ命のことです。「ハハ矢」とは今日神社で正月に授ける「破魔矢」と同じですが、この語は元の「ハハヤ」の音が訛ったものと思われます。「ハハ矢」は記紀にも載り、「ハハ」の意味は「大蛇」とか「羽々」のように考えられています。しかしこれらは適訳とは言えません。といっていま決定訳を出す自信はないのですが。「溢速矢」——非常に速い矢と解した方がまだ真実に近いと思われます。

「ひきめ」というのは、漢字で「蟇目」という字が当てられています。NHKの人気ドラマ「風見鶏」に出てきたドイツ青年に扮する二世の俳優が、この姓なのを連想される方も多いでしょう。まさにその通りで、同君の日本人の方の先祖は、妖魔降伏のため弓弦を打ち鳴らした「蟇目役」という大事な神職で、恐らく何十代と続く古い家柄だったでしょう。

「蟇目」とは、ヒビキメ（響目）の約といわれ、朴、桐などで造られた大形の鏑のことです。これを矢につけて射ると穴から風が入って音が出、これが妖魔降伏に効を奏したといわれています。源三位頼政が紫宸殿上で鵺を射取ったのは有名な話ですが、この鵺は、ホツマツタヘに凶鳥ヌヱアシモチとして載せられています。

「あな嬉し」とウヒルギノ君

白山姫は、コヱネノ国で天照大神の産着を、自ら作って差しあげました。コヱネノ国というのは、記紀にも万葉集にも出て来ない名前になってしまいましたが、白山を中心として、今の石川県（加賀）、富山県（越中）、福井県（越前）一帯の呼称だったようです。

ついでに言えば、コヱネノ国の東隣りはコシノ国、西隣りはサホコの国といい、サホコの国の都はミヤヅ（今の京都府宮津）だったのでした。

さて、白山姫がその産着を奉った時、赤子の天照大神は、「あな嬉し」と申されました。他の付き人にはただ泣いているとしか聞こえないのに、白山姫には言葉として、ちゃんと聞きとれたのです。このことが諸神たちの評判になり、次のような難題が出されました。

「どんなものでしょうか　白山姫様。普通なら、この世嗣ぎの神にそろそろイミナ（斎名）を奉る頃です。しかし臣下からイミナを奉らなくても、あるいは自ら名前を用意しておられるかもしれません。それを御子のお口元から聴きとっていただく訳には参りませんでしょうか」

御子の声を聴ききる

この注文には、白山姫もちょっと困りました。さきの「あな嬉(うれ)し」という言葉は、確かにそう聞こえたのですが、そうかといって、イミナまでも聴けるかどうか、そんな前例もないし、全く自信がなかったからです。

でも、思い切って白山姫はこの難題にぶつかってみようと決心しました。

御殿に上って、白山姫はうやうやしくこのことを赤子の大神に申しあげると、ほどなく「ウヒルギ」と、お答えになるではありませんか。

「ウヒルギ」とは何のことなのか、白山姫もよく理解できませんでしたが、よくよく考えてみると、次のようなことだと分ったのです。ホツマツタヘの原文には、次のように書かれています。

御子(みこ)の声(こゑ)　聴(き)ききる時(とき)は
幼名(おさなな)の　ウは大(おほ)いなり
ヒは日(ひ)の輪(わ)　ルは日(ひ)の霊魂(ちたま)
ギはキネぞ　かれウヒルギの
ミコトなり　キネは夫婦(めをと)の
男(を)の君(きみ)ぞ（四アヤ十九頁）

「聴ききる時は」は、すっかり聴きとってみると、の意ですが、この語がまた大事な意味をもつことになるのは後で分かります。「ウ」は「大いなる」ということです。オホモノヌシのことをウモノヌシという例でもこのことは分かります。次の「ヒ」は「日の輪」であることに解説は不要でしょう。

三語目の「ルは日の霊魂」はちょっと難しいですね。ここでの「ル」の意味は「有ル」ということだと思います。では何が「有ル」のかというと、もちろん「日の輪」です。それをここでは、上の「ヒ」の所で「ヒは日の輪」と「日の輪」という語をここで出してしまったので、これにつづく下の「ル」では「日の輪」をさらに深めて「霊魂」と言ったのだと思います。

最後の語、「ギはキネぞ」の「ギ」という語は「キネ」という男性を意味する語を縮めて言ったものであると思います。古代語では下音を略して使う場合、その音を濁音にします。例えば天皇を意味するスメラギも、元はスメラキネであったと解されます。（このスメラギは記紀、万葉の時代になると、スメロキと変化し、平安時代以降にまた元のスメラギに戻ったのです）

かくて、結局、「ウヒルギ」というのは「大いなる日の霊魂の込められた男性」ということになります。

このウヒルギという名前は、古事記には全くないのはもっての外ですが、日本書紀には大日孁貴と書かれ、これをオホヒルメノムチと読むとされています。古事記のようにまるで載せないより載せた方がいいとはしても、孁という字は巫女を意味しますから、本来男性神である天照大神を女性神にすりかえる作意がここに働いているのを見逃がすことはできません。ウヒルギを全く無視した古事記も古事記なら、作意した日本書紀も日本書紀だと憤りをおぼえます。

さて、このことを聞かれたイサナキ、イサナミ大神は非常に喜び、白山姫に感謝して、「キクキリ姫」という名を贈ったのでした。

この「キクキリ姫」という名のいわれは、上に述べた「聴ききる時は」のことであることは、既におわかりでしょう。即ちまだ赤子の天照大神の言葉を間違いなくすっかり聴きとった功績を讃えた名だったのです。それが日本書紀の時代になると、「キクキリ姫」の「キ」が脱落して「菊理姫」というように表現されてしまったのでした。

天照大神の伯母にあたる

白山姫について問題なのは、誰れの子か、また独身で終わったのかそれとも誰かのお后だったかということでしょう。この解答は、当然のことながらホツマツタヘの中に見出す以外、術はないのですが、それがなかなか解けませんでした。

ある時は、白山姫はタカミムスビノ神のお姫様かと思ったし、またある時は別の神を父神の候補にあげて同志と夜更けまで議論したこともありました。

いまこの原稿を書くに当たり、またあれこれと考え、ある試案を得たので、ここに発表し識者のご賢察に供したいと思います。少し混み入っているかもしれませんが、できるだけやさしく書くのでご辛棒ください。

白山姫の父母の神様や夫君の神様の解明に入るためには、まず次のくだりを理解しなければならないでしょう。

　　　　ウヒヂニ儲く
この御子は　アメヨロヅ神
ソアサ治し　アワサク生めば
アワナギは　ネのシラヤマと
ち治るまで　法も通れば
生む御子の　イミナ（斎名）タカヒト
カミロギや（二アヤ十二頁以降）

ここでウヒヂニというのは、神代七代の神のうち四代目のウヒヂニ、スヒヂニの夫婦神を指すことは動きません。そして神代五代はオホトノチ、オホトマへの夫婦神であることは、別のところの記載からして確かですから、右に出るアメヨロヅ神は傍系ということになります。そのアメヨロヅノ神の二人の御子のうちアワナギノ神の後がイサナキノ神です。このことについては大して問題はありません。

傍系であるアメヨロヅノ神の後裔イサナキノ神が神代七代目を嗣ぐことになったのは、六代オモタル、カシコネに世嗣ぎがなかったからです。このことにも疑問はありません。

夫はカンミムスビノ神

これだけの予備知識を得てから、次の引用をみてください。

大御神（おほんかみ）　諸（もろ）と議（はか）りて
ヤソキネを　ネノ国神（くにかみ）と
イサナキの　産屋（うぶや）に伯父（おぢ）と
オバ（伯母）なれば　祭（まつ）り絶（た）えずと
ミコトノリ（勅）　もちて民治（たみた）す
伯父（おぢ）と伯母（おば）　シラヤマ神（かみ）ぞ　（七アヤ九頁）

この中のヤソキネというのは、五代タカミムスビノ神の嗣子のことですから、当然六代タカミムスビノ神ということになります。そしてこの神をカンミムスビノ神といいます。その子フリマロは天照大神と同年輩で、五代タカミムスビノ神からアマナリ（天成）の道を学んだ学友です。

このヤソキネ神を、天照大神がコヱネノ国神にされたというのです。右の文で「ネノ国」とあるのは「コヱ」が略されていると解されるからです。即ち、これを今でいえば、前に説明したとおり、石川・富山・福井の三県に当たります。

そして天照大神が、ヤソキネ神をネノ国神とした第一の理由は、父神イサナキノ神の誕生の時、伯父のヤソキネ神が伯母神と一緒に産屋一切の世話をされたからだったのでした。かくて天照大神はこの伯父と伯母の両神にシラヤマ神という称号を授けられたというのです。この伯母神こそまさに白山姫その方に間違いないと思われます。

即ちカンミムスビノ神と白山姫とは夫妻であったということになります。

また、白山姫の父はアワナギノ神だったと思われます。さきの引用に「アワナギはネノシラヤマとち治るまで」とあるからです。そして白山姫はイサナキノ神と姉弟か兄妹の関係にあったわけです。

それは、天照大神の産湯をとったり、イサナミノ神が亡くなられた時、イサナキノ神がヨミの国へ行くのを諫止したりしているところからも分かります。

〔注1〕

加賀一の宮は、延喜式の神名帖では小社であり、明治以後の国幣社とか官幣社に当たる「名神大社」でないのはおかしなことです。神名帖にはこのほかにも近江の多賀神社が小社であり、奥州の塩竈神社や信濃の戸隠神社のような当然「名神大社」であるべき神社が載っていないのも合点がいきません。これは要するに当時の役人の調べが杜撰だったからと言わなければならないでしょう。

したがって延喜式に載せられている所謂式内社というのは、延喜式ができた時（西暦九三七年）から今日まで千年余経っているので、それだけの古さを誇っているとはいえ、延喜式に載っていない所謂式外社といわれる神社の中にも、上記のような由緒のある大社が漏れているのですから、注意が必要です。

延喜式というのは、平安時代初期の宮中の年中儀式や制度などのことを記したもので五〇巻あります。その中の巻九・十の二巻が神名帳で、これには全国各地の格式高い神社が一覧表として三千百三十二座載せられています。その内訳は大四百九十二座、小二千六百四十座です。『延喜式』に載る神社は「式内社」、載らない神社は「式外社」と呼ばれます。「名神大社」とは、宮中から新年、月次、相嘗、新嘗の四祭に預かる最高に崇められた神社のことです。京都の加茂別雷（いまの上賀茂）神社、同御祖（いまの下鴨）神社などがそれに当たります。

また戦前の社格には、官幣社（大、中、小、別格）と国幣社（大、中、小）、府社、県社、郷社、村社、無格社などがありました。官幣社は皇室から、国幣社は国庫から、府社以下は各府県又は市町村から供物が捧げられました。また別格官幣社とは、歴史上の功臣を祀った神社で、乃木神社、東郷神社などがありますが、戦後はこれらの区別は廃止されました。

また、各神社には付属の社として摂社、末社があり、摂社はその神社に特に密接な関係があるものであり、末社はこれに次ぎます。

〔注2〕

アハセズとあるのを変だなと思われた方があるかもしれません。古事記でもアヘズと呼び慣れているからです。しかし正確に言えば、次のようになります。ホツマツタヱによると、イミナ（斎名）はカモヒト、タタヘナ（称名）はナギサタケウガヤフキアハセズ（二十六アヤ八頁）です。これに対し、古事記では天津日高日子波限建鵜葺草葺不合命、日本書紀では彦波瀲武鸕鷀草葺不合尊となっています。記紀は例によってホツマツタヱにあるイミナのカモヒトを脱落しています。またフキアハセズを古事記は今は葺不合（ふきあへず）と読んでいますが、これは本居宣長以来の訓で、それ以前はすべて、葺不合（ふきあはせず）と訓んでいました。日本書紀は一貫して葺不合（ふきあはせず）だったのが、今は古事記と同じ訓みになっています。現代の記紀学者がいかに宣長の強い影響下にあるかがこれで分かります。

ソサノヲは尚もいかりて

いにしへの　尊き伝へ
この文に　学び知りてぞ
人に語らん

真説・天の岩戸開き

ソサノヲノ命の乱暴

天照大神の弟、ソサノヲノ命の乱暴は、手がつけられぬほどひどいものでした。たとえば一度植えた苗代を二度植えしたり、畔をこわしたりしたので、とうとう稲は実りませんでした。そのため、初穂を神様に供える大事な新嘗祭を行うことも危ぶまれる状態となり、他の神々から指弾されていました。そんな時、またしてもソサノヲノ命は、神衣を織る斎服殿を汚すという不始末をしでかしました。

ソサノヲノ命は、まだら毛の斑駒を甍（屋根の背の部分）に穴をあけて投げ入れたのです。折り悪しくその時、ハナコ姫が斎服殿の中で神衣を織っていたのです。驚いた姫が逃げようとした時に、梭（織機の縦糸の間に横糸を通すのに使う舟のような形の道具）が体に突きささり、気の毒にも亡くなりました。

ハナコ姫とは男神である天照大神の十二后のうちの一人です。同姫の父君は天照大神の右大臣サクラウチノ命で、姉君はオシホミミノ命を生んだセオリツホノコ姫です。サクラウチノ命の神社は式内桜市神社（滋賀県伊香郡）ほか、セオリツホノコ姫の神社は式内佐久奈度神社（名神大社滋賀県大津市大石東町）ほかに鎮座されています。しかしこのハナコ姫の神社はどこなのか調べても分からないのです。このような痛ましい生涯を終えた姫神がお祀りされなかったはずはないのに、これが分からないのはまことに残念です。

このように神社が分からなくなってしまった原因の一つは、同姫のことを日本書紀では、「天照大神梭ヲ以テ身ヲ傷マシム」と天照大神にすり変えられてしまっているし、古事記では「天衣織女見驚き、梭に陰上を衝きて死にき」とここでは天衣織女にされてしまい、ともにハナコ姫になっていないからだと思います。今から千二百余年も前にできた記紀に、既にこのように誤記されていたのでは、時の隔りがあまりに遠く探索の端緒さえ見出せません。

天成の道でさとしたが

「ハナコ姫が亡くなりました」

と嘆き悲しむ女官たちのしらせを聞いた天照大神は、きっとして、ソサノヲノ命を呼びつけ、

「汝は心いやしくも国を望んでいる。アマナリの道に何とかけ離れたことか」

と叱り、次の歌を示されたのでした。

天(あま)が下(した)　和(やは)してめぐる
日月(ひつき)こそ　晴(は)れて明(あか)るき
民(たみ)の両親(たら)なり　（七アヤ十七頁）

この意味は、天下を治めるということは民を両親が子にするようにいつくしみ和してこそまっとうされるのであり、まさに日月のように晴々として明るくあるべきで、何の屈託があってもいけないということだろうと思います。

この天照大神の言葉と歌によると、ソサノヲノ命の所行は単なる乱暴狼藉にとどまらず、一国を奪おうという大それた野心を秘めていたということがはっきりします。そしてこれを天照大神が、アマナリの道によって論したのでした。しかしこのような大事な個所を記紀は一言も載せてはいないのです。アマナリの道こそ敷島の道であり、国を治める根本理念であったのです。

天下が闇に

さて、天照大神に諭されたソサノヲノ命は、改心するどころか岩を蹴散らしてなおも怒り猛るという無謀ぶりです。そこでやむなく天照大神は、岩室に難を逃れて戸を閉ざしたのです。すると、天下ことごとく暗くなり、昼夜、善悪を分かつことができず、大混乱になりました。天照大神は日の精をうけて生れた神様ですから、このような状態になるのは当然です。

この時、天照大神の姉ワカ姫を妻とし、近江野洲川辺に住み国中の智恵神としてあがめられていたオモヒカネノ命は、天下が一時に闇になったので非常に驚き、タイマツをかかげてイセに馳せ参じました。同地につくと、天照大神に間近く仕えていたわが子のタヂカラヲノ命にその真相を問い、はじめて理由が分かったのでした。そこで、急ぎ諸神たちにはかってお祈りをすることにしました。

そこでツハモノヌシノ命がマサカ木の上枝に和玉（にぎ）、中枝にマフツ（完璧）の鏡、下枝に和幣（にきて）をかけて祈りました。同命はアマノコヤネノ命の父でことのほか霊力の強く、天照大神から「◎⊕冂（アナシ）（天無し）大神」――天下に並ぶもののないくらい秀れた神というたたえ名を賜わったのです。式内穴師坐兵主神社（あなしにますひょうず）（奈良県大三輪町、山辺の道近く）に鎮座するのがこの神です。しかし◎⊕冂（アナシ）が穴師などと心なき漢字に訳され、一方ツハモノヌシが兵主となったのを、後人がヒョウズと漢音で読むようになってしまったために、今ではこの神の正体が同社の神主にさえ分かっていないという有様です。

穴師坐兵主神社（奈良県桜井市）

同命の存在が模糊となったもう一つの理由は、マサカ木に玉・鏡・和幣をかけた神が古事記、日本書紀ともに天児屋神と太玉命に変えられており、また両書のどこにもツハモノヌシノ命としては書かれていないからだと思います。

「香ぐの木匂ふ」と歌い舞い

さて、話を元に戻しましょう。ツハモノヌシノ命が一生懸命祈ったのち、ウズメノ命は常緑のシダのヒカゲカヅラ（日陰葛）を襷にし、チ（茅）草を巻いた鉾を持ち、そしてヲケラ（朮）草を庭火に焚き、ササ（笹）を斎花とし、神倉の神戸の前には篝火を赤赤と燃やしました。

そこで、オモヒカネノ命は深く慮って、常世のナガサキの歌と踊りを、大勢の神々と共に、フリをつけて元気よく歌い舞い始めたのでした。ここの所を古事記は、ウズメノ命が「胸乳を掛き出で、裳の緒を陰に押し垂りき」と書いています。ナガサキの歌とは、次のようなものですが、これも記紀ばかりか、他のどんな古典にも出ていないものです。

香ぐの木　枯れても匂ふ
萎れてもよや　我が夫　あは
我が夫あはや　萎れてもよや
我が夫　あは　（七アヤ二十頁）

天照大神を香ぐの木のようにいい匂いのする夫にたとえたもので、大神が岩戸に隠れてこの世においでてなくとも、その余香が素晴らしいので一同酔うが如くであるという意味でしょう。

諸神たちは岩戸の前に車座になり、わが世の春を謳歌するように大いにこの歌をうたいました。歌舞で笑いはやして、岩戸の内の天照大神を不審に思わせようという狙いだったのです。

案の定、大神はおかしく思い岩戸を細目に開けて窺うと、この機をはずさずタチカラヲノ命が戸を強く押しのけ、大神の手をとって出し、ツハモノヌシが〆縄を張りめぐらし、「もう絶対に岩戸には入られませんように」と申し上げたのでした。

イサナミを祭る花乃窟神社

国民(くにたみ)の　汚穢(をゑ)くますべて
身(み)にうけて　守(まも)りたまへる
イサナミノ神(かみ)

熊野信仰の源泉はイサナミの神

仏教以前に国有の信仰

昔は京都から往復二十七日間、山河八十余国の困難な旅を続けて〝熊野詣(もう)で〟が行われました。これを〝蟻の熊野詣で〟というのは、険(けわ)しい山の峰から峰へと狭い道を、旅人が後から後へとつながって行く姿が丁度蟻の行列のように見えたからでしょう。

この困苦に満ちた旅路を、後白河上皇は三十四回、後鳥羽上皇は二十八回も往復したのです。その上、花山法皇に至っては、陰陽道の達人阿部清明を伴い、文覚上人の荒行で有名な熊野那智の大滝で千日の〝お滝籠り〟までしたというものすごさです。

それにしてもこの超弩級のエネルギーはどこからでてきたのでしょうか。またそんなにまでして人々を熊野へかりたてた理由は何だったのでしょうか。なぜ熊野がこれほど熱烈な求道的支持をうけたのでしょうか。

貴族だけでなく、庶民に及び〝伊勢に七度熊野に三度〟といわれ、全国津々浦々からの〝熊野詣で〟は引きもきらず、各地に勧請された熊野社の数は、天照大神を祀る神明社に迫る勢を示しているのです。改めて、熊野がなぜこのように強烈な信仰の対象たりえたのか、そのわけがどうしても知りたくなるというものです。

熊野に、日本で最も早い時期に仏教のお寺ができたのは本当のことです。殊に密教の信仰が厚く濃く浸透していたのを否定できません。しかし、この仏教信仰が人々を〝蟻の熊野詣で〟にかりたてる源泉だったといえるでしょうか。

無論、このことが強い因縁をなしていないはずはなく、私もそのことを十分認めます。しかし果たしてそれだけだと言い切ってしまっていいものかどうか、私には疑問に思えるのです。

この問題についての私の結論を前もって言わしてもらいましょう。それは、熊野には、古代日本の固有の信仰が息づいていたということ、そして、この豊饒な宗教的土壌を地盤として外来仏教が花咲いたのであるということに注目する必要があると思うのです。そしてそのような母体そのものが人々を〝熊野詣で〟にかりたてた力の源泉だったと言いたいのです。だから、いま私たちが最も関心を寄せるべきは、仏教以前の熊野信仰とは一体何だったかということになるわけです。そのような見方をはっきりと教えてくれるのがホツマツタヘなのです。

出雲より熊野の方が古い

熊野のそのような古代信仰について、古事記と日本書紀はどう書いているのでしょうか。ホツマツタヘに入る前に、見ておく必要があります。

しかし残念なことに、古事記は、神代の熊野について一言も語ってはいません。それればかりか、熊野の地位を出雲にすり変えるという乱暴をあえてしているのです。それはイサナミノ神が黄泉国へ引返された場所を、本当はクマノのアリマムラ（有馬村）なのに、出雲の伊賦夜坂としたところに端的に示されていると言えましょう。

このように、古事記が熊野を軽んじ、出雲を重んじるように書いたものですから、後世の人に熊野より出雲の方が古いという印象を与えてしまいました。このことが元となって学者のうちには大和民族に反抗する〃出雲民族〃なるものを想定し、その民族が紀伊に渡ってきたなどと飛躍し、このような考え方がいまの通説となっているのだからたまりません。

でもこれは全く逆であって、紀伊から出雲へというのが真実の古伝なのです。

その理由は、日⊖田◎（ソサノヲ）（スサノヲではありません）ノ命が、後述のように、紀伊で生れたことをあげれば足りるでしょう。学者はあまり注意していませんが、千年前に作られた延喜式の神名帖の中にある在田（ありた）郡（現在の有田市）の名神大社須佐神社の祭神はソサノヲノ命なのです。

古事記が駄目だということは、たびたび書いていますが、同書は富士山のことを書かなかったり、大事な大嘗会（おおなめえ）のことを神嘗会（かんなめえ）と混同してしまったりしている上に、ここでも重大な誤りをさらけだしています。

それでは日本書紀の方はというと、これも古事記と五十歩百歩で、熊野の大事な古代の真実について書いてはいないのです。

ただ、僅かにイサナミ大神崩御の地とし、神代巻上に一書ニ曰クという参考程度の記事の中に、「葬於紀伊国熊野之有馬村焉」（紀伊国の熊野の有馬村に葬（はぶ）りまつる）とお義理に載せているだけなのです。

古事記や日本書紀がこのように、熊野についてごく僅かしか書いていないのは、その材料とした資料に、熊野の記事が十分に記されていなかったからだと想像されます。

このように貧弱な内容の古事記、日本書紀を補足すべく登場したのが『熊野権現垂迹（すいじゃく）縁起』（長寛元年・一一六三）と『熊野三巻書』（又は『熊野略記』永享三年・一四三一）の両書でした。これらは中世以降の社僧にとって金科玉条の書物となったのは確かです。しかし、両書とも仏が神に化身したというような思想によって書かれたものですから、信用のおけないという点では古事記や日本書紀と似たり寄ったりなのです。

しかし、古事記、日本書紀にせよ、右の仏教の二書にせよ、火のないところに煙の立つはずはなく、問題はどの部分が火で、どの部分が煙かの判定いかんにかかるわけで、その基準となるべき尺度に恵まれなかったのが不幸だったと言えるでしょう。その尺度がいまやっと現われたのです。それがホツマツタヘで、ここにはクマノについて豊富に記述されているのです。

身代わりのこころ

まずクマノという地名の意味は何なのでしょうか。さらに本宮といわれる延喜式内の熊野坐神社の主神、家津御子大神とは古事記や日本書紀にいっこうに出てこないのですが、この変わった名前の神はどういう方なのでしょうか。この神は社伝では素盞嗚尊とされていますがなぜそうなるのか、そしてそれははたして正しいのでしょうか。今日まで満足のいく解答は何人によっても与えられなかったのですが、ホツマツタヘはこれらについて明確に答えているのです。次の本文をお読みください。

ソサ国に生む

ソサノヲは　常に雄叫び
泣きいさち　国民くじく
イサナミは　世のクマなすも
わが汚穢と　民の汚穢クマ
身にうけて　守らん為の
クマノ宮　（三アヤ十一頁）

言葉は簡単ですが、この中に先の疑問を解くカギがあります。

まず、ソサ国とは紀伊の古名で、そこに生れたからソサノヲであったのでした。この命の性質が粗暴だったから、スサブという言葉をとってスサノヲと名づけられたなどとした古事記や日本書紀の命名は、全く浅はかだったのです。しかしこの名がつけられたのは古事記や日本書紀の段階ではなくもっと前の原資料の時にすでにそのように書かれていたと考えた方がいいかと思います。

そのソサノヲノ命が常に怒鳴ったり、泣き騒いだりして、国民を困らせていました。イサナミノ神は、「世のクマなす」即ち世の禍となるソサノヲノ命のこのような振舞いは、自分の責任だと心を痛めたのです。そこで国民が受けている世の中の禍を全部一身に受けて、国民を守るためのクマノ宮を建てたのでした。

元来、〝贖罪〟という考え方は、イエス・キリストの十字架に表徴されるように、キリスト教の誇る一大特色であって、古代日本民族にはこの考え方はなかったと誰れもが思ってきました。

数年前ある学術雑誌をみると、三人の高名な学者がこのことをこもごも語っていました。そこでは三人が三人とも古代日本に〝贖罪〟の思想はなかったと確認し合っているのです。

しかし、そこでの学者たちの論議は、古事記や日本書紀という葦の髄から神代を覗いた限りの話なのであって、本当の日本古代精神はそうではなかったのです。

〝熊野〟とは漢字で当てた動物の熊とは全く関係なく、汚穢クマのクマで、カゲリとか欠点とかいう日本純粋古語と理解すべきなのです。そして「家津御子大神」の、家とはヲケ（汚気）のヲを略したものを漢字の家に当て、津とは上下を結ぶ助詞のツでホツマのツと同じです。即ち〝汚気から生れた子〟という意であって、ソサノヲノ命を指すのです。そしてイサナミノ神が〝贖罪〟の精神から、

　　民の汚穢クマ
身にうけて　守らん為の
クマノ宮

と、この社を建てたというように理解されます。これを仏教的に言えばイサナミノ神の心は大乗精神の権化であると言えましょう。現にイサナミノ神に対して〝千手観音〟を当てたのは頷ける気がします。観音さまやお地蔵さまへの信仰は現代にも力強く庶民の心に生きています。しかし、その信仰心のもっと奥には、日本民族の祖先の女神イサナミノ神の存在があったのです。

はじめに〝蟻の熊野詣で〟が仏教のみによって動かされたものではないと書いたのも、このような尊い伝統を古代日本が潜ませていたことを言いたかったからなのです。

死者を追うなの戒め

さて、少し話題を変えて、イサナミノ命が亡くなる前におこった出来事に移りましょう。そのことをホツマツタヘの原文では「ミクマノのミヤマギヤクを除かんと」と書かれているのです。

この「ミクマノのミヤマギヤク」というのがどういうことなのか、今の私にはまだ分からないので困るのですが、ともかくイサナミノ命が「ミクマノのミヤマギヤク」という何か悪いことを浄化されようとなさった時に、火を司るカグツチノ神の手助けを借りたのでした。ところが、どうしたわけか、その火によってイサナミノ神自身が焼かれてしまい、亡くなったのでした。

この辺の事情も、もう少し詳しく書かれていると、後世の我々としては大いに助かるのですが、何しろホツマツタヘは五七調の簡潔な歌の表現をとっているので、我々の理解がどうもいま一歩届かなくてもどかしいのです。

しかし、このホツマツタヘが作られた時点では、読ませる側も読む側もお話の内容はよく知られた出来事だったのだと思います。つまり、両方とも十分熟知した物語を共有するという基盤に立っていたからこのように略した表現でもお互いに通じたのでしょう。この文章が書かれてから千数百年、あるいは

イサナキ、イサナミ両大神を祀る多賀大社（滋賀県犬上郡多賀町）

二千年以上も遙かに隔たってしまった今日、その理解の基盤そのものが消失してしまい、難解な文章になってしまったのは何とも残念なことです。

イサナミノ神はアリマに手厚く葬られました。アリマとは今の熊野市有馬町のことで、ここの花乃窟（はなのくつ）神社がそれです。イサナミノ神の近親のココリ姫（白山姫のこと）は春の花の季節と秋の穂の出る時の二回、大いにお祭りするように、残された神々に告げました。その時、悲しみに打ちひしがれた夫君イサナキノ神はココリ姫に、次のように言います。

「私はぜひ追って行って、その姿を一目見たい」

ココリ姫は、イサナキノ神の心情を心からいとおしく思いましたが、「いや、決して行ってはなりません」と、強く止めるのでした。

しかし、イサナキノ神は、ココリ姫の忠告に逆らって、ヨミの国に出かけてしまいます。

イサナキは　追ひ行き見まく
ココリ姫　君これな見そ
なほきかず　（五アヤ八頁）

ココリ姫がイサナキノ神を厳しく止めたのはなぜか、という答えは、これから後に続くホツマツタヘの叙述が明瞭に物語っています。

イサナキノ神が妻のあとを追って行こうとするその地は、いきいきした生の世界とは反対の「蛆たかる穢き」処でした。その上、ようやく会えた当のイサナミノ神も、夫君が来たことを「我に恥をみせた」とひどく恨みました。

日本民族は、生々発展を心から願う性格をもっています。死は悲しいものであるには違いないが、何人といえども避けて通るわけにはいかない、その不可避の死に落ちた人に、いかにいとしかろうとも恋恋として、生そのものをないがしろにしてはならない——そういう戒めがココリ姫の断固たる言葉の意味だったと思われます。

東に桜植ゑ大内宮

アシツ姫　誓ひ給ひし
白子宿の　桜し断へず
今日も咲くなり

桜に誓ったアシツ姫

皇孫との契り

富士の裾野を開拓した皇孫ニニキネノ命は、サカオリノ宮に入りました。このサカオリノ宮のサカオリとは、山梨県甲府の酒折ではなく、静岡県富士宮市大宮の旧官幣大社富士山本宮浅間神社辺りに当てる方がいいように思います。

　このお宮を預っていたオホヤマツミノ命が、皇孫を心こめてもてなしたのは言うまでもありません。そして娘のアシツ姫を食事に奉仕させました。アシツ姫はその夜召されて皇孫と契りを結んだのでした。

　ニニキネノ命は、いったん当時の都であったニヒハリノ宮、今の茨城県真壁郡新治村古都ノ丘（あるいは西茨城郡岩瀬町の式内鴨大神御子神主玉神社）へ戻った後、再び海辺伝いに行幸するとお布れを出しました。行路は恐らく霞ヶ浦から利根川を経て九十九里浜に出、房総半島沿いに相模灘に入り、小田原から熱海市の伊豆山下の海岸辺りに上陸したのかもしれません。

　そこでオホヤマツミノ命はイヅサキの行宮（かりみや）に皇孫を迎えました。イヅサキが「伊豆崎」と訳していいなら、現在の伊豆半島のことに違いないでしょうが、行宮が同半島のどの地点であったか、今のところまだよく分かっていません。あるいは神奈川県箱根の箱根神社か伊豆山神社のあたりであったかも知れません。

　前にお傍に侍（はべ）ったアシツ姫はこの度ももちろんお給仕にあがりました。その時、アシツ姫は、皇孫に身籠ったことをはずかしそうに申し上げました。これをきいた皇孫はとても喜び、

「それではすぐイセの天照大神にお知らせしよう」

と、早速、旅仕度にとりかかりました。

母と姉の策略

その時のことです。アシツ姫の母親が同姫の姉イハナガ姫を連れて行宮に上がり、お目にかかりたいと申し出ました。許されて御前に召されると、母親は言葉巧みに、次のように言うのでした。

「妹のアシツ姫より、もっともっと可愛がって育てた姉がございます。どうか、お召しになって下さいませ」

皇孫はこの言葉につい心を動かされ、姉イハナガ姫を召すことになります。

ところが、御前に出てきたイハナガ姫は、体の形はゴツゴツしていて顔は醜く、母親の話とは大違いです。

皇孫は、事の意外に驚き、

「こんなはずではなかった。やはり妹のアシツ姫の方がよい」

と思わず洩らすのでした。

この一部始終を知った父親のオホヤマツミノ命は、すぐに妻を呼びつけて叱りました。

「このような結果になるのは初めから分かっていた。だから姉のイハナガを大君の前に出さないでいたのだ。それをお前は私の気持も察しないで、とんでもないことをしてくれた。大君に対して大変な失礼をしでかしたのが分からないか。さあ、急いでイハナガを連れて退散せよ」

こう言って、オホヤマツミノ命は行宮から、母親とイハナガ姫とを追い帰そうとしました。

母と娘の両人は、この仕打ちをひどく怨み、皇孫に仕えているシモメ（下女即ち女官）を抱きこみ、アシツ姫をおとしめる策略をめぐらしました。

間もなく皇孫とアシツ姫とが、イセへ出発すると、お供のシモメは皇孫に近づこうと狙っていました。たまたまシロコの宿に一行がついた時、ようやくその機会が訪れました。シロコとは三重県鈴鹿市白子で伊勢街道の古い宿場であり、今は鼓ヶ浦海水浴場としても知られている所です。

シモメは、そっと皇孫の耳近くに寄って、アシツ姫の身籠ったのは他に男性がいるからだと申し上げました。皇孫はこの告げ口をきかされ、契りを結んだのは僅か一日だったことを思い出し、姫に疑いを抱き始めました、そして姫だけを残して、宿を夜半にたちイセに向ってしまいました。

マサ種なら咲け

翌朝、アシツ姫は皇孫がすでに出立したのを知って大変驚きました。こうなった上は、たった独りでも行くほかありません。皇孫の後を追いトボトボと弱い女の足でやっとのことで松坂につきました。すると、使者が待機していて、もうこれから先へ行ってはならないとせき止めるのです。身重の体でどうすればいいというのでしょうか。この時のアシツ姫のせっぱ詰った気持は察するに余りあります。つれない悲しい思いに閉されたことでしょう。

仕方なく、姫は重い足を引きづりながら、もとのシロコの宿に帰って来ました。そしてここで、一本の桜の木を植え、それに向って語りかけるのでした。

「私がこんな目にあうのは、誰かに妬まれたからに違いない。桜よ！どうかこの恥を濯いでおくれ」

アシツ姫は、曾祖父のサクラウチノ命が昔、桜の木を天照大神に捧げて大内宮に植え、花の咲き具合によって、イモ（妹）とヲセ（背）、即ち男女の道が正しく行われているかどうかを占ったという故事にならったのです。

大内宮の桜というのは今でも京都御所の紫宸殿の前庭にあって、「右近の橘」と共に有名な「左近の桜」のことなのです。

また、イセというのはイモ・ヲセという語の略なのですが、このような意味のイセに対して「伊勢」という漢字の当て方は、純粋古語の意味を正しく表現していないことになります。地名の本当のいわれが今日分からなくなっているのはとても残念なことです。

さらにアシツ姫は、この桜に向って次のように呼びかけました。

「桜よ、心あらばきいておくれ。私のお腹の子がアダ種ならばしぼめ。マサ種ならば、産む時に咲いておくれ」

それから姫はシロコを発ち、里の静岡県三島市にあるオホヤマツミノ命の邸、今の三嶋大社へ帰ってきました。

アシツ姫は月満ちて、六月初日にまるまるとした三ツ子を産みました。すると、不思議なことにその胞衣(えな)の模様が、長男は梅、次男は桜、三男は卯の花と三種類に見分けられるではありませんか。姫はこれはどうしたことかと審(いぶ)かしく思い、イセにいる皇孫に知らせました。しかし何の返事も貰えません。皇孫の姫に対する疑いは、依然としてくすぶり続けていたからです。

返事のなかったことで姫の悲しみはさらに深く、富士の裾野に出口のない室屋(むろや)を造らせ、まわりに柴の垣根を張りめぐらし、そこに三人の子と共に入り、誓いを立てました。

「この三人の子がアダ種でできたのなら、子どもも私は焼け死ぬでしょう」

姫はこう言って、室屋に火をつけました。炎は燃え盛りたちまち火の海です。熱さに子供たちは耐えかねてもがき這い出そうとします。

この時でした。遠くの峰で、この様子をじっと見ていた竜(たつ)が、急に舞い下りて来たのです。そして水を吐きかけ、吐きかけ、一人づつ子を導き、這い出すのを助けたのでした。

付近の人々がこれに気づき、大急ぎで火を消し、姫もやっとのことで引き出しました。そして人々は姫と子たちを輿(こし)に乗せ、サカオリノ宮に送りました。イセの皇孫に、すぐ使者を立て、この変事を知らせたのはもちろんです。

使者が街道筋に当たるシロコを通ると、姫がかつて誓いを立てて植えた桜は、三人の子をお産みになった日、それは六月一日でしたが、季節はずれというのに花を開き、それ以来ずっと咲き続けているということで、使者もこれをその目で見てびっくりしました。

イセに着いた使者は、姫と三人の子の変事を報告する際、シロコの桜のことも忘れずに言い添えました。

歌に思いを

このことを聞いた皇孫は、いっぺんに疑いがとけ、姫の潔白を悟りました。こうなると、もうじっとしてはいられません。すぐさま、カモ船に乗り、全速力で飛ばしてオキツ浜に到着しました。オキツ浜とは、今の駿河湾の興津のことです。

皇孫のおつきの報せ(しら)は、直ちにサカオリノ宮に静養している姫のもとに届けられます。しかし、姫は一室に閉じこもって使者に会おうとしませんでした。

このありのままが使者から報告されると、皇孫はしばし、じっと思いをこらしている様子でしたが、ウタミ、これは「歌を見る」の意で、今の短冊のようなものだったと思いますが、このウタミに心のありのままの歌を書きつけました。そしてこの歌をソサノヲノ命の孫オキツヒコノ命を勅使に立てて、姫のもとに届けさせました。

姫がおし戴いて拝見すると、次のように書かれていました。

沖(おき)つ藻(も)は　辺(へ)には寄(よ)れども
さ寝床(ねとこ)も　あたはぬかもよ

浜つ千鳥よ　（二十四アヤ三十四頁）

歌の意味は、沖の藻が海辺に寄せてくるのに、安らかに迎えてくれる寝床もないのだろうか。浜の千鳥よ、この心を分かっておくれ、というものです。沖の藻とは皇孫ニニキネノ命のことであり、さ寝床とはアシツ姫を指しているのは言うまでもありません。皇孫が疑いの心を晴らして手を差しのべているのに、姫はまだ心を閉ざしているのかという心を現したものに違いないでしょう。

恨みの涙は消えて

姫はこの歌を読むと、胸につかえていた恨みは、淡雪のように消えて晴々とした気持になったのでした。そして我を忘れて裸足のまま、裾野を走り続けてオキツ浜へと向います。ここのところをホツマツタヘの原文には、次のように書かれています。

この歌に　恨みの涙
解け落ちて　肝に応への
徒歩裸足　裾野走りて
オキツ浜　（二十四アヤ三十五頁）

何という率直で感動的な表現でしょうか。喜びに溢れたアシツ姫の姿が目の前に彷彿とします。
皇孫はたいそう喜んで姫を迎え、輿を並べてサカオリノ宮へと進みます。中途までオホヤマツミノ命が安堵いっぱいの気持で出迎えます。スワのタケミナカタノ神の子孫の命も、はるばるとやってきて、ご馳走をたくさんつくって歓待しました。

サカオリノ宮に入った皇孫は笑みを満面にたたえながら、次のように勅のりしました。

「諸神たちよく聴いてくれ。私は先にアワ海（今の琵琶湖）の北辺を通った時、三月だったが晩咲きの梅がまことに見事であった。次にタカシマ（今の滋賀県高島郡）の辺にさしかかった際は桜が見ごろになっていた。ついでウカハ（高島郡鵜川）でサルタヒコと出会った時は、卯の花が盛りであった。それで、それぞれの花を折りかざして楽しんだものだったが、それがわが子の胞衣の綾となって現われたのは、何という瑞兆であることか。

だから、三人の子たちにはこれらの花をイミナにつけることにしよう。第一の子にはホノアカリと名づけイミナはムメヒトとしよう。次の子にはホノススミのサクラギ、末の子にはヒコホホテミのウツキネがいいであろう」

ここで一息入れ、やさしい目ざしで姫の方を見やりながら、こう言いました。

「姫が、子を産んだ日からシロコの桜の花が断えない。だから姫はコノハナサクヤ姫と名付けよう」

そして、富士の山がよく見えるこの場所に新たにお宮を造り、姫は末永くここに住むことになりました。浅間神社という神社がコノハナサクヤ姫をお祀りしているのは、このような話があるからです。また、ナツメの神（懐く女）が生衣を作って奉り、コノハナサクヤ姫は自らの乳で、三人の子を育てました。

それで子安の神ともいいます。

忘れられた古社

最後に、どうしても言っておきたいのは、この大事な古伝承が古事記にも日本書紀にも、崩れた形でほんの断片ぐらいしか伝えられておらず、シロコの「不断桜」のことなど、露ほども載せてはいないということです。しかしそれにもかかわらず、前述のように、シロコには厳然として「不断桜」が残されているのです。私は今年の四月、名古屋の同友と一緒に、この「不断桜」を探訪しました。遠く隔った神代の物語が今どうなっているのか、一同興味津々たるものがありました。

白子に着いてみると、「不断桜」は前々から調べておいた資料どおり、「子安観音」の境内にありました。この桜のことは誰でも知っていて、すぐに場所を教えてもらえるほど有名でした。中途までゆくと、赤ちゃんを連れた若い夫婦が三々五々睦まじそうに参詣する姿がみられました。

アシツ姫が、

桜意(さくらい)あらば
わが妊(はら)み　仇種(あだだね)ならば
花(はな)しぼめ　正種(まさだね)ならば
産(う)む時(とき)に　咲(さ)けと誓(ちか)ひて（二十四アヤ三十頁）

天然記念物　白子不断桜　奥の鳥居内は比佐豆知神社

と書かれたその桜、そして皇孫ニニキネノ命が、

また姫は　子を産む日より
花断えず　故にコノハナ
サクヤ姫（二十四アヤ三十六頁）

と、アシツ姫にコノハナサクヤ姫という名を賜わったその由縁の「花断えず」の桜、即ち「不断桜」は、子安観音寺の大きな仁王門（元禄十六年作）を入ったすぐ左手に見つけることができました。「不断桜」をこの目で確めた時の感動から思わず口をついて出たのが、本稿のはじめに掲げた歌です。同友は写真をとったり、スケッチしたり、しばらく去りがたいようでした。

私たちのここでのもう一つのお目当ては、千年以上も前に建てられた延喜式内社の比佐豆知神社です。この神社がどうしても当地になければならぬはずなのです。比佐豆知という名は久ツ霊、即ち「久しい間咲きつづけている特別な霊力」ということで、無論「不断桜」のことに違いありません。そしてこの社の祭神はコノハナサクヤ姫です。これらの点もまさにホツマツタヘに書かれている内容どおりです。

探した末、肝心の比佐豆知神社は観音寺の境内の左隅の垣根の外にありました。「不断桜」とは全く切り離されて、蔭の方にポッンと淋しく建てられているのでした。赤子をつれた若い善男善女たちは、観音様にお賽銭をあげ手を合わせても、この神社のいわれなど誰一人しらずに帰って行ってしまいます。

「子安」という名前も、実は前述したように、

　　母の乳もて
養します　子安の神ぞ　（二十四アヤ三十七頁）

と、ホツマツタヘに伝えられているところから、コノハナサクヤ姫のことを「子安神」と讃えたのでしたが、そんなことはまるで忘れられてしまい、今は「子安観音」と観音様にお株をとられてしまっているのです。これでは正に「庇を貸して母屋を取られる」という諺通りではありませんか。

でも不幸中の幸だったことは、比佐豆知神社の氏子さん達の、この神社をお護りしてゆこうという強い気持の現れが、たくさんの奉納札に感じられたことでした。

山幸、釣針を失くす

山幸は　シホツツ翁の
歌札を　頼み舟出す
釣鉤もとめて

海幸彦・山幸彦の物語

釣針を失くす

海幸彦と山幸彦の話といえば、多くの方は今さら聞くまでもないと言われるかも知れません。しかし、これから述べるのは、これまで伝えられている物語とは一味も二味も違うこれこそ、真実の話なのです。

海幸彦と山幸彦とは、北津（今の福井県敦賀市）のイササワケの御殿（今の敦賀市曙町の気比神宮）に住んでいました。弟山幸彦は、後に父君ニニキネノ命の後を継いで皇位についたヒコホホテミノ命のことです。

さて、兄の海幸彦が弟に、

「試しに、お互いの弓矢と釣り道具とをとり替えてみようではないか」

ともちかけました。山幸彦は、

「それはいい、大賛成です。きっと愉快なことがあるでしょう」

と、目を輝かせて答えました。そこで、兄はいつもと違って慣れぬ弓矢を手挾んで山に狩りに山かけ、弟は釣針を借りて、海に漕ぎ出て行きました。ところが、案に相違して、両方ともうまくゆかず、獲物はさっぱり取れませんでした。

そこで、兄は弟に弓矢を返すから、自分の釣針を戻すように言いました。しかし弟は、釣針を海のどこかで失くしてしまったので返すことができません。困った末、新しい釣針をこしらえて、兄のところへもって行きました。でも兄は、はじめに貸した釣針でなければ嫌だと、きき入れてくれません。切羽つまった弟は、自分の大事な太刀をつぶし、それで釣針を造り、容器に山盛りにして届けました。すると兄はなおさら怒り、元の釣針でなければ受けとれないと、強く頑張るのでした。

どうしようもなくなった弟は、しょんぼりと海辺にたたずみ、兄の怒りをやわらげるにはどうしたらいいか、あれやこれやと思いにふけるのでした。

山幸彦の妃トヨタマ姫を祀る若狭姫神社（福井県小浜市）

シホツツの翁に助けられ

その時、ふとみると、カリ（鴈）がワナにかかってバタバタともがいています。かわいそうに思って、その体にまきついている縄を解いてやりました。

すると、忽然としてシホツツの翁が姿を現しました。

「どうして、そんなに心配そうな顔をしているのですか」

と尋ねられ山幸彦は、これまでのことを残らず話しました。すると、翁はしばらく考えた後、次のように申しました。

「決してご心配なさいますな。この翁が一工夫してみましょう」

山幸彦はホッとして、大層喜びました。

シホツツの翁は、目を細かく編んだ堅網を籠の内に入れ、同時に自分で作った次のような歌を歌札に書きつけて添えたのでした。

シホツツが　目なし堅網
張るべらや　満涸の玉は
ハデの神風　（二十五アヤ十六頁）

歌の意味は後に説明しますが、ここで重要なのは、この歌が歌札に書かれたということです。このことは、当然その頃も日本には文字があったということを示しています。たとえ、この話が所謂神話だとしても、ホツマツタヘ全体が日本固有の文字で書かれている上に、同書の他の部分の内容との関連で考えても、古代に文字のあったことは動かせません。

漢字以前には日本には文字がなかったというのが現代の常識になっていますが、これは大きな間違いです。このことを分かっていただきたかったから、ちょっと注釈を入れたのです。

さて、話を元に戻して、シホツツの翁は、堅網と歌札を入れた籠を船に乗せ、山幸彦にも乗るようにすすめました。そしてワニ船の帆をあげ、とも網を解き放ったのでした。

ハデツミノ神に迎えられる

船は日本海を西南に下り、関門海峡から周防灘を抜け日向灘を経て、ウマシの浜につきました。このウマシの浜というのは、多分、いまの日南海岸鵜戸神宮辺の海岸だろうと思います。

山幸彦は籠や網をそのままにして、ソヲのハデツミノ神の宮の瑞垣（みずかき）のところまで歩いて行きました。ソヲというのは、今でもその名が残っている鹿児島県下の囎唹（そお）郡のことでしょう。またハデツミノ神とは、スミヨシの神の孫に当たり九州で一番勢力のある神様でした。そしてこれを縁に娘のトヨタマ姫を山幸彦に、后として奉ることになったのです。

また、ハデツミノ神の三男タケツミヒコの娘タマヨリ姫は、ヒコホホテミの子ウガヤフキアハセズノ命の后になったのでした。

珍しいお客様

ところで、山幸彦がハデツミノ神の高殿についた頃は日はとっぷりと暮れ、お宮の庭には、篝火（かがりび）が赤赤と燃えていました。ちょうど大晦日の夜更けだったのです。延葉（はえは）という葉や、今でもお正月の飾物にするユズリ葉を庭園一杯に敷きつめ、海女（あま）たちがお正月の初日の出を仰ごうと待っていました。

いよいよ夜もしらじらと明けそめようとする時、海女たちは一斉に戸を開けて、水を入れるマリ、これは古語で器（うつわ）のこと、形が丸いからマリというのですが、これを携えて出ていきました。

その時、ハデツミノ神の娘トヨタマ姫も海女たちと一緒だったのですが、ツルベをはねると、思いがけず井戸に若い男の姿が写って見えるではありませんか。トヨタマ姫はびっくりして高殿へかけ戻り、両親にしらせました。

それをきいた父神も驚き、遠くから若者の姿をのぞみ見ると、服装からしても、尋常の人ではありません。

「あの方は、きっと天ッ神様であろう。何と珍しいお客様であることよ」

と言って、高殿に新しい八重(やえ)の畳を敷き、ここへ珍客を迎えることにしたのでした。

「和歌」の意味

ここへ来た理由を尋ねると、山幸彦は、海で失くした釣針を探すためにと一部始終を話したのです。

ハデツミノ神は、すっかり聴き終えると、釣針を探す手だてをあれやこれやと思案していました。

もう元旦の朝です。鵜戸海岸の警備に当たっている者があわてて、やって来て、

「堅網を入れた籠が浜に打ち上げられていたのを見つけました。一体、どなたのものなのでしょうか」

と、大きな籠を差出すのでした。

ハデツミノ神がみると、目無し堅網に歌札がつけられているではありませんか。山幸彦が出帆する時に、シホツツの翁が籠の中に入れてくれたものであることはもちろんです。歌札には、ワカの歌が書かれていました。

この個所の原文には「ワカノウタアリ」（ワカの歌あり）とあります。この言い方は簡単に見過してしまうわけにはいきません。なぜなら、ワカという言葉の本当の意味を理解する上ですこぶる重要と思わ

れるからです。本題の筋とはすこしはずれますが、このことについて少し書いておきます。

ワカとは漢字で書けば「和歌」であって、「大和歌（やまと）」の「大」を略し、下の「和歌」の二字をとったというのが、従来からの定説です。そして今日、この解釈を誰も怪しみません。しかしここの「ワカの歌あり」という語法を、よく考えてみると、「ワカ」を「和歌」にあてるのはおかしいと思わざるを得ません。なぜなら「和歌の歌」といったのでは、同じ意味の語を二つ重ねることになってしまうからです。「ワカ」とは、「若」で「みずみずしい」という意味であり「歌」につけられ形容詞的用法と見るべききではないかと考えます。つまり、「みずみずしい歌」ということです。それが後世、「ワカ」という語のみを用いて後の「歌」の方を省略してしまい、それで「歌」の意味を表わすようになったのではないでしょうか。

さらに、それならなぜ「ワカ」という言葉が「みずみずしい」という内容になるのでしょうか。この問題は大変難しいのですが、敢えて大胆な推測をいえば、「ワ」とは溢れ出るという意の古代語「ハフル」の「ハ」で、「フル」を略したものであり、その「ハ」が「ワ」に変化したものと思われます。また「カ」の方は、「ヒカリ」（光）の「ヒ」と「リ」を省き、「カ」のみを残した形と考えます。要するに、「光が溢れ出る」というのが、この「ワカ」の原義とみるのです。「ワ」と「ハ」とが交替形であることは、ホツマ文字で示せば、容易に納得できます。つまり「ワ」と「ハ」とは「ワ」と「ハ」で、この二音は「アカハナマタラサヤワ」の内の同列でもともとこの列の音は交替しうる音体系とみられるからです。このことは、ハシル（走る）がワシル、ハシカ（僅か）がワヅカになる実例をみればよく分かります。

大鯛が釣針を発見

さて、ハデツミノ神が、その歌札に書かれた歌を読んでみると、次のようなものでした。

シホツツが　目無し堅網
張るべらや　満涸の玉は
ハデの神風

「釣針を探すに当たって、シホツツが籠に入れておいた目のない堅く編んだ網を張ってください。そうすれば、必ず目指す釣針はみつかるでしょう。次には、ハデツミノ神の満涸の玉をお使いになることになろうと思います」

早速、ハデツミノ神は輩下のたくさんの海女たちにきいてみると、曳女は荒籠網を曳くことができ、絡り女は釣糸を絡ることができても目無し網は使えそうにありません。しかし、網を打つのに馴れている散女だけは、目無し網を打つことができそうなのでした。そこで、ハデツミノ神は海女たちを散女につけて、シホツツノ翁の目無し網をもたせ、四方八方でこの網を打たせてみたのでした。

すると、大鯛がグチという魚を噛みくわえて前に進み出ました。散女が大鯛のくわえているグチをよ

白鬚神社（滋賀県高島郡高島町）

くみると、釣針を呑みこんでいるのが分かりました。山幸彦の探し求めていたものに違いないこともはっきりしました。

散女（あかめ）は大鯛を生簀（いけす）に入れて待つように言いきかせ大急ぎでハデツミノ神にしらせました。すると、ハデツミノ神は、すでにこのことを夢にみて知っていました。その夢には鯛がでてきて、次のように申しあげたということです。

「私は、ご覧の通り、魚でございます。そのために大君にお尽しする方法とてございません。それで万分の一の御奉公のつもりで釣針を呑んだグチをお捧げしたいと思って参上しました。また、私を大君のご食料にしていただけましたら、こんな光栄はございません」

ハデツミノ神は、グチが釣針を呑んでいたことと、夢にみた鯛のこのような言葉とを、山幸彦に申しあげると、大いに喜び、次のように言われました。

「あっぱれ大鯛よ。鯛はまさに魚の君というべきぞ。望み通り、鯛を食として受け入れることにしよう。あの立派な鱗（うろこ）はどうだろう。水に山を写したように、見事な姿ではないか。これに反し、グチとは今後、一切かかわりを持たないことにしよう。」

それ以来、神様へのお供物として鯛は第一等のものとして捧げられるようになったのです。散女（あかめ）も大鯛をみつけたことでお誉めにあずかり、ヨト姫という名を賜わりました。このヨトという意味は、ヨは善（よろ）しい、トは一、二、三の数字の十と同じで上りの数、即ち完全なということで、ヨト姫とは「善良で完全な姫」のことです。このヨト姫は、佐賀県佐賀郡大和村に式内与止日女（よとひめ）神社、式外では伊万里市や松浦市その他に淀姫神社として祀られています。

コマ犬の起源

さて、山幸彦は、この釣針をスミヨシの神の孫シガノ神を使者として兄海幸彦に返させます。シガノ神はワニ船に乗って出かけ、大津シノ宮（今の大津市四宮の式外天孫神社）で、ヤマクヒノ神（大津市式内日吉神社の祭神）を招き、二人して海幸彦の鵜川の宮（今の滋賀県高島郡鵜川の式外白鬚（しらひげ）神社）にあがりました。そしてヤマクヒノ神が、

「これは昔、わが君が貴方様からお借りして海中に失くした釣針でございます。私がお預りしてお持ち

神社のコマ犬

致しました」

　とうやうやしく問題の釣針を海幸彦に奉りました。するど、海幸彦はそれを手にとって調べていましたが、ややあって、

「これは確かに私の釣針だ」

と言いながら、サッサと立ち去ろうとしました。そこでヤマクヒノ神は袖をグイと押え、「マチヂ」と言いました。

　マチヂとは、貧しい針で、貧弱でお粗末な釣針という意味かと思われます。即ち、こんなにまで意固地になって、返せ返せとせがむほどの上等な釣針ではなく、お粗末な品物ではないかという心が、つい出てしまったのでした。

　この言葉をききとがめた海幸彦は、ひどく怒り、

「道理をもわきまえず、ののしるとは何ごとぞ。兄の私に対して弟は自ら返しに来るのが当然ではないか」

と、叫ぶのでした。これに対してヤマクヒノ神は、黙ってはおれず、

「いや、お借りした時、釣糸が朽ちておりました。弟君にお渡しになるのに、新しい糸に替えてお貸しになるのが、兄君としての心掛けではありませんか。謝まるのはむしろ、そちらの方と存じます」

と思い切って言い返すと、海幸彦は憤然として船を琵琶湖上に漕ぎ出していくのでした。

シガノ神は、この時とばかり、ハデツミノ神から預った玉を湖に向って投げかけました。すると湖水は、みるみるうちにカラカラに乾き上がってしまいました。シガノ神は湖底の露わになった土を踏んで追い船に飛び乗ります。ヤマクヒノ神も追いついて海幸彦の手を強く引くと、シガノ神は別の玉を湖中に、エイとばかりに投げ入れました。涸いていた湖は、たちまち溢れて海幸彦は溺れて沈みそうになります。そして、悲痛な声で、

「助けてくれ、私の方が悪かった。これからは弟の駒になって従うから」

と、喘ぎ喘ぎ言うのでした。そこで、シガノ神とヤマクヒノ神とは、ようやく迎え船を出して海幸彦を助け上げ鵜川の宮に戻って仲直りしました。

今日、日本中どこの神社にもあるコマ犬は、この時兄の海幸彦が駒になって従おうと言ったことから始まったものと思われます。それも駒というところからすれば、はじめは馬であったのが、いつの間にか犬にされてしまったことも分かります。またこのコマ犬が一般には大陸から渡来した高麗犬が起源だといわれているのも、後世のこじつけであることも、はっきりするというものです。

ヤマトタケの像

ヤマトタケ　実在せずと
説く学者　ホツマツタヱを
とくと見るべし

ヤマトタケは実在

学者は否定するが

驚いたことには、今の学界ではヤマトタケノ命は「実在した人物ではない」ということになっています。いま私はヤマトタケルではなく、ヤマトタケとルを省いて言いました。これには意味があるのですが、そのことは後に出てきますから、すこしお待ちください。

右にかぎカッコで囲んだ「実在した人物ではない」というのは、最近出版された大阪帝塚山学院大学教授、吉井巖著「ヤマトタケル」（昭和五十二年・学生社刊）の序文に書かれているものです。吉井教授といえば、「天皇の系譜と神話」（昭和四十二年・塙書房刊）などの大著もあって、現学界では第一級の権威とされています。その押しも押されもしない古代史の学者が「ヤマトタケルノ命は実在した人物ではない」と言っているのですから、おだやかではありません。

しかも、この実在否定論は吉井氏だけが主張しているのではなく、古代史学界の常識になっているのです。

それに今の学界では、神武天皇も実在しない、同天皇以降の九代までの各天皇（綏靖、安寧、懿徳、孝昭、孝安、孝霊、孝元、開化）もみな存在しないということになっているのですから、ヤマトタケノ命が仮空だという意見が通用するのも当然かもしれません。

くい違う古事記と日本書紀

吉井氏は、右の序文の中で「私が書いたのは古事記のヤマトタケルである」とも書いています。古事記の記事によって考えれば、ヤマトタケノ命は「実在した人物ではない」という結論になるのだそうです。

しかし、同氏はなぜ古事記の記事によるとと、わざわざ限定しなければならなかったのでしょうか。

それには、ちょっとしたわけがあります。実は、ヤマトタケノ命の記事は、古事記だけに載せられているのではなく、かっては古事記以上に重んじられていた日本書紀にも数々載せられています。そして困ったことには、古事記と日本書紀との記事には相違があり、それは少しばかりのものではないのです。古事記に描かれている命は、父景行天皇と仲がよくないばかりか、天皇の策謀によって、次々に難儀な目に遭わされることになっています。ところが、日本書紀の方は、これと全く反対で、天皇と命との間には一枚の紙を入れる余地もないほど親密な仲であり、命の艱難辛苦は同時に天皇の憂いでもあったのでした。

したがって、ヤマトタケノ命を古事記的立場によってみるか、それとも日本書紀的立場によって描くかによって、ヤマトタケ像は、月とスッポンほどの隔たりがでてくることになります。そこで、吉井氏はわざわざ自分が書いたのは、古事記の記述によると断り書きをしたのでしょう。

では、次に吉井氏はなぜ古事記を元にして書いたのか、そのことについて、かくかくの理由でとは一言も述べてはいません。格別に言わなくても分かっているだろうから、書くには及ばないという腹づもりなのでしょう。その腹づもりとは、日本書紀より古事記を尊重するのは、現代の常識と考えたからに違いありません。

ところで、古代史上、古事記と日本書紀とでは、ヤマトタケノ命の記事のように違った描き方をした部分がたくさんあります。これらの相違について、今の学者は全部古事記の方が正しいとは、さすがに言いにくく、ある時は古事記を、他の時は日本書紀の記事を正しいとしつつ議論を進めているのが一般です。その場合、どちらをとるかは、その学者の判断によるわけですから、考えの違いによっていろいろの議論がでて来ざるを得ません。結局は、主観の相違だから議論は百年経っても帰一されるものではないでしょう。

そこで、話をホツマツタヘのヤマトタケノ命に戻して、大局的にいえば、日本書紀はホツマツタヘにかなり忠実であったといえます。しかし、一方古事記の方はといえば、自分勝手の解釈による書き変えは目にあまるものがあります。即ち、ホツマツタヘでは景行天皇とヤマトタケノ命との間には、うるわしい親子の情愛が通いあっていたのでした。その記事が日本書紀に色濃く反映されています。古事記での両者間の骨肉反目する叙述は、結局は古事記編者の偏見としか言えません。

長命だった父景行天皇

ヤマトタケノ命の父は十二代ヲシロワケ（景行）天皇です。そして母は、皇后ハリマのイナヒヲイラツ姫(め)でした。そこの所を、ホツマツタヘの原典には次のように書かれています。

フホ（二年）三月(やよひ)　キビツヒコが姫(め)
立(た)つ后(きさき)　ハリマのイナヒ
ヲイラツメ　ウチメの時(とき)に

去年四月　妊みて生まず
フソヒツキ（二十一月）　経てシハスモチ（十二月十五日）
臼端に　餅花なして
双子生む（三十八アヤ三頁）

ヤマトタケノ命（以下タケノ命と略します）が生まれた時、景行天皇は八十四歳にもなっていました。

この天皇は八十三歳で即位し、少くとも百三十八歳以上存命していたことは確かです。なぜなら、この天皇はタケノ命に先立たれた後、悲しみのあまりタケノ命が征討に回った各地を丹念に巡行して、都に帰ったのが百三十六歳の時であり、ホツマツタヘがオホタタネコノ命により同天皇五十六年に捧げられたのが、百三十八歳の時だったからです。

そしてホツマツタヘが書き終えられた後に崩御したのですから、ホツマツタヘにはその記載がなく、従って何時亡くなったのかは正確には分かりませんが、恐らくホツマツタヘ献上時から幾ばくもないことと思われます。日本書紀ではそれを同天皇六十年の時と記していますが、多分この頃と思っていいでしょう。すると、百四十二歳で崩御したことになります。すると、この亡くなられた歳を、書紀は百六歳、古事紀は百三十七歳としているのは、いずれも正しくないでしょう。

天皇の子は、タケノ命を含めて男子五十五、姫二十六の合計八十一柱であったとホツマツタヘに書かれています。このようにたくさんの子を儲けるという絶倫の稟質の天皇でしたから、百四十二歳もの驚くべき長寿を保ったのも宜なる哉と思われます。これを無下に否定してしまう態度はむしろ慎しむべきでしょう。新聞で報道される世界各地の長寿者や子福者と関連して考えると、この天皇の寿命にしても、子の数にしても決して架空の作りごととして退けてしまうわけにはいかないと思います。

双子で生れる

タケノ命の母は、キビツヒコの娘ハリマのイナヒヲイラツ姫です。それを古事記には「吉備臣等の祖、若建吉備津日子の女(むすめ)」と記してありますが「若建」の二字だけは余計です。なぜなら、この「若建」とはタケノ命とオトタチバナ姫との間に生れたワカタケヒコのワカタケが「若建」となってここに混入したとみられるからです。このような誤りは記紀に多いのですが、特に古事記にははなはだしいので注意しなければなりません。

ハリマのイナヒヲイラツ姫のハリマとは播磨国のことで、兵庫県印南郡に当たり、イナヒは万葉集に印南野（九三五番の歌）や稲日野（二五三番の歌）で、現在の高砂、加古川、明石の三市にまたがる平野を指します。この姫は印南野一円きっての美人だったのでしょう。

このイナヒヲイラツ姫が何歳の時、后になったのかは審(つまびら)かでありませんが、同后が景行天皇五十二年八月二十八日に亡くなった盛大な葬儀の記事が、ホツマツタヘに綿々と綴られています。この記事か

景行天皇御陵（奈良県磯城郡柳本町）

ら推すと、一応、二十歳で立后し、七十二歳で亡くなったと仮に決めたとしても、それほど誤ってはいないように思えます。

餅花の意味

イナヒヲイラツ姫は、ウチメ（内女）の時にタケノ命を身籠りました。そして翌二年后になったのでしたが、産み月になっても一向出産の様子がなく、一同心配しておりました。結局、二十一カ月も経った同天皇二年十二月十五日にウス（臼）のそばで双子を無事出産したのでした。

その時、餅花が作られたといいます。餅花は今日でも、全国に広く行われている小正月の行事ですが、その起源がこんなに古くからあったのかと感嘆します。餅花を供える意味は、モチという言葉にあるでしょう。このモチとは古代日本人の最も尊んだ巾（チ）、即ち霊が満つということから、生れてくる子にその霊がたくさん授かるようにという願いが込められているのです。

タケルかタケか

ヤマトタケノ命は現在ではタケルノ命と「ル」をつけて呼ばれています。しかしこれは誤りで、ホツマツタヘには「タケ」とあって「タケル」ではないのでした。「タケ」のタはイタ即ち非常に、ケは気高いという意味でした。「タケル」というのは、古代語では精神異常ということで、殊に性的に感情がたかぶり不安定な精神状態になっていることを指しました。したがって、ヤマトタケノ命は絶対にタケノ命でなければならず、タケルノ命などと呼ばれるべきではないのです。

まして、少し考えれば、いかに賊首タケルといえども、死に臨んで自分の名前のタケルという名を皇子に奉るなどという不遜なことをするはずがないのに気づくはずです。だからタケルノ命という呼び名が通らないのは、誰の目にも明らかです。

それればかりではありません。さらに調べると、次のようなことまで分かりました。

『古事記伝』は、本居宣長が三十数年を費して書きあげた畢生の労作であることは言うまでもありませんが、その中の古事記の「倭建命」とある右傍には「ヤマトタケノミコト」とカナがふってあって「タケル」とはなっていません。つまり宣長も「タケ」と読んだのであり「タケル」などと読んでいなかっったのです。

では、宣長が「タケ」と読んだのは、宣長の直接手にした古事記の古い写本や版本類に、ほとんど「タケ」とカナがふられていたのを尊重したからだと思います。その古書は例えば、吉田兼永筆本、寛永版本、出口延佳版本のようなものです。宣長は『古事記伝』中に次のように書いています。

倭建御子(ヤマトタケノミコ)、御名義(ミナノココロ)、上文に於ニ大倭ノ国ニ云々とあるのを承(ウケ)て見べし、西ノ方ニハ、吾ニ人より並ぶ建(タケ)き人は無きに、吾等に猶勝(マサ)りて建き男は、倭ノ国に有りきと云意以て称へ申せるなり

この中、タケの解釈は、先に述べた私説と違っていますが、タケルと読んでいないことは明瞭です。ついでながら、日本書紀の写本でも京都の北野神社蔵の吉田兼永本は「タケ」とあって「タケル」とはありません。

このように、「タケ」であって「タケル」ではないことがはっきりしているのに、今の学者は、なぜ「タケル」と読むようになってしまったのでしょうか。

この誤読の初めは、正確には誰なのか分からないとしても、今からそんなに遠い昔のことでないのは確かです。明治末になって出版された飯田武郷の『日本書紀通釈』という大部な書物があります。これは日本書紀の解説書として非常に幅をきかしていた書物でした。

この本の千五百七十六頁に次のように書かれているのです。

「武を古くはタケと唱へたれども、梟帥(たける)が献りたるならば、もとはタケルと唱奉りたるなるべし。さ

れば此尊の御名代として定め給ひし建部をもタケルべと訓ればなり」

これでみると、どうも「タケル」説は武郷らしいといえるかも知れません。このことを十何年か前に出た丸山林平『上代語辞典』（昭和四十二年）は、右の『通釈』の言を引用し、

「（武郷説に影響されて）その後、ヤマトタケルノミコトと読む者が多くなった」

と書き、左のような強い言葉で、この「タケル」という読み方に反対しています。

「これは断じて誤りである。川上梟帥（たける）は、尊の武に屈し、その武を讃えて御名を奉ったので、自分の梟帥の称を献上する等の不遜な心ではなかったであろう。然も梟帥は中央では地方の夷族の長を呼んだ賤称である」

この説の中、「タケ」の語義を「武を讃えて御名を奉った」とするのは未だしの感があるとしても、タケル説を排する理由の方は全く正しいと思います。そしてまた、武郷の建部説に対しては、次のように説いています。

「また、日本武尊の御名代部の武部、建部などは、タケべと読むべきこと尊の御子稲依別王の裔の本貫の一なる近江国神崎郡の旧在名の建部をタケべと読み、尊の裔たる犬上建部君をイヌガミノタケべノキミと読むべきなどからしても明らかである」

このように、現在の学界で、正しい説を勇気を以ってただひとり敢然と言い切った丸山氏も、数年前に亡くなりました。いかにも残念なことです。

タケルが胸を刺し通す

焚(た)く主(ぬし)の　なき火(ひ)なればや
「知(し)らぬ火(ひ)」と　名(な)づくる主(ぬし)は
ヲシロワケ君(きみ)

ヤマトタケのクマソ征伐

景行天皇九十四歳の遠征

景行天皇の二十七年に、九州南部の蕃族クマソが背きました。そこで同年十月十三日、天皇は勅を出して、ヤマトタケノ命を出征させることにしました。

この時、天皇はすでに百九歳、タケノ命は二十六歳でした。皇子は堂々たる偉丈夫に成長していたのです。

ところで、クマソが背いたのはこれが初めてではありません。この時から十五年前、同天皇十二年の七月、クマソは朝廷に貢物を納めないばかりか、住民に乱暴をはたらきました。これに手を焼いた住民たちは、征討軍の出陣を乞いました。

それで一カ月後の八月十五日、天皇自ら征討軍を引具して出発しました。天皇実に九十四歳、このような高齢で九州まで遠征とは、実に驚くべきことです。その時の様子を次のように述べています。

九月五日、スハウのサバ（今の山口県防府市佐波）に着き、まず九州に三人の優秀な臣を偵察に出しました。それからウサ（大分県宇佐）の賊を打ち、次いで、ミケ川（福岡県豊前市、大分県中津市辺り）、タカハ（福岡県田川市辺り）などの従わない者らを征伐して、トヨノナガヲ（福岡県行橋市長尾）に仮宮を造りました。

その後、ハヤミムラ（大分県速見郡）、ナホリ（大分県直入郡）などに転戦して、ヒウガのタカヤ（多分、ヒコホホテミ命の高屋山上陵のある鹿児島県姶良郡溝辺村）に、仮宮を置きました。

百歳で子を生む

ここを本拠として、いよいよクマソ征伐です。クマソの首領の兄弟、兄アツカヤ、弟セカヤが頑張っており、「矛先当たる者あらず」という勢いでした。彼等の軍隊は数が多いだけに、住民は塗炭の苦しみです。

そこで、天皇は矛を用いずに平らげようと作戦を練り、クマソの二人の娘フカヤとヘカヤを味方にして彼等を屠ります。この話は、日本書紀にも訳されているのでここでは割愛します。

タカヤの仮宮に足かけ六年間滞在し、ミハカセ姫を召してトヨクニワケノ御子を生まれたことも書紀に載っていますが、姫の名を御刀媛とし、「みはかし」と「し」の訓になっているのは誤りです。

この時の天皇は九十五歳以上百歳位になっているはずですが、この歳で子が出来たことを後世の史家は怪しみます。しかし最近の新聞（大阪読売、昭和五三、八、二四）にも、写真入り五段抜きでパキスタンのギラン翁という長寿者のことをあげ、「一五五歳で結婚五回、秘訣は粗食」と書いていたのでも分かるように、このようなことが稀ではあっても、決してあり得ないことではないと思います。

不知火のいわれ

タカヤの仮宮を出立した天皇は、同天皇十七年から諸所を巡りながら、八年ぶりに十九年九月八日、マキムキ（今の奈良県桜井市纏向（まきむく））の都に、無事帰りました。この間の記事も、かなり忠実に日本書紀に載せられています。ただし不知火の海で有名なシラヌヒ（不知火）については、書紀の記事が間違っているので、ここに書いておきたいと思います。

まず、ホツマツタヘの左の原文を読んでください。

みことのり　岸にのぼりて
何村と　問へばヤツシロ
トヨ村の　焚く火を問へば
主を得ず　人の火ならず
シラヌヒの　国となづくる

（三十八アヤ三十三頁）

これが、日本書紀では十八年五月条に、前の四行は正しく訳されているのに、最後の一行だけ次のようにあるのです。

「人の火に非ずといふことを。故、其の国を名づけて火国と曰ふ」

つまり、ここでは「火国」の前に、「不知」の二字が落されてしまっているのです。ホツマツタヘの原文のように、人の焚く火ではなく誰が焚くか知られないからこそ、これに続く「不知火」という言葉が生れてくるのに、ただ単に「火国」としたのでは、何のことか全く分かりません。日本書紀のミスは明らかです。

この「不知」の二字は、ホツマツタヘが漢訳された当初には、恐らくあったのでしょう。それが、日本書紀に載せられるまでの間に、誤って落されてしまったのだと思われます。いよいよ次はヤマトタケノ命のクマソ征伐の話になります。

戦前の教科書物語は書紀が元

ヤマトタケノ命のクマソタケル征伐は、戦前に教育をうけた者なら誰でも知っている有名な話です。私の記憶では小学校五年の歴史の国定教科書に載っていました。女装したタケノ命がクマソタケルの胸を刺すところの描写から受けた強烈な印象は生涯打ち消すことはできないでしょう。

しかし、戦後はこの種のお話は教科書から姿を消してしまいました。したがってこの物語は、昭和二ケタ以後の人々には、全く無縁のものとなってしまっているようです。

戦前の教科書の物語は日本書紀の記述を元にして易しく書き直したものだったのです。もう少し詳しくいうと、日本書紀景行天皇二十七年十月以降をみれば、その原型を得ることができます。この書紀に載っている話をホツマツタヘのその部分と比べてみると、その記述はホツマツタヘから書紀へ引き継がれているということが正に間違いなく読みとれます。そしてこの部分の書紀の記事は、他のところに比べホツマツタヘをかなり正しく翻訳しているということが言えるでしょう。

しかしただ一カ所、どうしても見すごせない重大な誤りがあります。その誤りはタケノ命の年齢のことです。日本書紀には、景行天皇二十七年十月のところに「時に年十六」とあるのですが、ホツマツタヘからすると、生れたのが同天皇の二年の時ですから、この年には二十六歳でなければなりません。十歳の開らきがあります。十六歳ではいくら何でも若過ぎますね。二十六歳といえば、まさに若々しい偉丈夫です。

そこで、今の大部分の読者が知らないクマソ征伐の荒筋はお話ししておかねばならないでしょう。ホツマツタヘの記述に従い、次に具体的に述べることにしましょう。

「ヤマトタケ」の由来

景行天皇の二十七年、クマソが背いてまた良民たちを侵しました。そこで十月十三日にミコトノリ（勅）が出され、ヤマトタケノ命が征討に出かけることになりました。

ヤマトタケノ命は、矢を射る名手のヲトヒコなどを引きつれて、ミコトノリを賜ってから二カ月後の十二月には、早くも現地に到着しました。直ちにクマソの情況を偵察させ、首領タケルがカハカミという所に仲間を集めて大宴会を催すことをさぐり出しました。

そこで皇子は自ら乙女の姿に身を変え、衣の内に剣を隠し、他の多勢の乙女たちに混（まじ）ってひそんでいました。

するとタケルは、乙女に変装したタケノ命の側により、手をとって自分の敷いている花ムシロに引き入れました。

タケルはしたたかに酔った様子です。皇子は頃を見計って、肌に隠しもった剣を抜き、タケルの胸を刺し通しました。

　タケルは、スキをつかれて一たまりもなく倒れました。胸に刺（さ）さった剣の苦しさに耐えつつ、喘ぎ喘ぎ言います。

「しばらくお待ち下さい。申しあげることがございます」

　タケノ命は、彼の言葉をきくことにします。

「貴男様（あなた）はどなたでありましょうか」

　タケノ命がすぐさま答えます。

「私はコウスである」

　コウスというのはタケノ命の別名です。タケルがまた言います。

「私は自分を日本国で一番の強者と信じていました。これまで何人も私には及ばず、私は天下無敵だと思っていました。しかし貴男様（あなた）は私より遙かにお強い。このような方はこれまで見たことがありません。奴（やつこ）が捧げる御名をどうぞお召しくださいませ」

　タケノ命が頷づくと、タケルはとても喜び、

「今からは、ヤマトタケとお名のりください」

と言いつつこと切れました。

　以上が、ホツマツタヘ（ホツマツタヘ）に載り、書紀にも引き継がれているタケル征伐の現代語訳であります。つまり、

ヤマトタケという名はタケルがタケノ命に捧げたものだったのでした。

マキムキの宮へ凱旋

ヤマトタケノ命は、クマソタケルを征伐して後、ツクシから船路をとってマキムキの都へと帰路につきました。

途中、アナ（広島県福山市の芦田川河口付近）とキビ（岡山県）一帯を荒し回る悪者どもを倒し、さらに東へ進み、カシハ（大阪市淀川河口付近）の賊どもを平らげたのでした。

タケノ命が都へ凱旋した日は、二十八年二月一日です。タケノ命はすぐ父天皇の前に罷り出て、次のように報告しました。

「天皇の御霊の恩頼によりまして、クマソらを征伐し平らげ終わって、ただいま帰りました。帰路、西国で少しばかりの混乱がありましたが、これも平定して参りました。それはキビ、アナ辺りの賊とナニハのカシハ辺りの悪者どもが、毒のある息を吹きかけてきたのです。しかしこれらの賊も撃ち、海路、陸路ともに安全を確保して参りました」

つまり、タケノ命は自分がこの戦争で大変な苦労をしてきたことも、奇略を用いてクマソを屠ったことも一言だに言わず、ひたすら天皇のお蔭によってこのように勝利を得られたと報告したのでした。

もちろん、天皇はそのようなタケノ命の心のうちを汲みとっていました。そして国を平らげた功績を賞め、賜物をたくさんくださったのでした。

信用できない古事記

以上の話を、日本書紀は比較的忠実にホツマツタヘから訳出していますが、古事記となると全く異なり、ひどいことになります。

例えば、右に述べたキビ、アナとナニハのカシハの賊どもを平らげたことを、

「山の神河の神また穴戸の神をみな言向け和してまゐ上りたまひき」

と、いうように元のホツマツタヘの記述を間違って書いてしまっています。さらに驚いたことには、これからタケノ命が出雲の国へ転戦したことにしてしまっているのです。そしてそこで、「出雲建（いずもたける）」なる賊を「打ち殺したまひき」と書き、その上、タケノ命が歌いもしない次の歌を、同命の歌としてあげてあるのです。

マキムキノ宮の跡
（奈良県桜井市）

やつめさす　出雲建（いずもたける）が
佩（は）ける刀（たち）　黒葛（つづら）さは纏（ま）き
さ身（み）なしにあはれ

実は、このくだりの話はホツマツタヘには、景行

天皇より、二代前のミマキイリヒコ（崇神）天皇時代のことを書いた三十四アヤの中に、別の人物の物語としてすでに出ているのです。

即ち、この話は、イヅモの兄フリネが謀りごとを用いて弟ヰイリネ（出雲タケル）をおびき出して斬り殺したのであり、右の歌はこの時の哀れな弟ヰイリネを悼みかつ兄の奸計を諷刺した「世に歌ふウタ」、詠み人知らずの民衆歌であったのです。それを古事記は、乱暴にも話全体をねじ曲げ、兄フリネをヤマトタケノ命にすりかえ、その上、弟ヰイリネのことを歌った民衆歌をタケノ命の自作歌としてしまったのでした。

しかし、日本書紀はこの話もホツマツタヘの記述通りに、崇神天皇条の六十年七月にちゃんと載せています。

安万侶は単なる筆録者

このように、日本書紀は比較的に古伝に忠実であるのに比べ、古事記の方は、勝手気儘な書き方をしており、このことはこれまでも度々述べてきたところです。

しかし残念なことに、世間にはこの事実がよく分かっていません。そして古事記こそ日本第一の古典だと信じこまされているのです。

昭和五十四年の冬、奈良市此瀬町の茶畠から、ひょっこりと古事記編者の太安万侶の骨と墓誌がみつかりマスコミを賑わせました。このことは、安万侶は仮空の人物ではなかったかという一部の議論を封じることになりました。しかしその時、朝日新聞は次のように書いています。

「現在の歴史学界は古事記よりも内容の豊富な日本書紀を資料として使う傾向にあり、こうした傾向に反省も迫られそう」

しかし、この記事はおかしいのではないでしょうか。現学界は日本書紀よりもむしろ古事記を上に置いているのは事実なのであって、そのような学界ならびに一般の風潮が、この発見によってますます古事記信頼への過熱傾向を助長しはしないかと、私は心配です。最後に、安万侶は古事記を書いたにしても、単に筆録者であって、ストーリーを作ったのはずっと上の、時の最大の権力者だったと私は思います。それでなくては、古伝に対しこんな乱暴な改竄処置に出られるはずがないからです。

ヤマト姫の激励

タケ命（みこと） 西向け間（ま）なく
また東（ひがし） 席温（せきあだた）まる
暇（いとま）もあらず

ヤマトタケの東征

ホツマ撃ち

ヤマトタケの東征は（ホツマツタヘ）の三十九アヤに書かれています。ここの題は、「ホツマ撃ちッズ歌のアヤ」というものです。「ホツマ撃ち」のホツマというのは今でいえば関東地方という意味です。

「ホツマ」とは、元の言葉の意味は、マコトの最も秀でたもの、マコトの中のマコトということだったのです。

それが皇孫ニニキネノ命が、茨城県の筑波山の西北、現在の真壁郡協和町古郡(ふるごおり)辺りにはじめて都を開き、ついで富士山麓を中心として広大な土地を開墾し肥沃な田畠としてからは、同命の治める関東一帯をたたえてホツマの国と呼ぶようになった、そのように理解していいと思います。

ニニキネノ命から遙か後の神武天皇から十二代目に当たるヲシロワケ、すなわち景行天皇四十年の六月に、そのホツマの国が騒がしくなりました。当時、ホツマ国の都はサカオリ宮でした。今の静岡県富士宮市にあたると思われます。ホツマ国の最高の臣(とみ)タケヒノ命が、景行天皇の奈良のマキムキの宮に伺い、援軍を乞うたのでした。

そこで、天皇は早速諸臣を集めて、言いました。

「ホツマの国に住むヱミシが乱暴したり、略奪したりするという報せがあった。誰をやって平定させようか」

ヱミシというのは、古事記や日本書紀には蝦夷の漢字に訳されています。この蝦夷が日本民族と異なった人種かどうかは、学界でもそうであるという説とそうでないという説の二つがあります。そうであるという説は、今のアイヌがそれに当たるとしています。

ホツマツタヘ(ホツマツタヘ)には、ヱミシのことを、景行天皇二十七年二月十三日のところで、次のように書いています。

ヒタカミは　女男(めを)の子髪(こかみ)を
アゲマキに　身(み)をアヤどりて
勇(いさ)み立つ　すべてヱミシの
国肥(くにこ)ゑて　（三十八アヤ四十四頁）

これを、日本書紀はほぼ同じように訳していますが、アゲマキは頭髪を左右に分けて頭上に巻き上げて輪っ子をつくる形であり、身をアヤどりては、入墨をすることでしょう。そうなら、共に後世でも日本人の中にみられなくはない風俗といえます。とすると、果たしてヱミシが異民族かどうかは決め難くなります。（注）

また、今日の学者が中国古典の漢書の西南夷伝に「南夷之此皆椎結」、礼記の王制に「東方曰〻夷、被髪文身」とあるからといって、これらの文句をそのまま書紀に引いたものとみ、この部分を書紀編者の作為なりと考えるのは当たらぬのではないでしょうか。

大命再び下る

さて、先のホツマ国への征討軍の総帥を誰にしようかという天皇のご下問に、諸々の重臣たちは頭を下げ、黙りこくって何とも答えませんでした。

それは、ヤマトタケノ命が最適であるのは分かりきったことなのですが、さりとて当のタケノ命は西国征討から帰ったばかり。それをまたまた東国へとは、いくら何でもいい難かったからなのです。

タケノ命は、次のように言いました。

「先には、私たちは西国征伐に出かけました。ですから、今度の東国行きは兄のモチヒト君にお願いしたいものです」

ところが、そのモチヒト・オホウスノ命はそれをきいて恐ろしさのあまり手足が震えて逃げ出し、行方をくらましてしまったのです。

方々、手をつくして探した末に、隠れ場所が分かり、そこからオホウスノ命は天皇の前へ連れ出されました。天皇は、

「そんなに行くのがいやなら、行かなくてもよい」

と美濃を守らせることにしたのでした。今の愛知県西加茂郡猿投町の猿投神社はこのオホウスノ命を祀った神社です。

そのため、東国征討軍の大命は、タケノ命に下らざるをえません。この時の命のお言葉は、次のようなものでした。

　　時ヤマトタケ

雄叫びて　西平け間無く

また東　いつか及ばん
たとへ臣　労はるとても
平けざらん　（三十九アヤ三頁）

「西国征伐を無事終えて帰ってき、体は綿のように疲れているのに、休む暇とてなく今また東方へ出征することになった。東国の賊どもはなかなか手強いときいている。今度の平定には長い歳月がかかるに違いない。艱難辛苦も一方ならずあるだろう。しかし、どうあっても、私は東国を鎮めて来ねばならない。」

この断固たる決意が、タケノ命の眉宇の間に凛然と張りつめているのが、供の者にも分かりました。

情理かなった勅語

時に、天皇はタケノ命に次のように言われて、矛を授けたのでした。この勅語はやや長いのですが、情理かなった名文なので、ぜひ原文を読んでいただきたいと思います。漢字混りの文章として掲げることに致しましょう。

時にスメラギ
矛を持ち　我れ聞くヱミシ
旨凌ぎ　アレヲサ（村長）もなく

村君ら　相犯し得る
山荒し　カタマキ者や
チマタ神　中にヱミシら
女男混ぜて　シムミチかけて
穴に住み　毛肉を食みて
毛衣き　恵み忘れて
仇をなし　弓もよく射る
立ち舞ひも　類集めて
カクレンボ　野山を走る
術を得て　天成る道に
服ろはず　いま我れ思ふ
汝こそ　姿きらしく
百ちから　行くに障らず
攻めば勝つ　即ち知れり
身はわが子　真事は神の
我れ暗く　平けざる御世を

嗣がしめて　絶えざらしむる
汝こそ　天が下知る
位なり　深く謀りて
稜威にふせ　恵みになづけ
ホツマなし　カタマシ者を
神つ世に　服ろはせよと
授けます　（三十九アヤ三頁以降）

意味は説明しなくても、すでにお分かりのことと思いますが、若干蛇足を付け加えさせていただきましょう。

「カタマキ者」というのは、日本書紀に「姦しき鬼」と訳されています。心がよくなく、ねじけているということです。チマタ神とは同じく書紀に「衢」の漢字があてられているのは正しく、道の別れる所にいる悪者のことです。ここで神という言葉が、いい神の場合ばかりでなく、悪魔の時にも使われているのが分かります。

「女男混ぜて」は男女が混じってということです。次の「シムミチかけて」が少し問題です。書紀には、意味が分からなかったとみえて、この語を飛ばして次の言葉に移っています。「シムミチ」というのは、ホツマツタヘ八アヤに載る天照大神時代の六種の悪魔の内の一種です。「シム」とはよくは分かりませ

ヤマトタケノ命を祀る熱田神宮の舞楽

んが、恐らく「シ」は行動すること、「ム」は産むということで、行動を始めること、「ミチ」は「ミツチ」（水霊）のツを略した形ですから、水中に住む大蛇の霊ということでもありましょうか。「カクレンボ」は、今の子供たちが「カクレンボしましょう」と言って遊ぶあのカクレンボです。こんな言葉がすでに大昔からあったとは驚きですね。原義は、カクレは勿論「匿(かく)れ」に違いなく、ンはリの撥音で、アリ（有り）のアを略した形です。ン音はすでにこの時代にあったのであって、この点現在の国語学説は訂正されねばなりません。ボというのはホラ穴のことでラを略したもの、このように下音を略した時は残された音は、多くの場合濁音になります。「天成る道」即ち天成りの道なのです。この道に従うか従わないかがすべての基準です。権力や利害には少しも左右されず天成りの道に添うかどうかが決定的なことなのです。この天成りの道は、今日でいえば「自然」という言葉にいい変えてもいいでしょう。「きらしく」とは、キラキラしていること、つまり凛凛として立派であるということでしょう。さて、語意が分かったところで、もう一度読み返してみてください。天皇のヤマトタケノ命に対する愛情と信頼の並々ならぬことが、胸にしみじみと響くではありませんか。

比較的忠実な書紀の記述

父天皇から、温かな、そしてこの上ない信頼のお言葉と共に矛を頂いたタケノ命は、感じ入って次のように答えました。これも、古代文字の原文から漢字混り文に改めて掲げましょう。

み矛を受くる
ヤマトタケ　昔皇霊の
恩頼により　クマソを平けぬ
今も亦　皇霊に依りて
恩頼を借り　仇の境に
往き臨み　服はざらば
撃つべしと　拝みてキビの
タケヒコと　オホトモタケヒ

従へり　ナナツカハギを
カシハデ（膳手）と　（三十九アヤ六頁）

ヤマトタケノ命は、感泣して父天皇に断固たる決意を言上したのでした。ここで感じることの第一はタケノ命がホンの少しでもオレがオレがの自我意識を募らせてはいないということです。クマソを平らげたのもミタマのフユ（皇霊の恩頼）のおかげだとのみ強調していることです。

もう一つ見落としてはならないのは、「服はざれば撃つべし」の一言です。何でもかんでも「撃つべし」ということではなくて、撃つ前に、十分の説得の時間を持つという主旨です。

書紀の訳文

このことを日本書紀は、景行天皇四十年七月に次のように訳して載せています。カッコをつけたところは、ホツマツタヘには記されていません。

―是に、日本武尊、乃ち（斧鉞を）受りて、再拝みたまひて奏して曰さく、

「嘗、西を征ちし年に、皇霊の威に頼りて、（三尺）剣を提げて、熊襲国を撃つ。（未だ浹辰も経ずして、賊首罪に伏ひぬ）。今亦、神祇の霊に頼り、天皇の威を借りて、往きてその境に臨みて、（示すに徳教を以てせむに）、猶服はざること有らば、（即ち兵を挙げて）撃たむ」とまうす。（仍りて重ねて）再拝みまつる。天皇、即ち吉備武彦と大伴武日連とに命せたまひて、日本武尊に従はしむ。亦七掬脛を以て膳夫

とす―

この書紀の記述は、ホツマツタヘに比べると、文飾の脱線や儒教的臭味のあるつけ加えがみられます。しかし、そうは言っても大事な二点、「皇霊の恩頼」によること、「服はざれば撃つべし」ということは、ほぼ訳しおおせていると言えましょう。

ひどい古事記の誤り

ところが、古事記はどうでしょう。

―ここに天皇、また頻きて倭健の命に

「東の方十二道の荒ぶる神、また伏はぬ人どもを、言向け和せ」

と詔りたまひて、吉備の臣等が祖、名は御鉏友耳建日子を副へて遣す時に、比比羅木の八尋矛を給ひき―

ホツマツタヘや書紀と比べ、何というソッケなさでしょうか。

初行の「頻きて」というのは今でいえば、「しきりに強いて」ということです。前に述べた天皇の情理を尽くした勅語を何ら記さず、いきなり荒ぶる神や人どもを「言向け和せ」と言ったように書いています。

その上、おつきの将軍はどうでしょう。タケヒコとオホトモタケヒであったのに、それも書紀では正しく吉備武彦と大伴武日連と載せているのに、古事記は健日子の前に「御鉏友耳」なるわけの分からぬ名をかぶせ、一方功績著しいオホトモタケヒの名をまるであげていません。

また、ホツマツタヘにはただ「み矛」とあったのが、書紀には「斧鉞」や「三尺剣」となり、それが古事記には、更に飛躍して「比比羅木の八尋矛」となってしまっています。

次いで、ホツマツタヘのナナツカハギは、たとえ漢字にあてた文字に問題はあっても、書紀には七掬脛として載せているのですが、古事記は全くこれを没にしてしまいました。

タケヒコはホツマツタヘではタケノ命の妃アナトタケ姫の父であり、これは書紀にもその通り載せていますが、古事記は、同姫をタケヒコの娘ではなく妹としてしまい、ここでも間違っています。古事記の載せなかったオホトモタケヒのオホトモ家は、神代から由緒ある家柄で、このタケヒも武人であるとともに、すこぶる歌の道に長じ、その極意に達していたのでした。このことがホツマツタヘの記述（三十九アヤ三十七頁）から窺えます。

さて、ヤマトタケノ命は、いよいよ東国へと出征することになります。その門出は十月二日でした。マキムキの都、今の桜井市纒向から、道をまっすぐ東へとり、七日にイセにつきました。早速、イセ神宮に参り、心をこめて祈ったのは言うまでもありません。

そして、大神宮をお守りしている伯母のヤマト姫をイソの宮に訪ねて、暇乞いをしたのでした。イソの宮とは、三重県多気郡多気町の相鹿上神社に合祀されている伊蘇上神社のことでしょう。

ここのところを原文は、次のように書いています。

　　十月二日に
門出して　道をよぎりて
七日イセの　神に祈りて
イソの宮　ヤマト姫にも
暇乞ひ　（三十九アヤ八頁）

暦日観念のない古事記

そこの所を、書紀は、

「冬十月の壬子の朔、癸丑（二日）に、日本武尊、発路したまふ。戊午（七日）に、道を枉りて伊勢神宮を拝む。仍りて倭姫命に辞して」

とあります。つまり、十月二日に出発して七日に伊勢神宮参拝、そしてヤマト姫をお別れの挨拶に訪ねたというのですから、ホツマツタヘと日付までピタリ符合しています。そこを、古事記は、

「伊勢の大御神宮に参入りて、神の朝廷を拝みて、即ち其の姨倭比賣命に白したまひけらく」

とあります。内容は、ホツマツタヘとも日本書紀とも同じですが、十月二日に出て七日に着いたというところを落しています。古事記はこのように暦日を記載しない記事が多いのです。年月の記述がなくて

どうして歴史が語れるのでしょうか。

しかし、もっとおかしなことは、そのように暦日の観念のない不完全な古事記を、書紀より上とみ、尊んできたことです。なぜ、こんなことになったのかというと、本居宣長が有名な『古事記伝』の中で書紀のことを漢文で書いた漢心（からごころ）の書物だからダメだダメだと口を極めて繰返し、これと反対に古事記はヤマト言葉で書いてあるからこの方が本物だと強調したのが原因だと思います。そしてそれから以後の学者が、この考え方を正しいとし、今日でもこれが強い固定観念となっているからでしょう。

しかし、書紀の方が古事記よりずっと正しく古伝を伝えていることは、今の例でお分かりのことと思います。

古事記がもっとひどい誤りを犯しているのは、ヤマトタケノ命がヤマト姫に申した別れの言葉です。まず、ホツマツタヘ原文には、次のようにあります。

　　君（きみ）の仰（おほ）せに
仇撃（あたう）ちに　罷（まか）るとあれば　（三十九アヤ八頁）

即ち、「大君の仰せによって、これから仇撃ちに出かけます」と率直に申したのでした。書紀は、

「今天皇が命を被（うけたまは）りて、東へ征きて諸の叛（そむ）く者どもを誅（つみな）へむとす。故（かれ）、辞すとのたまふ」

と言葉の数は少し多くなっていますが、ホツマツタヘ通りの意味を伝えているといえます。

ところが、古事記はこの部分を驚いたことに、次のようにに書くのです。

「天皇既に吾死ねと思ほす所以か、何しかも西の方の悪しき人等を撃ちに遣はして、返り参上り来し間、未だ幾時も経らねば、軍衆を賜はずて、今更に東の方十二道の悪しき人等を平けに遣はすらむ。此れに因りて思惟へば、猶吾既に死ねと思ほしめすなりとまをしたまひて、患ひ泣きて罷ります時に……」

つまり、「天皇は自分に死ねとお思いになっているのか。西征して帰ったばかりなのに、手下の兵隊もつけないで、またまた東方の悪者どもを伐つようにと言われる。これは、てっきり私に死ねと云う意味に違いない」と言って、さめざめと泣いたというのです。

この記事のホツマツタヘ、日本書紀と古事記との違いは、あまりに甚しいと言わざるをえません。この相違はどうして生じたのでしょうか。いまのところ、私には分かりませんが、ただ古事記の編者は、ヤマトタケノ命に何か悪意を持っていたらしいということだけは言えそうです。

ヤマト姫から剣を授かる

ヤマトタケノ命から、勅命により東征に出発するという挨拶に、ヤマト姫は、綿袋と剣を渡し、次のように言いました。ホツマツタヘの原文は、こう載せています。

天御孫（あめみまご）　そめし火水（ひみづ）の
御祓ひ（おんはらひ）　火水（ひみづ）の障（さは）り
祓（はら）ふべし　昔（むかし）イヅモの
国開（くにひら）く　ムラクモ剣（つるぎ）
これなるぞ　慎（つつ）しみうけて
仇平（あたむ）けよ　な怠（おこた）りそと
授けます　（三十八アヤ九頁）

ヤマト姫は、タケノ命の伯母にあたり、この時百二十八歳でした。生れたのがアスズ七百年、十一代イクメイリヒコ（垂仁（すいにん））天皇十二年ですから、計算するとこうなります。

しかし、このような年齢の算定は、古事記はもとより日本書紀でもできるものではありません。古事記、日本書紀には生年の記載がないからです。しかしホツマツタヘには、天皇はじめ重要な人物の生年月日は、ちゃんと載っていますから、暦を丹念に繰りさえすれば、計算することができるのです。

それはさておき、さきのヤマト姫の言葉を、現代語にかえると、次のようなものになろうかと思います。

「もしも東征中に、火水の障りがあったならば、天御孫（み）のニニキネノ命が作った、火水の祓いでお除きなさい。この剣こそ、昔イヅモの国を開いたムラクモの剣です。うやうやしく受けて、敵を平げなさい。油断しないでしっかりやってください」

ムラクモの剣

イヅモの国を開いたムラクモの剣とは、ソサノヲノ命がイヅモで八岐の大蛇を征伐した時、その尾の中から出てきた剣のことです。（九アヤ六頁）

その後、オホナムチノ命（古事記、日本書紀での大国主の神）がイヅモを去って東北のツガル（津軽、今の青森県）に落ちて行く時に、タケミカツチノ神に、

わがクサナギの
この矛に　平したまへと
云ひて去る（十アヤ十七頁）。

とある「クサナギの矛」とは、このムラクモノ剣と同じ剣のことと思われます。

だが、ここで注意しなければならないのは、右のムラクモノ剣＝クサナギノ剣は、「三種の神器」の剣とは全く別のものだということです。「三種の神器」の中の剣は、「ヤヘガキ（八重垣）ノ剣」というもので、これは天皇が即位するときに、天皇から時の左大臣に鏡があずけられるのと同時に、右大臣にあずける剣のことを言います。

それを困ったことには、古事記も日本書紀もムラクモノ剣＝クサナギノ剣のことを「三種の神器」の中の剣と思い違えてしまっているのです。

これは、古事記の上巻に「八尺の勾璁、鏡また草薙の剣」と書いているところに示されています。ま

た、書紀では、神代巻の「三種の神器」の剣のことを書く「宝剣出現章」の中に、素戔嗚尊（すさのを）が、八岐大蛇の尾から得た剣のことを「草薙剣」として書いているので分かります。

さて、このように大事な「三種の神器」の中の剣について古事記、日本書紀ともに間違っているのですが、次にヤマト姫の言った「火水の御祓い」についても、古事記は、

「倭比売（やまとひめ）の命、草薙の剣を賜ひ、また御嚢（ふくろ）を賜ひて、もし急（とみ）の事あらば、この嚢の口を解きたまえと詔（の）りたまひき」

と、「火水の祓ひ」を「御嚢（みふくろ）」に代えてしまっています。書紀も、

「是に、倭姫命、草薙剣を取りて、日本武尊に授けて曰はく、慎め、な怠りそとのたまふ」

と、古事記同様、一言も述べてはいません。

〔注〕
ホツマツタヘでは、ヱミシですが、古事記、日本書紀にはともに、蝦夷という漢字にヱミシと訓じています。

タシマモリ，ヒタカミノ国へ

名も高き　歌に知られる
タシマモリ　まことの伝へ
いざや読まなん

タシマモリの献身

タチバナの木の実を求めて

タシマモリの話をご存じでしょうか。子供たちの間に唱われていた歌を思い出される方もあるでしょう。

一、香りも高いタチバナを／積んだお舟が今帰る／君の仰せをかしこみて／万里の海をまっしぐら／
今かへるタジマモリ／いまかへるタジマモリ

二、おはさぬ君のミササギに／泣いて帰らぬ真心よ／遠い国から積んできた／ハナタチバナの香と共
に／名は香るタジマモリ／名は香るタジマモリ

というあの歌で、昭和十年代の小学校三年生の国定教科書『小学唱歌』に載っていました。唱歌ではタジマモリになっていますが、本当はタシマモリと濁りません。タシは「十分にする」、マモリは「守る」、つまり、守りを十分にするという意味だからです。

この歌は、言うまでもなく、香り高いタチバナを万里の海のかなたから、やっと持ち帰ったのに、その時はすでに大君は亡くなってしまっていて、ミササギの前にそのタチバナを捧げたというものです。

この物語の元は、記紀ともに垂仁天皇時代に載っています。しかし、そのまた元はといえば、ホツマツタヘから伝えられたものでした。

ところで、記紀の物語はホツマツタヘに比べると、大事な個所に間違いがあります。それはタチバナのコノミを海上はるかのトコヨノ国へとりに行ったという点です。ホツマツタヘには、そうではなくヒタカミノ国へとりに行ったと書かれているのでした。その国の場所は、いまの東北地方です。

これは現在の日本古代に対する常識からすると、あまりにもかけ離れていて理解できないかもしれません。しかし古代の東北地方は素晴らしい国だったのが、下って十一代イクメイリヒコ（垂仁）天皇の時

代になると、蕃族のたむろするところに化してしまい、そこに蕃居する蝦夷らを征伐するために、ヤマトタケノ命が出征することになるのです。そしてこのヤマトタケノ命が征夷に出かけるところから、記紀の東北地方の記述は始められているのです。

だから、記紀に書かれた日本の古代しか知らない現代の人間からすれば、ヒタカミノ国といってもチンプンカンプンだし、この国がかっては東北に栄えたなどといわれても、狐につままれた気持になるのも無理はありません。

記紀にない遺言

しかし、そのヒタカミノ国へタチバナの木の実をとりに行ったタシマモリの遺言がホツマツタヘには載っているのです。それは次のようなものでした。

　　先にタシマが
のこし文　国そまざれば
カグノ木を　得んと思へば
タチバナの　モトヒコが家に
年経りて　なじみて巡る
ヒタカミと　シマツの君に

相識りて　やや得て香を
ひかぬ間に　大君神となる
千千悔み　大君僕が
モトヒコに　結ぶ雫の
源を　おぼしてホツマ
しろしめせ　（三十九アヤ九頁）

この意味は、次のようであると思われます。

先にタシマモリが残した遺言にはこう書かれてありました。

「はるばるヒタカミノ国へカグノ木を求めに行きましたが土地に慣れなかったので大層苦労しました。そしてタチバナの木を手に入れるには、この木を宝物として持っているモトヒコの家に、何年もの間住み込んで、すっかり慣れることも必要でした。また、ヒタカミノ国を旅行して廻り、オホナムチノ命の子孫のツガルのシマツヒコとも仲よくなり、やっとのことで、カグノ木を分けてもらうことができるようになったのでした。ところが、都におられるイクメイリヒコ（垂仁）天皇の御殿に、この木をもってあがる前に、大君がなくなってしまわれました。そこで皇太子のヲシロワケ（景行）天皇にこれを奉る次第です。大君様、私がモトヒコと、折角仲よくなった関係を、どうか有効にお使いになってホツマの道、即ちアマナリ（天成）の道をおひろめ下さい」

タシマモリは帰化人の子孫です。古代の日本は帰化人もこのように、国のため、大君のために献身させる魅力をもっていたのでした。

タシマモリのノコシフミ（遺言）を紹介しましたが、これは記紀はじめどんな文献にも、今まで出たことのない貴重なものでした。

武内宿禰三百歳説の真偽

次にここでは、原文でこれに続く、やはり記紀には全く載っていない部分について書きたいと思います。漢字混り文にすると、こうなります。

　　　　　ここにスメラギ
タケウチと　語り合はせて
ホツマ国　カグモトヒコを
身になして　タチハナ姫と
ホヅミテシ　サクラネマシを
先にやり　戦くだれば
ヒタカミが　招くモトヒコ
頷かず　（三十九アヤ十一頁）

現代文に直し、若干の解説をしましょう。ことにタケウチについて触れます。

まずはじめの部分は、タシマモリの遺言を読むと、スメラギ即ちヲシロワケ（景行）天皇は、タケウチとご相談になりました。

タケウチというのは、当時ムネノトミ（棟の臣）即ち総理大臣ともいうべき人物で、古事記に建内宿禰、日本書紀に武内宿禰とあるのと同一人物です。宿禰は戦前は、日本一長寿ということで有名でした。その寿命も書紀によると、三百歳もの長い間生きたことになるのです。

それで、これはどっかおかしいとか、武内という人物そのものがこしらえものだとか、いろいろと取り沙汰されたものでした。そして今日の学界では、実在しなかった人物ということになっています。

しかし、タケウチはホツマツタヘにはちゃんと載っているのです。タケウチは、八代ヤマトクニクル（孝元）天皇の孫のウマシタケと紀州ウヂマロの娘ヤマトカゲとの間に生まれたことが、ヤマトクニクル（孝元）天皇の二十二年（三十二アヤ二十三頁）と、ヲシロワケ（景行）天皇の三年（三十八アヤ五頁）との二カ所に出てきます。

そして別のところには、ヲシロワケ（景行）天皇の子即ち十三代ワカタリヒコ（成務）天皇とタケウチが〝同じ歳〟という記述（四十アヤ三十五頁）があります。ワカタリヒコの出生は、ヲシロワケ天皇五年（アスズ七九二年）のネシモ（十一月）ソヰカ（十五日）の日の出（三十八アヤ七頁）と載っていますから、タケウチの出生もこの年ということになります。アスズというのは、神武天皇の誕生する六年前を元年として、ホツマツタヘの中で使われている年号です。

そして、今スメラギとタケウチとが語り合ったというのは、ヲシロワケの四十年（アスズ八二七年）のことですから、タケウチの年齢は三十五歳という計算になります。少壮気鋭の総理大臣ということができます。

なお、ホツマツタヘの記述は、ヲシロワケ五十六年（アスズ八四三年）をもって終わっていますから、この年、タケウチは五十一歳になっていたはずです。

ところが書紀では、タケウチはその後、成務、仲哀、神功、応神、仁徳の各朝にかけて生存し、活躍したと書かれています。これを計算してみると、三百歳にもなってしまい、前述したように、あやしいということになるのです。この点は、七世紀前半に政界で勢力を振った蘇我氏が、このように造作したのではないかという津田左右吉以来の学説に、私は賛意を表します。つまり、蘇我氏は、タケウチを自分の祖とするために、強引にその年齢を引きのばしたのだと思います。

結論をいえば、タケウチは今の学者のように、全面的に否定されるべき人物ではなく、実在したのではあるが、彼の後半生は蘇我氏の謀略的加筆の記述により三百歳というトテツもない長寿を保ったことになってしまったとみるべきでしょう。

タチハナ姫にテシとマシ

さて、先の訳文を続けましょう。

スメラギとタチウチとの作戦は、まずホツマ国のカグモトヒコを味方に引き入れることでした。

そして、モトヒコを中心とし、モトヒコの娘のタチハナ姫、それにホヅミテシ、サクラネマシの二人の将軍をつけて、先発隊として乗り込ませようというわけです。

戦が、着々進行して軍隊が東へ東へと下ってくると、ヒタカミ本国としては慌(あわ)てざるをえません。モトヒコに戻ってくるように言うのですが、モトヒコは、この誘いにガンとして応ぜず帰ろうとはしませんでした。

そこでホヅミテシ、サクラネマシの二将軍のことについて、何か手がかりはないものかと、いろいろ気にかけて調べているのですが、残念ながら、今のところまだ分かっていません。

記紀に載らないお話を続けましょう。ヤマトタケノ命の先発隊は、いよいよ関東へ下ることになりました。原文には、次のようにあります。

　サガム（相模）のヲノ（小野）に
城構(しろかま)へ　テシとマシらと
守(も)り固(かた)む　ヱミシの輩(やから)
攻(せ)め上(のぼ)る　（三十九アヤ十一頁）

サガムのヲノというのは、今の神奈川県厚木市小野に当たります。ここに式内の小野神社が現在でも鎮座しています。そして祭神は「日本武尊」となっています。

相模の小野神社

菱沼勇氏『相模の古社』（昭和四十六年）によると、明治になってから祭神が、日本武尊に変えられたとあります。古事記に載っている倭建（やまとたける）の命が橘姫の入水の際に詠んだとされる

さねさし　相武（さがむ）の小野（をぬ）に燃（も）ゆる火（ひ）の
火（ほ）なかに立（た）ちて　問（と）ひし君（きみ）はも

という歌の中に出てくる「小野」を、この神社にあてたというのです。

でも、この歌はホツマツタヘに出てくるのですし、その場所もここでいいと私は思いますから、祭神は「日本武尊」でないとは言えません。もしかしたら、テシとマシとが主神で、ヤマトタケノ命もお祀りされていたのかもしれないと私は考えます。

しかし一方、菱沼氏は私に大事なことを教えてくれました。明治前の小野神社が「閑香明神社」といわれ、古い額が今でもかかっているというのです。私は、この「閑香明神社」という名を読んでハッとしました。なぜなら、ホツマツタヘの中のある部分が、サッと頭をかすめたからです。

マウラ神がタチハナの君に

その ホツマツタヘ の問題の個所の原文を左に掲げます。

アスカ川　オホヤマスミは
これ移し　サガムのヲノに
新田なし　香の木植ゑて
マウラ神　世々タチハナの
君となる　（二十四アヤ五十六頁）

この意味は、オホヤマスミがヤマトのアスカ川の名を関東の地に移し、ヲノに新田をつくり香ぐわしいタチバナの木を植えて、オホヤマスミの五番目の子のマウラは、ここで世々「タチハナの君」になったというのです。

神奈川県厚木市小野の県社、小野神社の神額

この記述からすると、小野付近にアスカ川という名の川があるか、或は昔あったかと思いますし、これは今後の探索の課題になるでしょう。次の「オホヤマスミはヲノに香ぐはしいタチバナの木を植えて、マウラが世々タチハナの君になった」というところが、今の問題点です。

私の考えでは、さきの「関香大明神」というのが、この「香ぐはしいタチバナの木」に当たり、小野神社の祭神はオホヤマスミかマウラではなかったかということです。つまり、テシとマシらは、すでにオホヤマスミがマウラの居所であったヲノに行き、そこを根拠として敵の蝦夷（えみし）と渡り合ったのではないかと思うのです。

「関香大明神」の額は古雅なものですが、写真では「古び」が印刷のあがりにどうかと危ぶまれるので、私が模写したものを、ここに掲げます。どうかみて下さい。

しかし、ちょっと気になることもあります。『和名類聚抄』（『和名抄』と略す）というわが国最初の分類体の漢和辞典をみると、武蔵国に橘樹郡という郡があり、「タチバナ」郡と読んでいたとあります。そしてここは今、横浜市に当たります。なお、『延喜式』神名帖に載っていない式外の神社ではあっても、そこには橘樹（たちばな）神社という社があり、場所は保土谷区天王町です。

同社の縁起によると、風土記に文治二年（一一八六）、京都祇園社の御分霊を勧請したとあります。これでは私の求めるものとは関係ないようです。ほかに古伝を残す神社があるのかも知れません。

ヤマトタケノ命の物語は、ホツマツタヘではまだ続きます。多分、今まで書いた分ほどの量か、或はそれ以上になるでしょう。それはまた改めて書くつもりです。

ホツマツタヘは古事記日本書紀の原典

菖蒲（アヤメ）に粽（チマキ）

「撃ちてし止まん」の歌で証明する

解釈のつかない古事記、日本書紀

ホツマツタヘ、古事記、日本書紀の三書ともにある記載の中から具体的な文章をもってきて、一字一句もゆるがせにせず厳密に対照し、ホツマツタヘが古事記、日本書紀のマネをして出来たものか、それとも反対に古事記、日本書紀がホツマツタヘをうけついでできたものかを確かめてみましょう。

ここでの文例はポピュラーなものがいいと思うので、神武天皇の東征の歌として有名な「神風の」の歌謡について比較することにしましょう。戦時中大いに呼号された「撃ちてし止まむ」という言葉がこの歌から出ていることは、ご存じの方も多いと思います。まず、古事記からみてゆくと、この歌は次のようにでています。

（訓読）神風の　伊勢の海の　大石に　這ひ廻ろふ　細螺の　い這ひ廻り　撃ちてし止まむ

（原文）加牟加是能　伊勢能宇美能　意斐志爾　波比母登富呂布　志多陀美能　伊波比母登富理　宇
知弖志夜麻牟

この口語訳を、定評ある相磯貞三氏『記紀歌謡全註解』（昭和三十七年）によってみると、次のようにあります。

（大意）神風の伊勢の海の、海中の大石に這ひ纏うている細螺貝のように、這ひ纏うても、撃ち殺さないでおくものか。

この訳については、これまで大きな異説はなく、これが一応の定説になっているとみていいでしょう。この歌は、天皇が戦争のとき兵士を鼓舞する目的で詠まれたものであるのはいうまでもなく、皇軍の兵士が「這ひ廻ろひ」、「い這ひ廻」る「細螺」のように勇敢であって欲しいというもので「細螺」という言葉が歌全体の中心になっているのも見逃せません。

では、この「細螺」とは、どんなものなのでしょうか。右の「大意」では「細螺貝」とありますが、もう少しこの「細螺」についてみることにしましょう。

この言葉は、『万葉集』には一つだけ出てきます（三八八〇番の長歌）。そこでは、この「細螺」は「小螺」と書かれていますが、これは石川県七尾市付近の島で拾われ、石でつついて殻を破り、早川で洗い濯ぎ、辛い塩で揉まれ、高杯に盛り、老人の嗜好食として捧げられたとあります。また『播磨風土記』をみますと、百姓が田を造ろうとして溝を掘ると、たくさんでてきたと書かれています。『令義解』には食料として載せられていますし、『和名抄』『本草和名』などによると、甲蠃（タニシのようなものか）に似て、細かくて小さく、口に白玉のようにきれいな蓋があると載せられていますから、小型のサザエのようなものであったのかもしれません。

一方、先学の見解をみてみますと、小粒で米に似て肉を食べる（狩谷棭斎（えきさい）『箋注和名抄』）とか、サザエのようで角（つの）がなく、チシヤゴとは別物または図のような形で物についている貝（本居宣長『古事記伝』中の或人の説）とか、サザエに似てヒラツブリよりやや大きく紀伊では鳳凰貝という（飯田武郷『日本書紀通釈』）とかがあります。

昭和以降の文献では、貝の名でキサゴの古名、殻の中に虫あり、ヤドカリの如し（『大言海』）とあるのですが、これはいま紹介した『古事記伝』の説と違うようにみえます。また、小型の巻貝の総称（『時代別国語大辞典』）とか、普通はコシタカガンカラと言い、能登海岸では今でもシタダミといっている（日本文学大系本『万葉集』上註）などという説もあるようです。これら諸説はご覧の通り必ずしも同じ貝のことをいっているとは思えない節がありますが「シタダミ」が海辺の小さい貝という点では一致しているようです。


本居宣長『古事記伝』のシタダミの図解（模写）

そこで不審なのは、歌の内容から推せば、当然この貝は執拗とか勇敢とかいう性質をもっていていいはずなのに、どの本もそのことに触れていないことです。それは今みてきたように、この貝の実態は小さいばかりか、すぐ捕えられ食べられてしまう弱々しい生き物なので、いくら何でもこの貝が勇ましい小動物とは言えなかったからではないでしょうか。とはいえ、学者たちはそこをもう一押し、こんな弱々しい貝がどうして執拗とか勇敢とかの表徴として使われたのか疑問だというように文献批判の目を発展させなかったのか残念に思います。なぜなら、後で分かるように、この軽蔑を含んだ弱々しさこそ、「細螺」がこの歌に出された本当の意味だったからです。

話を元に戻して、次に日本書紀の記載をみることにしましょう。それは巻三神武天皇即位前紀戊午年十月で、次のようにでています。

（訓読）神風の　伊勢の海の　大石にや　い這ひ廻る　細螺の　細螺の　吾子よ　吾子よ　細螺のい這ひ廻り　撃ちてし止まむ撃ちてし止まむ

（原文）伽牟伽筮能　伊斉能于彌能　於費異之珥夜　異波臂茂等倍屢　之多儾彌能　之多儾彌能　阿誤豫　阿誤豫　之多太彌能　異波比茂等倍離　于智弖之夜莽務　于智弖之夜莽務

この口語訳を当代の権威書といわれている日本古典文学大系本によってみることにしましょう。

（大意）伊勢の海の大石に這ひまわる細螺のように、わが軍勢よ、わが軍勢よ、細螺のように這ひまわって、必ず敵を撃ち敗かしてしまおう、撃ち敗かしてしまおう。

前の古事記と比較すると、同じ句の繰り返しが多いというだけで、大意は変わらないことがわかります。

記紀に欠けている説明句

さて今度は、この古事記と日本書紀の歌謡をホツマツタヘに載る同じ歌と較べてみることにしましょう。これは二十九アヤ二十二頁に記されています。

（原文）

カンカゼノ　イセノウミナル
イニシヘノ　ヤヘハヒモトム
シタタミノ　アコヨアコヨ
シタタミノ　イハヒモトメリ
ウチテシヤマン　（注1）

神風の　伊勢の海なる
往昔の　八重這ひ求む
シタタミの　我子よよ我子よ
シタタミの　い這ひ求めり
撃ちてし止まん

このホツマツタヘの意味をいうと、次のようになります。

（大意）神風の伊勢の海に昔、チョロチョロ這い廻るシタタミ（細螺）のように天照大神に反抗し、遂にシタタミ（下民）に落された者がいたが、これと同類の者が、今また現われて、そこにウロウロしている。わが兵士よ。さあ、これを撃ちに撃とうではないか。

読者は、これを読まれて、さきの古事記や日本書紀の場合と大いに趣がちがうことに驚かれたでしょう。そして古事記、日本書紀では「細螺」だけの意味だったのが、ここではシタタミは「細螺」と「下民」の二重の掛詞（かかりことば）として使われているのです。そして、これは右にすぐ続く次の文章によって一層確かめられるのです。

（原文）

コノウタオ　モロガウタヘバ
アタガツグ　シバシカンガフ
ニギハヤヒ　サスラヲヨスト
ヲタケビテ　マタヒコトガモ
アメカラト　イクサオヒケバ
ミカタヱム　（注2）

（訳文）　この歌を　諸（もろ）が歌（うた）へば
仇（あた）が告（つ）ぐ　しばし考（かんが）ふ

神武天皇の聖跡（奈良県桜井市）

ニギハヤヒ　サスラ男寄すと
雄叫びて　また一言がも
天からと　戦を引けば
味方笑む

古事記、日本書紀の記述では、この戦闘で神武天皇に敵対しているのは、ナガスネヒコと彼の奉ずる主将ニギハヤヒ（古事記では邇芸速日命、日本書紀では櫛玉饒速日命）なのは言うまでもありませんが、その点はホツマツタヘでも同じで、「ニギハヤヒ」がそれに当たります。「サスラ男」とは流離ふ男の意味であり、もちろん天照大神の弟のソサノヲノ命（古事記では速須佐男命、日本書紀では素戔鳴尊）のことを指します。そしてホツマツタヘの記載では、同命が悪業の限りを尽くして放逐されるのは古事記、日本書紀と同様です。この放逐されることが即ち「下民」に落されることと同じ意味になるのですが、このことが古事記、日本書紀の記事にはないのです。古事記や日本書紀に出ないソサノヲノ命についてこの他にも多くの記述がホツマツタヘには記されており、今は略しますが、一言付け加えておきたいのは、ソサノヲノ命は後に悔い改めて天朝に復帰することになるということです。

そこで、原文の意味は次のようになります。

（大意）皇軍の兵士たちが、この歌を唱うのを敵兵が聞いて、これを彼等の首将ニギハヤヒに告げると、しばし考えていたニギハヤヒは、「自分のことを神代の反逆者ソサノヲになぞらえている」と叫び、「気がついてみれば、誠にその通りだから、これに対し一言も返す言葉がない」と皇軍への反抗を悔い改めて戦いを引いたので、味方もほっとして歓声をあげた。

いよいよこの文章の本筋に入ることになります。ここで古事記、日本書紀とホツマツタヘの歌をじっくり較べてみることにしましょう。

古事記、日本書紀の記述では「細螺」が後世の学者によって勇敢な兵士の形容として解釈されても仕方ない曖昧さを残しているのに対して、ホツマツタヘでは右にかかげた説明句六行によってその意味は決定的になるのです。つまり同じこの言葉は「下民」との掛詞として用いられ、これはソサノヲノ命を意味し、直接的には撃つべき仇としての「ニギハヤヒ」のことを指しているのでした。

大事なところだからもう一度言い直しましょう。古事記、日本書紀での「細螺」の語は、後世に兵士を鼓舞する善の表徴として提出されているのに、ホツマツタヘでの「シタタミ」は反皇軍の賊を意味する悪の表徴として出されていたのです。つまり、「シタタミ」の内容の捉え方の違いによって、ホツマツタヘと古事記、日本書紀とでは、歌意に著しい開きがでてしまっているのでした。

そしてこのようになるのは、まさに説明句六行がホツマツタヘには記載され、古事記、日本書紀には載っていないという一点にかかっているのがよくお分かりくださったと思います。この個所を欠くならばいかなる碩学でも「シタタミ」が「下民（したたみ）」であり、それはソサノヲノ命を意味し、更に現実には「ニギハヤヒ」のことを風刺していると受けとることができるとは思えません。だから、先学のことごとくが「シタタミ」を「細螺」のみに解釈し、これが皇軍の志気を喚起する形容としてだけ理解してきたのもやむを得なかったと言えます。

漢訳の際に消された

さて、ここで先の古事記、日本書紀とホツマツタヘの歌とでは、どちらが古典の歌謡としてふさわしいかという文学論になれば、ホツマツタヘに軍配をあげないわけにはいかず、この点に議論の余地はないと思われます。

ところで、ホツマツタヘが古事記、日本書紀より後にできた偽書とした場合、ホツマツタヘが古事記、日本書紀歌謡を模倣し、その上、後に続く六行を全く新たに作文したという考え方が、果たして成り立つでしょうか。古事記、日本書紀歌謡からホツマツタヘへというコースはありえないことは後に述べますが、後続六行句の場合でも、これだけ含みのある文句を、後人が勝手に贋作（がんさく）し、ここに挿入できると考えられるでしょうか。もしそうなら、ホツマツタヘの内で、他のところに多く記されているソサノヲノ命、ニギハヤヒノ命の記事に何らかの形のギコチなさや、作為の影を残さずにすむとは思われません。しかし実際に、これらの部分をみてもいささかの澱（よど）みは感じられないのです。しかも、ここでとりあげない文例でも、古事記や日本書紀より後代において造作されたとはどうしても考えられない実例がいくらでも挙げられるのであれば、もはや決定的ではないでしょうか。

　そうなら、理の赴くところ、

(A)　ホツマツタヘの記事→古事記、日本書紀

という方式が書かれるでしょうし、古事記、日本書紀の記事は少くともここの部分については、ホツマツタヘの記載を土台として作られたということにならざるをえないでしょう。そして、前に述べたように、他の多くの実例でこのことを実証できるのですから、(A)方式は一歩進めて、文献そのものの成立についても、

(B)　ホツマツタヘ→古事記、日本書紀

という方式が、書かれるのは許されなければならないでしょう。そして本例での古事記、日本書紀歌謡にみられる両者間の僅かな字句の差異は、ホツマツタヘの記事をとり入れるに当たって、古事記、日本書紀編者がそれぞれ潤色を施したとみることができるでしょう。

ところで、このようにホツマツタヘの原文が資料として古事記、日本書紀に受け継がれたのは疑えないとしても、その関係が直接だとする訳にはいかないのです。なぜなら、次のようなことが考えられるからです。

もし、古事記、日本書紀の原資料にホツマツタヘの右補足六行の文章があったなら、古事記、日本書紀ともにこれを自らの書物に載せずにはおかなかったはずです。この数行あってこそこの歌は生き、これなくしては意味が明確ではないのですから。それを古事記、日本書紀のうち、どちらか一書が、かりにこの六行を自己の判断によってか、それとも浅慮でか没にしてしまったとしても、「シタタミ」が「下民」との掛詞であり、それがソサノヲノ命を媒介として「ニギハヤヒ」を風刺していると承知していたならば、現在の古事記、日本書紀にみられるような内容の同一性は生れず、古事記、日本書紀のどちらかの一書は、何らかの文句でそのことを自分の文章の上に表現したに違いありません。

このように考えてみれば、ホツマツタヘの補足六行は古事記、日本書紀原資料で既に載せられてはいなかったという見方が成り立ってもおかしくはないでしょう。しかも、この部分を証明するに足る実例は他にいくらでもあげることができるのですから、この推定は確かなものといえるでしょう。このようにして、ホツマツタヘと古事記、日本書紀との間は、もはや直接的ではなく、ワンクッションの開きがあったとみることは認められなければならないでしょう。即ち、

(C) ホツマツタヘ→古事記・日本書紀原資料→古事記、日本書紀

という方式が書かれることになります。

この「古事記・日本書紀原資料」は、古事記・日本書紀成立についての研究の専門家が言うように、聖徳太子が馬子と共編したとされる「天皇記・国記」（推古紀二十八年是歳）であり、その時から二十七年後、蘇我蝦夷が誅（う）たれる時、これが焼かれるのを船史恵尺（ふねのふびとゑさか）が取出して中大兄（なかのおほえ）に奉ったもの（皇極紀四年六月）と同じものと思えます。

では、ホツマツタヘからこの「古事記・日本書紀原資料」にすぐ引き継がれたかというと、そうではなく恐らく倭の五王時代にはじめて日本固有文字から漢字に翻訳されたのではないかと私には思われます。しかしその折、日本の神さまや、三種神器などの重要な記述部分は多量に没にされてしまったようです。このことはホツマツタヘに載っているのに、古事記、日本書紀に少しも載らない記事への考察によって推定されるところです。従って、この第一次漢訳はホツマツタヘの完訳といえるものではなく、『漢抄訳秀真伝（はつまつたへ）』だったわけです。これを方式で示すと、次のようになります。

(D) ホツマツタヘ→漢抄訳秀真伝→古事記・日本書紀原資料→古事記、日本書紀

そして、問題の補足六行は、あるいはこのはじめの段階である『漢抄訳秀真伝』の時に、すでに落されていたのではなかったかと想像されます。なぜこのように考えるかというと、翻訳に当たったと思われる日本人貴族と帰化人とが、日本古語に熟してなかったために、多くの誤訳、拙訳を犯した実例は、ホツマツタヘと古事記、日本書紀の三書比較によってしばしばみられるところであり、ここもその一例

と察せられるからです。

なお、友田吉之助氏の和銅年間に出来たという『和銅日本書紀』を認めるとすれば（『日本書紀成立の研究』昭和四十五年）、右の「古事記・日本書紀原資料」と古事記、日本書紀との間に入れることになるでしょう。

ホツマツタヘこそ記紀の原典

さて最後に、ここでのホツマツタヘ、古事記、日本書紀の三書の原文を比較すると、次のような重要な点について示唆をうけます。

説明の都合で、日本書紀の「於費異之珥夜」から始めると、これはホツマツタヘで「イニシヘノヤヘハヒモトム」とあったのを、日本書紀編者が「於費之珥夜異波臂茂等倍屢」と仮名書きに翻訳し、珥と夜との間をつめてあけずにあったのを、日本書紀成立後にこれを読んだ学者が「於費異之珥夜」「異波臂茂等倍屢」と「夜」を上句につけてしまった思い違いに原因しているとみていいでしょう。

次に重要なのは、ホツマツタヘ、古事記、日本書紀三書において特に動詞語尾、格助詞、感動詞などに〃揺れ〃がみられるということです。これを一覧表にすると、次のようになります。

（ホツマツタヘ）	（古事記）	（日本書紀）
イセノウミナル	伊勢能干美能、	伊斉能干瀰能、

ホツマツタヘ	古事記	日本書紀
イニシヘノ	意斐志爾	於費異之珥
ヤヘハヒモトム	波比母富呂布	夜異波臂茂等倍屢
アコヨヨアコヨ		阿誤豫阿誤豫
イハヒモトメリ	伊波比母登富理	異波比茂等倍離

この三書比較の全体を問題のところだけを抽き出してみると、こうなります。

(ホツマツタヘ)	(古事記)	(日本書紀)
ナル	能(の)	能(の)
ノ	爾(に)	珥(に)
トム	富呂布(ほろふ)	倍屢(ほる)
ヨ	(記載なし)	(記載なし)
メ	富(ほ)	倍(へ)

これで〝揺れ〟の状態がはっきりわかります。ではこの〝揺れ〟は何を意味するのでしょうか。これがまた大きな問題です。

これは私見によると、恐らくまず『漢抄訳秀真伝』で、純粋な漢詩、例えば『常陸風土記』筑波郡にみえる「愛乎我胤、巍乎神宮、天地竝斉、日月共同、人民集賀、云々」の四言詩か、或は五言詩のような形に翻訳され、それが「前古事記・日本書紀資料」にもそのまま引き継がれ、古事記、日本書紀編纂の時になってもとの日本古来の歌謡形態に戻されたために、このような〃揺れ〃が生じたのではないでしょうか。その時、古事記、日本書紀それぞれの編者によって、各々の書物の固有の仮名を使って表現されたので、右のようなバラバラな語尾になったとみていいのではないでしょうか。

また、ホツマツタヘの原形は整然たる五七調であり、そうあるべき理由もはっきりと説明されているのですが、古事記、日本書紀の時代には、もはやこの様式を尊重する気持が失われてしまったために、右の漢詩からの再和訳の際の語尾混乱とともに、本例でみられるように、古事記は5647577、日本書紀は5658553357777のような無秩序の詩形となってしまったのでありましょう。

このような事情であるのに、古事記、日本書紀の不定形をもって古代の形とし、五七調は平安朝以降のものと決め、ホツマツタヘは五七調だから後代にできたものとする議論は逆立ちしているというべきではないか、そのように私たちは考えるのです。

また、ホツマツタヘのイニシヘは、古事記では意斐志、日本書紀では於費異之と訳されていますが、これは最初に翻訳された『漢抄訳秀真伝』で漢詩に翻訳された際、多分「往昔」の二字が当てられたのではなかったかと思われます。それが「古事記・日本書紀原資料」にそのまままちこまれ、古事記、日本書紀編纂の段階になって、右のような万葉仮名に書き変えられたとみてはどうでしょうか。即ちその時、「往昔」をホツマツタヘ原文通り、イニシヘと読めばよかったものを、日本書紀は「往ヒ去シ」と読んで於費異之の文字をあて、古事記も日本書紀同様に読みはしたが、イハワレヒコを伊波礼毘古、ヰヒカリを井氷鹿と約縮するいつもの癖で、「往ヒ去シ」の中の「去」という母音を落して意斐志としたのではなかったかと、私たちは推理しています。

以上の原文比較の考察は、前に古事記、日本書紀からホツマツタヘへというコースは考えられないとしたことに対する論証となるものであり、そのことは同時に古事記、日本書紀を模倣してホツマツタヘができたなどということは主張し得ない証しとなるものでありましょう。

また、古事記は和銅五年（七一二年）、日本書紀は養老四年（七二〇年）に成立したのだから、古事記は日本書紀より八年早いという意味では〃記前紀後説〃でありますが、内容的に古い材料（古事記・日本書紀原資料やそれ以前の資料）をそのままの字句によって踏襲しているのは確かだから、そこをもって〃紀前記後説〃を唱えることは正しいというべきです。

以上、不十分ながらホツマツタヘが古事記、日本書紀より遥かに早く成立した文献であり、古事記、日本書紀ともにこの内容を受け継いでいるものであるという事実を、神武天皇の歌を通して立証したつもりです。

〔注1〕

この中で、国語学者から不審を買うと思われる点について、あらかじめ述べておきたいと思います。その第一は、二カ所にみえるン音についてです。ホツマツタヘでは、この音はここばかりか全巻を通じてたくさん出てくるのですが、古事記や日本書紀はじめ奈良朝の漢字文献ではン音は牟、務などと書き表わされ、ン音自体としては一カ所も出てきません。このことは前例でも、古事記では加牟加是(かむかぜ)、夜麻牟(やまむ)とあり、日本書紀では伽牟伽笠(かむかぜ)、夜莽務(やまむ)とあって例外ではありません。そのために既成の国語学説では、ホツマツタヘは当然、後代にできた書物ということにされるのです。

また、この国語学界では、上代特殊仮名遣の甲乙類の区別というものがあって、これによると音価までも違うという説が支配的で、いまあげた古事記と日本書紀の原文の音仮名のうち、彌(み)、美(み)、斐(ひ)、比(ひ)、臂(ひ)、母(も)、茂(も)、登(と)、等(と)、誤(ご)が甲類、能(の)、倍(は)、呂(ろ)が乙類の別があるとされています。しかしホツマツタヘではこれらの音は、ミ、ヒ、モ、ト、ゴ、ノ、ホ、ロと表記され、二通りの音別は存在しないのです。

この二点を論拠として、学者はホツマツタヘという書物は後代の偽書としているのです。しかしこの意見は、ホツマツタヘ、古事記、日本書紀の三書比較をした上で、なおかつ主張できるかどうか、できるとすれば、ぜひその論拠を聞かせてほしいのです。

〔注2〕

助詞のヲは古事記、日本書紀、万葉集以降の漢字文献では、乎(を)、呼(を)、哀(を)、烏(を)、遠(を)などの文字が使われているのに、ホツマツタヘではこの場合、右のヲに相当するヲではなく、意、於に等しいオが例外なく用いられているのです。これは原典において初めからこのようであるのか、それとも後人がこのように直してしまったのか、またオがはじめからなら、なぜこの文字を使うのかなど私にはまだ未解決なので、ここの二例についてもそのままの形にしておきます。またヒは普通にはヒなのですが、日の場合にはヒ、一はヒが使われることを申し添えておきます。

古代日本に文字はあった

漢字以前に四十八文字

あなたは、すでに「ホツマツタヘをやさしく」の「ワカ姫とアワの歌」のところで、

アカハナマ　イキヒニミウク
フヌムエケ　ヘネメオコホノ
モトロソヨ　ヲテレセヱツル
スユンチリ　シヰタラサヤワ

という五七調四行で、合計四十八文字をご覧になったでしょう。この文字によってホツマツタヘの全部が書かれているのです。

ところで「文字」という文字は、いうまでもなく漢字ですね。では「モジ」もしくは「モンジ」という言葉は、もとからの日本語でしょうか。突然そうきかれると、さて、どうなんだろうと誰もが戸惑うほど「文字」は日本語になりきっています。しかし、これはもともと中国の言葉だったのが、今では、

すっかり日本語化したものなのです。

では、「言葉」の場合は、どうでしょうか。字はもちろん漢字ですが、「コトバ」という語は昔からの日本語です。つまり純粋和語である「コトバ」に対して、「言葉」という漢字をあてはめたのでした。「言」という漢字の音は本来ゲンとかゴンであり、「葉」はヨウであって、「コト」とか「バ」とかは読みません。すると、いま、日本語だとばかり思っている漢字を使った言語の中に、漢字をそのまま日本語として使っているものと、和語に対して漢字をあてはめたものとの二通りあることがわかります。

このように同じ漢字を幾通りにも読むことは、外人が日本語を勉強しようとする場合の頭痛のタネになっています。これは、漢字を無理に、もとからある日本語におしつけたマイナスのツケが回わってきたもので、これからも背負わなければならない日本語の宿命みたいなものです。

さて、「文字」が漢語ならば、それに相当する言葉が古代日本にはなかったのでしょうか。ないからこそ「文字」という漢語がそのまま大手を振って使われてきたにきまっている、こういうようにこれまでのどんな学者も考えてきていました。そしてほとんどの人がこれに疑いを持ちませんでした。

一方、いまあなたがみられた四十八個の文字が本当に古代日本で使われていたのなら、「文字」に相当する日本古語がないはずはありません。なければ、古代文字を否定する学者が言うように、漢字輸入以前に文字はなかったと言われてもしかたないでしょう。モノがなければ、その名前はありっこないからです。

ところが「文字」にあたるコトバも文字自体も、チャンとあったのでした。それはヲシデという言葉で、文字はヲシデと書きます。

ヲシデの意味

ヲシデのヲシは、ヲシフ（教フ）の語幹です。デは上の言葉との連がりでデと濁ったので、もとはテです。テはモノのあり方を示す言葉で、今日でも「そのテのモノがほしい」などというテにあたります。つまり教えるモノというのがヲシデの本当の意味だったのです。

また別にヲシトという言葉もあります。これはホツマツタヘに載る文章の前後から判断すると、いまの大臣とか教師とか勅使に相当する語に当たります。トはヒトのヒを略したものです。このヲシは、ヲサ（長）、ヲサム（治ム＝政治）などとも親類関係にあたるコトバと考えられます。

しかし、このようにホツマツタヘには盛んにでてくるのに奈良朝以降の古事記や日本書紀その他の書物にはまったくみられないコトバがかなりあります。これまで古語といわれた言葉にさえ出て来ない語がホツマツタヘにたくさんでてくるということは、ホツマツタヘが古事記や日本書紀よりも以前の文献だということを証明する有力な証拠になるはずです。

教えるモノを意味するヲシデが、古代日本の文字を意味する語だとすると、古代でヲシデがはじめから教育的意味合いをもつ言葉だったとみてもいいでしょう。そして勅語の意味にも使われています。

そこでもう一歩進めて、ではなぜヲシデが教えるモノというイミを持つか考えてみましょう。それはヲシという語幹について考えることになります。ヲシという語は、もちろんホツマツタヘにある言葉ですが、この語は、惜(をし)、愛(をし)、鳴思(をし)などの漢字にとって変わられて、古事記、日本書紀、万葉集などにもたびたび出てきます。その意味は、愛情こめてということでどの古語辞典にも載っている言葉です。

とすると、このヲシにテをつけたヲシデが文字や勅語を意味し、教育的含みがあり、ヲシフが教フ、ヲシトが大臣、勅使、教師を意味するとしても、共通するのは、いずれも愛情こめてということが基本にあるのを見落せません。

古語の素晴らしさは無限

あなたはこれまで、文字、勅語、教育、教フ、大臣、勅使、教師などのコトバがみな共通のもとから出ており、しかもそのもとの言葉が愛情こめてという意味だったということを想像したことがありますか。これらの言葉にヲサ(長)、治(政治)などを加えてもいいでしょう。しかし、あなたはこのようなことを学校では教わらなかったでしょう。日本古語の素晴しさは無限なのに、そんなことは忘れられ別々の字や言葉として教えられてきたのです。またこれまでの学者は、文字、勅語、教フ、大臣、勅使、教師、それにヲサ(長)、ヲサム(治ム＝政治)などの語源を考える場合、それぞれの語に連絡なくバラバラに、漢字の語源もしくは西欧語の語源から意味を引き出してきて、日本語に無理やりあてはめてきたのです。

私は漢字や西欧語の語源を研究しなくていいなどと言っているのでは決してありません。私が言いたいのは、それらを日本語に押しつけるのはやめてほしいというだけです。私がやってもらいたいのは、漢字の「文」「字」や、英語の「文字」の意味のletterとかcharacterの語源を調べて、日本古語のヲシデと比較することです。そうすれば、それぞれの民族や国の文化のもとが分かって、とても有益だと思うからです。

さて、このヲシデという言葉は、漢字が入ってきてからどういうようになって行ったのでしょうか。奈良朝時代の日本書紀になるとヲシデのヲがオととり違えられてしまい、「符」の漢字の和訓に用いられるようになってしまっています。「符」とはハンコのことです。時代が下るにつれて「符」の字の代わりに「璽」の字を使うようになりました。天皇の勅語の終りの「御名御璽」などというのがそれで、この「御名御璽」という語は、昭和一ケタ生れまでの方にはおなじみの言葉でしょう。意味は言うまでもなく「御名前とハンコ」ということです。

また、時たま古い神社の境内には御璽社と書いてオシデシャとかオシデヤシロとか言われている小さい摂社があります。これは朝廷からお祭りなどの時に供物と一緒にいただく書き付けなどを納めている社だったのです。ホツマツタヘ時代のヲシデという意味が後代にも生きていた証拠です。

四十八のヲシテ（文字）を知れば、一万行もあるホツマツタヘの全部を読むことができると、私は言いました。このことはアイウエオやいろは文字の五十音図を知れば、アイウエオやいろは文字で書かれている日本文なら、誰でも読めるということと同じです。

ところで、日本人は漢字を細工（さいく）してアイウエオやいろは文字を考案したので、他のものをうまく自分流に利用する小ざかしい民族のようにこれまで日本の学者は言ってきました。しかし本当はそうではなく、まったく逆なのでした。真実は、ホツマツタヘにみられるような一字一音のヲシテがあったからこそ、漢字をとり入れても助詞を一字一音にするという芸当ができたのです。

即ちアイウエオやいろは文字をたちまち作り出すことができたのです。

古代において文字を何に書いたかというと、フダ（三一アヤ三頁、同アヤ一五頁）やウタミ（三九アヤ三二頁）などの言葉と、その文脈などから考えて木簡様のものが想像されます。また地図や絵を描く場合や、建物の設計図のような場合ではヱガク（六アヤ一三頁）、ウツシ（四〇アヤ二五頁）という用法がみえています。一方ホツマ奉呈に際して、スヱトシ（オホタタネコ命のこと）、オソレツツシミテソム（四〇アヤ五〇頁）とある使い方も注意されるのですが、意外に思うのは、「書く」という言葉はどこにも出て来ないことです。ソムが「染む」の意であるなら、この語感からは、書かれた物は染めたり沁（し）ませやすい材料、すなわち絹布や楮（うぞ）から作る紙に類するものであったかもしれません。ホツマツタヘの記載からすると、これらは大陸渡来ではなく早くから日本国内で作られたものと思われます。

ニセ物の古代文字、古代文献に注意

ここで、古代文字といい、古代文献といっても、その全てを同一に扱うわけにはいかないということを言っておかなければなりません。本物とニセ物とは、厳然と区別する必要があります。

私が古代文献の中で本物と判断しているのは、本書で述べてきたホツマツタヘと、その姉妹篇とも言うべきミカサフミ、それにこの両書の奥の院とも言うべきフトマニの三書だけです。あとの二書もこれまでご覧いただいたホツマツタヘと全く同じ文字によって書かれたものです。いま詳しく説明する余裕はありませんが、ホツマツタヘと同様、素晴らしい内容を持った文献です。いずれはこの二書についても、とっくりと紹介する機会を持ちたいと願っていますが、結局、現在のところ、この三書は真正の古代文字文献と言って間違いないと思います。

ところが、世間にはニセ物がさもさも本物らしく信じられているから注意しなければなりません。その第一に『上記（ウヘツフミ）』というのがあります。この『上記』の書かれている文字については、国語学の泰斗ですでに亡くなった山田孝雄博士の『所謂神代文字の論』（雑誌『芸林』昭和二十八年二、四、六月号）の中に、次のような批判があるので、まずお読み願いましょう。

「かの上記（ウヘツフミ）と称するものに用ゐたといふ古代文字考に豊国（とよくに）文字と名づけたものの如きは、最も甚しく猥雑なもので、卒読に堪へ得るものではない。どうして彼のやうなものを神聖なものと主張したり、信用したりするのか健全なる常識ある人ならば決してあのやうなものに惑はされないであらう」

この一行目の意味が多少明瞭を欠くので、若干補足すると――『上記』という書物の初めに「古代文字考」という一文があって、ここに『上記』の書かれている文字の説明がある。この文字に対し豊国文字と名ずけられているが、この文字の如きは、ということなのです。

その豊国文字というものに対して、山田博士は、「最も猥雑なもの」と最高級の嫌悪の情をもってきめつけました。この言葉は非常に強いもので、尋常の批評の域をはるかに超えています。そのうえ「卒読に堪え得るものではない」とまで言い切っているのです。私もこの書を初めて見た時、この批判と同じ印象を持ちました。この『上記』は全く問題にならない文書だと思います。

豊国文字

『上記』に続いて、インチキ神代文書の第二に、世間で『竹内文献』といわれるものがあります。これは『竹内古文書』とか『磯原文献』とか『天津教古文書』などとも呼ばれています。この書に対する批判が、やはり山田論文の中に次のようにあります。

「又かの天津教の古文書といふものは、(『上記』

よりも）一層低級のもので、その文章には明治時代の訛語さへも交ってゐるものであり、その妄りなものだといふことは今私がいふまでもあるまいと思ふ」（同上論文）

山田博士はさらに語を次いで、こうも言っています。

「これ（天津教古文書）については、往年、雑誌『思想』（第百六十九号）の上で、文学博士狩野享吉氏が「天津教古文書」の批判をして痛論して余す所が殆どないからである」

私は、以前この狩野論文を読んだ時、「竹内文献」の馬鹿々々しさとは対照的に狩野氏の緻密な考証の態度に敬服したのを今でも鮮かに思い出します。『竹内文献』に使われている文字は、『上記』と同じもので、要するにこれは『上記』の文字を使って書かれた後人の偽作だったのです。

巷間喧伝され、人を惑わしている代表的なニセの古代文字文献『上記』『竹内文献』の二つについて簡単にみてきました。なお、このほかにも古代日本に神代文字があったと主張するものがあります。それは江戸後期の有名な平田篤胤（一七七六〜一八四三）の『神字日文伝』です。

前出の山田論文の戈先は、この『神字日文伝』に主として向けられたものだったのですが、これは朝鮮文字の焼き直しとしてすでに早くから否定し去られています。当然のことです。

それにしても、この山田論文が書かれてから今日まで三十年近くも経っているのに、『上記』や『竹内文献』や『神字日文伝』が否定されたのは学界の仲間うちの話だけであって、最近の古代史ブームの波に乗り、さもさも本物のようにニギニギしく再登場しているのですから全くあきれます。

さらに困ることは、本物の古代文献のホツマツタヘ、ミカサフミ、フトマニの三書を『上記』や『竹内』と一緒くたにして、古代文献何種類などと言いふらされていることです。これではダイヤモンドとガラス玉をまぜこぜにしているのと同じで甚だ迷惑します。彼等は神代文字色盲症で、本物とインチキとを見分ける眼識を欠いているのです。とはいえ、こんな優秀な日本の国に固有の文字がなかったはずがない、あって当然だという考え方は正しいと思います。外国文化にすっかり洗脳され、漢字以前に日本には文字はなかったとかたくなに信じ込んでいる学者や知識人よりはまだましと言えましょう。

国語学界への挑戦

それにしても山田博士が、この論文を書いた時は、ホツマツタヘなど三書はまだ発見されていませんでした。博士がこれらを見ていれば、きっと讃嘆されたでしょうに惜しいことをしました。

ここで声を大にして何度でも言わねばならないのは、ホツマツタヘ、ミカサフミ、フトマニの三書は、まったく新たに発見されたものであって、これまで学界の誰も見てはいないということです。だから、先にあげた山田論文の結論を横すべりさせて、この三書を批判したつもりになったら大間違いだということです。学界は予断なしにこの三書を検討してこれに対する意見を出す義務があります。それなのに私たちの度々の要求にもかかわらず、見ようとさえせずに発見後十五年も放っておいたのは、怠慢と偏見のそしりをうけても仕方ないでありましょう。

この一例をあげれば、昭和五十三年、国立国文学研究資料館主催の第二回国際日本文学研究集会の研究発表の公募に応じ、拙文「日本固有文字＝記紀資料の発見」を出したのに、採択されませんでした。ホツマツタヘなど三書を学界が受け入れない大きな障害となっているものに、上代特殊仮名遣というのがあります。これは奈良時代には日本語の音数が八十七あったという橋本進吉博士の学説です。橋本博士の後継者、大野晋教授のベストセラー『日本語の起源』（岩波新書。昭和三十二年初版）にはこうあります。

「この神代文字なるものが、たいてい五十字か四十七字でできているのが不思議である。五十字か四十七字でできているということは、五十音図か、イロハ歌かを基礎としている証拠である。ところが奈良時代の音の数は八十七もあったのだから、五十とか四十七とかいう数では、奈良時代の音の数とはまったく合わない」（同書一五八頁）

この批判は、山田論文が厳しくきめつけた豊国文字など既出の神代文字といわれるものに対するものであって、大野教授はホツマツタヘなど三書を見ての上の批判ではないことを、特にはっきりさせておきます。それでもなお、この批判がホツマツタヘなど三書にも当てられるというなら、次の二つの点について反論しておきます。

第一は、この三書は五十音でも四十七音でもなく四十八音です。そしてこの四十八音は決して後代の「五十音やイロハ歌を基礎としている」のではなく、本書のはじめの方に述べたアワの歌が元となっているのです。

第二は、奈良時代に八十七あったからそれ以前にもそれと同数の音がなければならない、と思われているらしいのですが、この考え方は危険です。なぜなら、八十七あったという橋本説は奈良時代の文献に使われた漢字の分析から割り出した結論です。百歩譲って奈良時代にそうだったとしても、だからさらに古い時代も同様だろうとは飛躍した論理です。現に平安時代が四十八音か五十音なのに、それより前の奈良時代が八十七というのでは、筋が通らないではありませんか。

この八十七音の上代特殊仮名遣という橋本学説は、世紀の大発見ともてはやされ、学界でこの学説に反対する者は村八分にされるほどの勢力でした。しかしその中でさきに紹介した山田博士は少数説を守って敢然とたたかったのでした。ところが最近強力な反対意見が出されて、橋本学説は揺ぎ始めているのです。

金沢大学松本克己教授『古代日本語母音組織考』（金沢大学法文学部論集・文学篇二十二巻）、奈良女子大学森重敏教授『上代特殊仮名遣とは何か』（『万葉』八十九号）などがそれです。

誰が何のために書いたか

オホタタネコノ命とクシミカタマノ命

ホツマツタヘ編者のオホタタネコノ命という名前を、きいたことがおありでしょうか。古事記編者の太安万侶の名は高校生でも知っている有名な人物ですが、このオホタタネコノ命の名は今までほとんど知られていません。しかし、近い将来必ず太安万侶よりはるかに重きをなす人物となることでしょう。

次にクシミカタマノ命という名前を知っておいででしょうか。たとえオホタタネコノ命について答えられる古代史に明るい方でも、さあ誰だったかなと首をかしげるでしょう。しかしこのクシミカタマノ命はホツマツタヘの一アヤから二十八アヤまでを書いた人なのです。そしてオホタタネコノ命はホツマツタヘの後の方二十九アヤから四十アヤまでを書き、前のクシミカタマノ命の書いた二十八アヤ分までを一まとめにし、ホツマツタヘとして、時の十二代ヲシロワケ（景行）天皇に捧げた方だったのです。

でも、こんなことを言っても今の学界にはまるで通じません。なぜといって十五代応神天皇はまあまあとして、それ以前の天皇は存在しないということになっているからです。だからその存在しない部類に入る十二代景行天皇ときいただけで、これは眉唾ものときめてかかってしまうのです。しかもその時代のオホタタネコなる人物が一万行もの長歌を書いて天皇に捧げたなどということは、ナンセンスどころか話にも何もならないというわけです。国語学の方で古代文字はないという頑固な偏見にぶつかった私たちは、この古代史学界でもそれに劣らない強い偏見にさえぎられてしまっているのが現状です。

私はホツマツタヘを発見後、学者の考え方が正しいかどうかを検討しました。この学者の考え方は古事記、日本書紀によっているのですから当然、古事記、日本書紀を吟味することになります。それで私はホツマツタヘに出てくるクシミカタマノ命とオホタタネコノ命について書いてある所と、古事記、日本書紀に書いてあるクシミカタマノ命とオホタタネコノ命の記事を、何度も何度も読みかえしては、とつおいつ考えました。その結果、はっきり言えることは、古事記と日本書紀に書いてあることは間違っており、かつ不十分だということでした。従ってこれらを基にして考えをまとめている学者の方が誤っているという結論になります。

記紀に消された編者

ホツマツタヘによると、クシミカタマノ命は、神武天皇のミギノヲミでした。ミギノヲミとは右の臣で、ヒダリノヲミ（左の臣）の次に位する天皇を支える最高の役目です。

ヲミのヲは、前にも書いたことがあるヲシヘル（教える）を略したものであり、ミとはトミの略形と思います。だから教えるトミということになります。トミとはカミ(神)、トミ、タミ(民)といって、カミとタミとの間に立つ重要な指導的地位にある人ということでした。

藤原家の先祖である中臣(なかとみ)家をナカトミと呼ぶのはトミの内でももっとも中心的な存在であるという意味です。今でも使われている大臣という言葉は、このトミからきているのであって、古代中国の制度をまねてつくられたものではありません。

ところが、古事記をみても日本書紀をみても、トミという語はどこにもでてきません。トミという語は「中臣」という語の中に生きているけれど独立したコトバとしては失われてしまったのです。そして代わりに古事記や日本書紀の内にみられるのは、オミという語です。古事記では淤美(おみ)とか意美(おみ)とか書かれていますし、日本書紀では「臣」にオミと訓がつけられています。これらのオミが、オホ(大)を略してオといったのならこれでもいいでしょうが、先に書いたヲミという言葉を略したのなら、ヲミと書かれなければならぬものです。

さて、クシミカタマノ命とオホタタネコノ命に系図をホツマツタヘの記事の中から作ってみると、次のようになります。

(一)ハナキネ・ソサノヲノ命――(二)クシキネ・オホナムチノ命――(三)クシヒコ・コトシロヌシノ命――(四)ミホヒコ・コモリノ命――(五)ツミハ・ヤヘコトシロヌシノ命――(六)ワニヒコ・クシミカタマノ命――(七)アタツ・クシネノ命――(八)イヒカツノ命――(九)オホミケヌシノ命――(十)スヱトシ・オホタタネコ

クシミカタマノ命を祀る日向神社
（奈良県桜井市の大神神社境内にある）

ノ命

まずこれをご覧になって、あなたは、㈠にはハナキネとあり、㈡にはクシキネ、㈢クシヒコなどとあるのをお気づきになったと思います。これがイミナ（斎名）というもので、生れた時につけられ、一生涯変更されません。これに対して㈠ソサノヲ（古事記の須佐の男の命のこと）とか、㈡オホナムチ（古事記の大穴牟遅の神で、有名な大国主命のこと）というのはタタヘナ（称へ名）とよばれ、神によってはいくつももっているのでした。

さて、この図でみるとホツマツタヘの筆者の㈥ワニヒコ・クシミカタマノ命も㈩のスヱトシ・オホタタネコノ命も、ヤマタノヲロチで知られているソサノヲノ命の子孫にあたり、また大国主命、本当は㈢コトシロヌシノ命のことなのですが、その子孫にもあたっていることがわかります。しかし、㈣ミホヒコ・コモリノ命と㈤ツミハ・ヤヱコトシロヌシノ命とはホツマツタヘでは大いに活躍する神ですが、古事記や日本書紀には一向にでて来ないので、後世の人々にはちっとも知られていません。

次のホツマツタヘの前半を書いた㈥ワニヒコ・クシミカタマノ命のことは、古事記には崇神天皇のところに意富多多泥古の先祖として櫛御方命、日本書紀にはやはり崇神天皇のところに奇日方天日方武茅渟祇と載っているのみです。そればかりか、㈦アタツ・クシネノ命、㈧イヒカツノ命、㈨オホミケヌシノ命のこととなると、古事記にも日本書紀にも影も形もありません。しかしさすがに㈩のスヱトシ・オホタタネコノ命は古事記、日本書紀ともに崇神天皇のところにかなりの記事を載せています。

このように全体としてみる時、古事記、日本書紀の記事は極めて不完全なものなのです。それなのに今の学者はこの古事記、日本書紀に重きをおいてホツマツタヘに見向きもしないのです。

以上のような状態ですから、古事記や日本書紀中心の目からすると、櫛御方命や意富多多泥古命がそんな大部の述作をしたなど想像も及ばないということにならざるを得ないわけです。

ヤマトタケノ命の遺言から

では、ホツマツタヘは何のために書かれたのでしょうか。

この間の事情を知るには、ホツマツタヘ四十アヤ分とは別に、その前におかれているホツマツタヘオノフ（ホツマツタヘを述ぶ）というオホタタネコノ命の書かれた五七調二十六行の長歌と、その後に続くイセの第一代神主、クニナヅ・オホカシマノ命（ミカサフミの筆者）の七十二行の文章をみるにしくはありません。既に、ミカサフミという書物のあることはまえにも書きましたが、これは、ホツマツタヘとともに景行天皇に捧げられた著作でした。ホツマツタヘだけでなく、ミカサフミという書物まであるときいてはまたまた驚かれることでしょう。オホカシマノ命とは、神代以来のヒダリノヲミ（左ノ臣）であるアメノコヤネノ命の子孫で、ミカサフミとは同家に伝わる家伝を中心にまとめた書物でした。ホツマツタヘの四十アヤに対してこれは六十四アヤあるとされています。ホツマツタヘと同様に上呈文がついていて、オホタタネコノ命とオホカシマノ命とがともに並んで執筆しています。これらをよくみますと、ホツマツタヘとこのミカサフミができた

オホタタネコノ命を祀る若宮
（大神神社境内）

動機は、次のようなことになります。ヤマトタケノ命が亡くなる時に、父のヲシロワケ（景行）天皇への遺言に、日本国のアマナリ（天成）の道のことを子々孫々に書き遺しておきたいと書かれていたのです。そこで天皇はみずからカグミハタ（香ぐ御織）なるフミ（文）を書き、これにならってオホタタネコノ命がホツマツタヘを、オホカシマノ命がミカサフミを共に献上したという訳です。私たちはこのようにホツマツタヘとミカサフミ両方についているオホタタネコノ命とオホカシマノ命の各々の献上文を読んでいろいろのことを教えられます。その第一は、ヲシロワケ（景行）天皇も、いま私たちが目にするホツマツタヘのような叙述の仕方、つまり五七調で書いたものを残したということです。

また、同天皇にその気持をおこさせたのは他ならぬヤマトタケノ命だったことは、意外といえば意外です。なぜなら、ヤマトタケノ命は、ますらおぶりを発揮した武人かつ歌人だったという通念を超えて、さらに偉大な先の先まで見通しのきく経世家だったことがこれで始めて分かります。

なぜそういえるかというと、ヤマトタケノ命が亡くなり、父のヲシロワケ（景行）天皇も亡くなり、次の天皇になったウヂヒト・ワカタラシヒコ（成務）天皇、カシキネ・タリナカヒコ（仲哀）天皇の時代を経て、十五代応神天皇の時代になると、日本は大動乱のときを迎え、古来から連綿と使ってきたヲシデ（文字）は廃止されて漢字に代わり何もかも外来思想により牛耳られてしまいます。

このような悲しい危機をヤマトタケノ命は肌に感じていたからこそ、ヤマトのアマナリノミチをフミにして遺しておこうとしたと思えるからに他なりません。

ホツマツタヘの発見と研究

菊栗祝ひ

全巻発掘までの探索

古本屋で目にとまった写本

昭和四十一年八月のある日、私は例のように神田の古本屋に行き、そこで二冊の本を買いました。二冊とも古代文字で書かれたものです。古代文字には、以前から興味がなかったわけではありませんが、それほど熱心ではなかったし、正直のところ、この種のものは値段が張り、ちょっと手が出なかったのでした。

今でもはっきり覚えていますが、その時、棚には古代文字関係のものが四、五冊ありました。他の一般書からみると、かなり高い値がついていました。ある種の好事家に、これらのものはすぐ売れてしまうからなのでしょう。四、五冊のうち、私は二冊を手にとってみました。他のものはすでに読んだものもあり、買うほどではなかったからです。

私が入手した一冊は、明治初めの国学者落合直澄が解説したもので、信濃国上伊那郡赤穂村の美女森(びじょもり)大御食(おほみけ)神社の神宝と伝えられるものでした。

この書は、ヤマトタケノミコトの通過記録を綴ったものとして、古代文字に関心のある者の間では名の知れているものでした。

二冊のうちのもう一冊は『秀真伝』という写本でした。「秀真（ほつま）」とは、仮名が振ってあったから読めはしても、さて何の意味なのか、その時の私にはわかりませんでした。しかし手にとってパラパラめくってみると、見たこともない奇妙な形の文字が、大型美濃半紙の上に、毛筆でぎっしりと書かれていました。分からないながら、一瞬〝これは買おう〟とためらいもなく私は財布の底をはたいていました。

はじめの書物は『美社神字解』という名で、上下巻、奥付には昭和十一年九月十四日発行、長野県上伊那郡赤穂村の惟神教会笹古金作編集発行とありました。これは、古代文字の内のあひる文字という字体で書かれていました。古代文字についてこれまで私は、神社の御符のようなものとか、呪文のような短いものとか、または五十音図に整理されたものなど幾種類か見てはいました。しかし、そんなのではなく、実際にその文字を使い文章として書かれたものがあったらぜひ見てみたいといつも思っていたのでした。そういう書物が本当にあれば、その内容はさぞ魅力あるものだろうと想像していたからです。だから、私はこの『美社神字解』に大いに望みを託して読みはじめたのはもちろんです。しかし、案に相違して内容はつまらないものでした。

では文字を調べてみようと思い、一字一字の分析を始めてみましたが、この方も私にはどうも納得出来ませんでした。結局、これは本当の文字ではなく、後世、偽作されたものではないかという疑問が湧いてきて、興味を失っていくばかりでした。

しかし一方『秀真伝』の方にはじわじわと引きつけられて行ったのです。私は、何度も何度もページを繰り、食い入るように見入るのでした。馴染むまで時間がかかりましたが、それでも、ほんの少しづつほぐれて行くように思えました。

古代文字はナンセンスか

『秀真伝』は古事記より古い書物らしいということが、何よりも私を驚かせました。しかし、一体、今頃、古事記よりも古い書物などというものが現実に存在するだろうか。今の学者の誰も信じはしない。また漢字以前にはわが国に文字がなかったというのが現代における定説です。

「そんなものに肩を入れるな」と、私に注意するあの顔、この顔がチラチラと目の前に現れます。そのうちの誰かが軽蔑しきった口ぶりで言います。「そんな大事なものが、古本屋に転がっているなどということからしておかしいじゃないか」と。

しかし、昭和になってからでも井上通泰博士や、佐佐木信綱博士や、山田孝雄博士など本の名前は忘れましたが、重要な書物を古本屋から手に入れたということを何かで読んだことがあります。

書物の運命は、まことに数奇に富んでいて、古本屋は決してバカにならないのです。いかな秘蔵の書物でも、所有者がポックリ死んでしまったら遺族にとっては猫に小判で、古本屋に渡してしまうことも

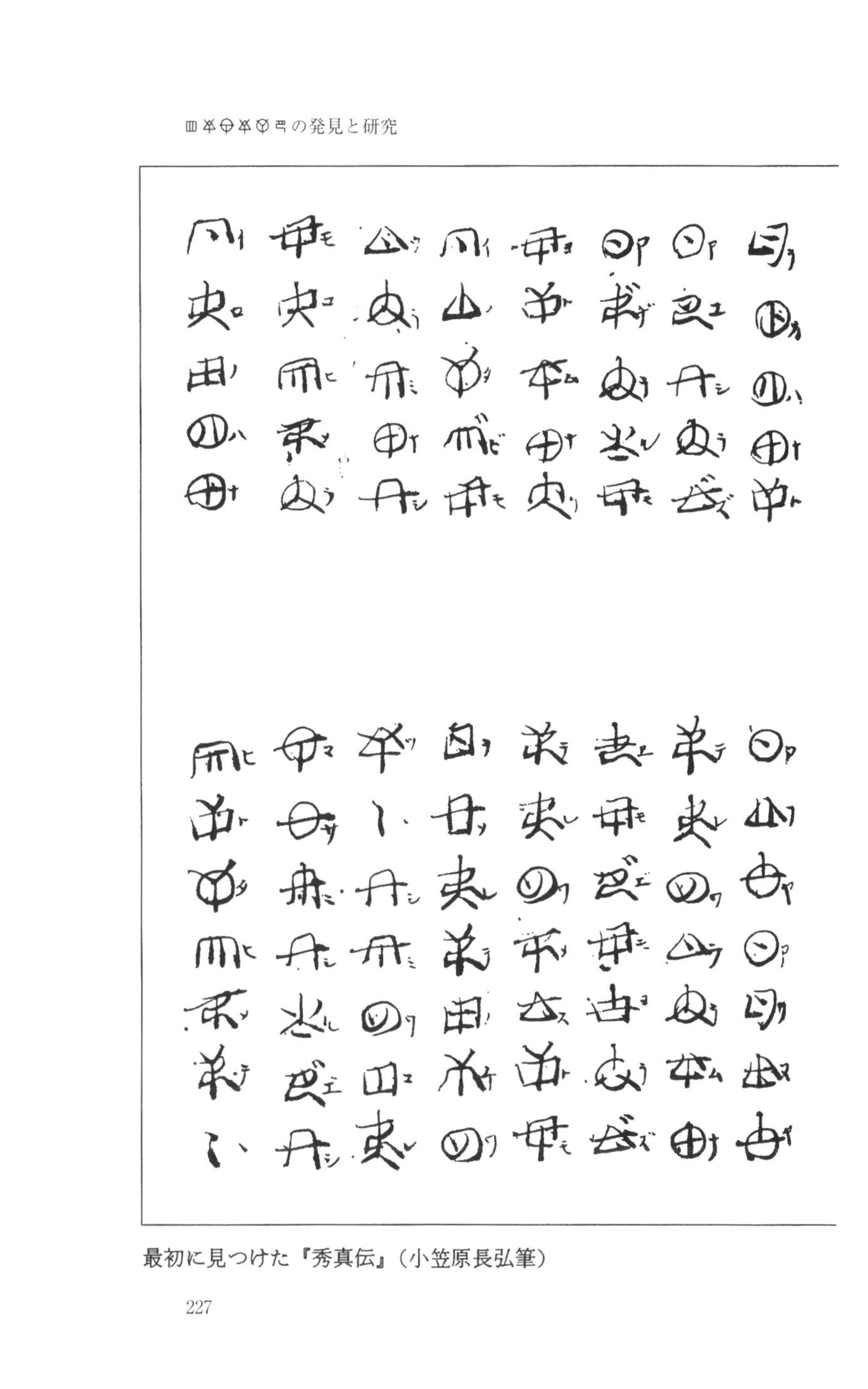

最初に見つけた『秀真伝』（小笠原長弘筆）

あるし、古本屋に売り払うのはまだいい方で、何代もの旧家の子孫が、土蔵から出てきた伝来の古記録を焼いてしまったという無惨な話を聞いたことさえあります。

また他の者が私に言います。「古代文字なんてナンセンスだよ。今の学界の誰も信じないじゃないか」と。これには神経質にならざるをえません。それが正しいなら、私は全くバカなことに力を入れていることになるからです。心を空しうして、私は反対の議論に耳を傾けました。国語学の権威橋本進吉博士のものも、大野晋教授のものも注意深く読みました。しかし、それにもかかわらず、私は『美社神字解』はもう二度と手にとる気にはなれませんでしたが、『秀真伝』の方は手離そうとはしませんでした。

大事なのは、何が真実かということであって、その時代がよからずとするから、私もまた非とするのではは話になりません。今の学界が見向きもしないからといって、それがダメとは限りません。学問の進歩は前説の否定の上に成り立っていることはいうまでもないことです。

そんな時、私を支えてくれたのは、シュリーマンの『古代への情熱』でした。ホメロスの長詩にでてくるギリシャの古蹟を、当時の学者は伝説として問題にしなかったけれども、彼は実在を信じてその所在を熱心に探究し、ついに四十九歳の時、トロヤ発掘に成功したというあのノンフィクションの物語です。当時私はその時のシュリーマンとほぼ同じ年令でしたが、その目的を達することも同じでありたいと思ったりもしました。

「よし、どこでダメになるか、努力がムダになりたとえ後悔するとしても、とも角、行く所まで行ってみよう」

私はそう決心したのでした。

そしてポッポッと蟻の歩みにも似た探求を続けて行きました。それが、だんだん熱っぽくなって行くのをどうすることも出来ませんでした。

「秀真」の意味

それにしてもこの「秀真」という聞きなれない言葉は、どういう意味なのでしょうか。辞書で見ると、「秀真」はまさしくほつまと読むことが分かりました。これはもちろん日本語の「ほつま」という言葉に対する漢字の当て字なのですが、それでもうまい字を当てたものだと感心します。この古語の意味は、まことのもっとも秀(ひい)でたもの、まこと一筋ということになるのは間違いないからです。つまり穂、火、秀など漢字で書けば違う字を当てますが、古代日本語ではこれらはすべて「ほ」の音です。このことは一字一意の漢字に比べて著しい特徴をなしているところです。「つ」とは、「島つ鳥」のように上と下を結ぶ助辞です。「ま」とは、まことのまであり、完全なるもの、まじり気のない純粋なもの、充実したもの、円満なるものということです。

日本書紀の神武天皇三十一年四月条に、伊奘諾尊(いざなぎの)がこの国を目して、「磯輪上(しわかみ)の秀真国」と呼んだくだりがあります。「磯輪上」とは、どんな古語辞典にも「未詳」と書かれています。しかし、「秀真国」

の方は〝まこと一筋の国〟という意味になり、要するに「日本国」を指す言葉なのです。実に何とも言えない良い言葉ですが、こんなすばらしい純粋日本語が、忘れられてしまって誰も使わなくなっているのは何としても残念なことです。

私は、この『秀真伝』を読むために、他のいろいろの勉強を同時に進めてゆかねばなりませんでした。私は、元来、素養のないところへもってきて、この書が無類の稀覯本（きこうぼん）とあっては、やればやるほど、後から後から調べねばならぬこと、読みたいものがでてきて止めどがありません。

写本の内容

さてここで、私が古本屋から入手した写本『秀真伝』について簡単に説明しておかねばならないでしょう。この文書は、その後の私の一生のコースを大きく変えてしまったばかりか、後述するホツマツタヘ全巻発見の導火点をなすものだからです。

同書は菊版（A５版）、五十八枚の表裏両面に楷直な文字でびっしりと書かれていました。開巻第一頁には、右肩に「近江国高島郡産所村三尾神社神宝」とあり、左よりに大きく「秀真伝」とあり、「ホヅマツタヱ」とカナが振ってありました。今からすれば、「ホヅマ」のヅは濁らないでツと言った方が正しく、「ツタヱ」のヱはヘと書かるべきだったと思います。

目次を作り、古代文字に訳語を当て、枚数を調べてみると、次のようになります。

一、「秀真政伝記ヲ奉ル文」（正木昇之助、小笠原長弘）　三枚
二、私考（正木昇之助）　一枚
三、「神字用格」（正木昇之助）　四枚
四、「自序」（和邇估容聰（わにこやすとし））　三枚
五、ホツマツタヘの原文（振仮名つき）
㋑ホツマツタヘオノブ（秀真伝を述ぶ）　六枚
㋺キツノナトホムシサルアヤ（東西（きつ）の名と穂虫去るアヤ）九枚
㋩アメナナヨトコミキノアヤ（天七代トコミキのアヤ）　八枚
㋥ハラミツツシムオビノアヤ（孕み慎しむ帯のアヤ）二十四枚

まず、「一、秀真政伝記ヲ奉ル文」を見ると、この写本は明治七年七月、左院十二等出仕正木昇之助と愛媛県士族小笠原長弘の両名が日本古代文字による『ホツマツタヘ』なる文献を宮中に捧げるために書かれたものであることが分かります。

このホツマツタヘは、第十二代景行天皇時代にオホタタネコノ命により同天皇に捧げられたものといいますから、これが真実なら正に驚天動地、形容する言葉を知らないほどの貴重な文献であるはずです。

この書物はその後どういう経路をたどったかは分かりませんが、ともかく大国主命の裔（すえ）で神武天皇時代のクシミカタマノ命七十八世の子孫に当る徳川安永年間の和邇估容聰（わにこやすとし）が家宝として伝来してきまし

た。クシミカタマノ命から数代後がオホタタネコノ命に当たることになるから、容聴は当然オホタタネコの後裔でもあるわけです。

ホツマツタヘは全部で四十アヤありますが、そのはじめから二十八アヤまでがクシミカタマノ命の執筆、後二十九アヤから四〇アヤまでがオホタタネコノ命の執筆であるといいます。一アヤから二十八アヤまではすでに書かれて保存されていたものを、オホタタネコノ命が自分の執筆分と一緒に景行天皇に奉呈したのでした。すると、この書は景行天皇時代に成立したとはいえ、その前半三分の二の部分は神武天皇時代にまで遡ることになります。これは今日の常識ではとても考えられないことです。

ところで、このホツマツタヘは奉呈文の筆者小笠原長弘の叔父小笠原通当なる人物によって、天保年間に発見されたのでした。通当は当時、京都御所近くに鎮座していた延喜式内社の左京二条坐神社、通称天道宮の神主だったのでしたが、たまたま近江国高島郡産所村三尾村を訪ねて、古老からこの書のあることを知らされたのでした。向学心に燃える通当はこれを京都に拝持し、鋭意読解に努めました。この結果が『神代巻秀真政伝』十巻となって天保十四年に出版されたのでした。

通当没後、長弘はホツマツタヘの原本を三尾社に返納し、一方自家のためにも一本を筆写し、家宝として郷里の四国愛媛県の宇和島に伝えてきました。それが「明治のよき時代を迎えたので、ここに宮中に奉呈したく思い立った」というのです。

「二、私考」は、正木昇之助によって書かれています。正木は後に宮城控訴院検事になった人物で、滋賀県東浅井郡竹生村出身であることが分かったのです。そう分かるまでにはかなり苦労させられました。

この項は次にくる同人作の「三、神字用格」と、その次の和邇估容聴の「四、自序」への註のようなものでした。

「三、神字用格」とは、ホツマツタヘに使われている文字の解説で、初めてこの文献に接した私にとって大変ありがたいものでした。本文を読めたのは、この項があったからです。

「四、自序」は全文漢字漢文で、和邇估容聴自身が書いた文章。容聴は、家伝の貴書『ホツマツタヘ』の原文に長年苦労の末に漢訳をつけました。これを宮中に奉った時の奉呈文がこの「自序」です。

五七調の長歌の魅力

これまでにあげた四種の記述を読むことで、私はおぼろげながらもこの稀代の書物の輪郭を把（とら）えることができました。そしてここにみるクシミカタマノ命とオホタタネコノ命とが、古事記と日本書紀にはどのように書かれているかを探し出し、右の記載と比べながら何度も何度も読み、双方の違いがどうしてそうなのか、あるいはどちらが間違いなのか、この一点に思いを凝らしました。

そして最後にくるのが、「五、ホツマツタヘの原文」です。「㋑ホツマツタヘオノブ」（秀真伝を述ぶ）」というのは、この書の全体の序文のように思えましたが、次の「㋺キツノナトホムシサルアヤ（東（き）西（つ）の名と穂虫去るアヤ）と、「㋩アメナナヨトコミキノアヤ（天七代トコミキのアヤ」と、「㊁ハラミツツシムオビノアヤ（孕み慎しむ帯のアヤ）」とは、何のことが書かれているのかさっぱり分かりませんでした。「㊇アメナナヨトコミキノアヤ（天七代トコミキノアヤ）」は古事記や日本書紀に多少符合するようでもありますが、その他の三項は古事記、日本書紀その他の古典には出て来ないようにみえます。

いずれも五七調の長歌体で、口ずさむと何ともいえないリズム感がありました。五七調というのは平安朝以後のものだという国語学上の常識を知ってはいたものの、それに懐疑の目を向けるより歌自体のもつ何とも言えない魅力の方が私をとらえて離しませんでした。一方、分からない語を『古語辞典』で引いても出てこないのに閉口でした。不可解な語が多ければ多いほど、そのこと自体この書が古い文献であることを証明しているもののように思えました。不安の心は拭いきれないが、しかし一方、未知の底しれぬ宝庫にわけ入ってでもいるようないい知れぬ喜びにひたる感じもするのでした。

ホツマツタヘは全部で四十アヤなのに、今ここにあるのは三アヤ、するとあと三十七アヤもの大きな部分がどこかになければならない、それをぜひ見たい、何としても発見したい、という気持が胸の中に沸々として醱酵してくるのでした。

深まる本物の確信

一方、図書館への日参が始まりました。もちろん、古代文字関係の書物をみるのが目的です。上古に文字がなかったと今の学者は言いますが、調べてみると肯定論者も多いことを知りました。私は夢中に

右神世字天思兼命所撰云。對馬國卜部阿比留中務傳之。
○一本云。右日文者。日神勅思兼命所製也。筆法秘傳。意把筆。運筆。全假。離合。廣文。縮文。以上七條。卜部家口傳。

○神字日文傳上

平田篤胤『神字日文伝』所載の日文文字

なってそれらの書物をあさっていきました。しかし例えば、新井白石『同文通考』四巻はうる所がありませんでした。平田篤胤『神字日文伝』は期待したのでしたが、ホツマツタヘについてはほとんど記載がありませんでした。というより、巻末の『疑字篇』という所に、彼の集めた三十一種の所謂神代文字の中にこのホツマ文字が入れられているのを発見しました。彼の信ずる「日文」という文字以外のこれらの文字は「疑字」即ち疑わしいということです。明治二十一年の落合直澄『日本古代文字考』は土器等の図を集めている点では珍しいものではありましたが、ホツマツタヘ研究の上ではあまり参考になりませんでした。

閲覧した図書は、まだ他にもありましたが、これと言ってとりあげる内容のものがないのには失望しました。ましてホツマ文字やホツマツタヘについて

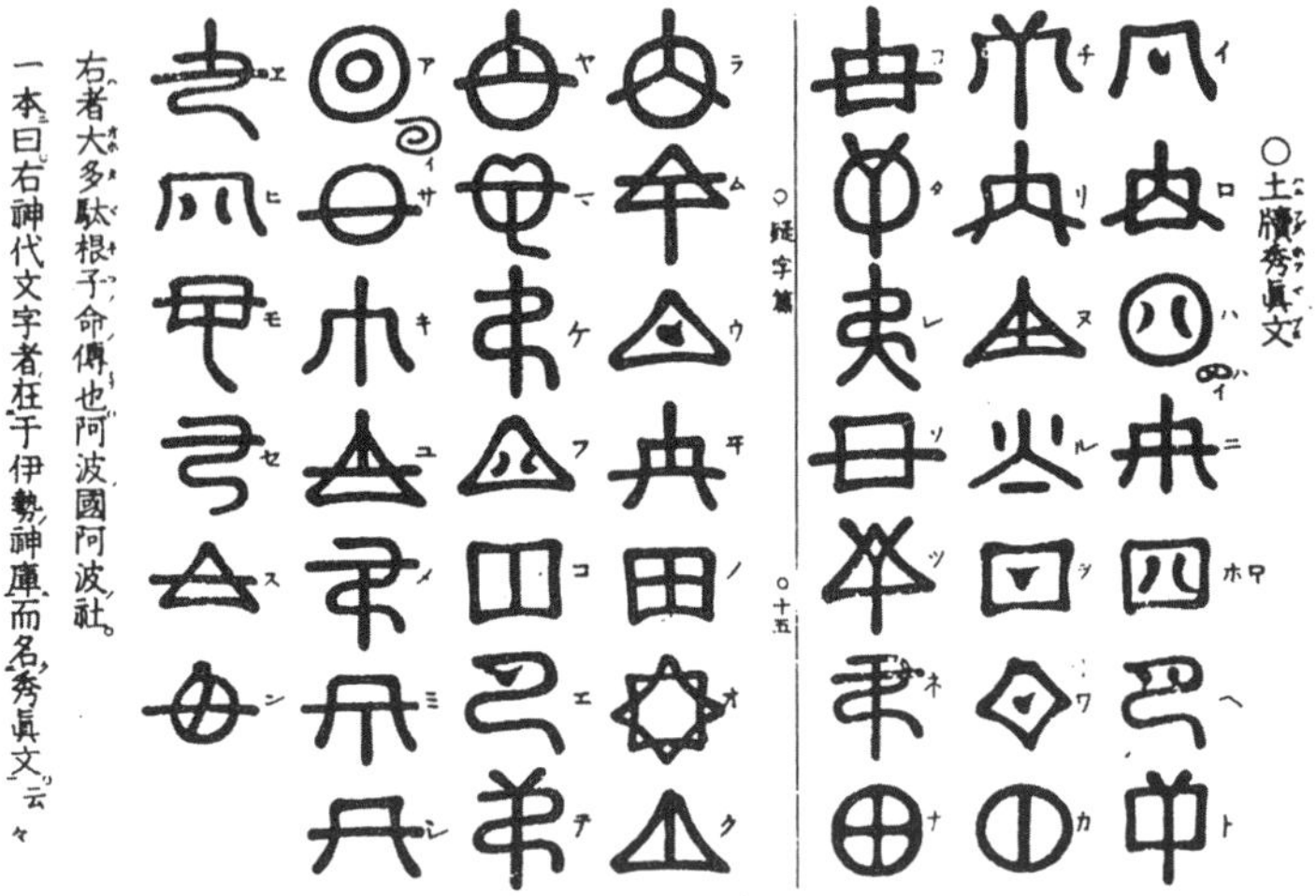

○土牘秀眞文

○疑字篇

○十五

右者大多駄根子命傳也阿波國阿波社。
一本曰右神代文字者在于伊勢神庫而名秀眞文云々

『神字日文伝』末尾の「疑字篇」にホツマツタヘや[illegible]の文字がある

の記述がほとんどないのは、専門家の間でも、このホツマツタヘを読んだものがいなかったからなのだろうということが分かりました。

いま篤胤『日文伝』のように、たとえ僅かな記述があったとしても、私の得た写本の内容とは大事な点で異なっており、結局これまでの学者はホツマツタヘについてまるで知らないことがはっきりしたのは収獲でした。まさにこの書は新発見に相違ないことがほぼ確かめられたからです。

ところで、小笠原長弘はこのホツマツタヘを三尾社へ還納したと書いています。これが真実なら、今日まで百年の経過があるとはいえ、この書はまだ同社に保管されているかもしれません。そうあってほしい、私は祈るような気持で、あれこれと思いをめぐらしたのでした。とうとう、居てもたってもいられなくなり、近江国高島郡産所村の三尾社に行こうと決心しました。東京で分かるだけのことは調べようと諸書をあさったのですが、はっきりとしたことの書いてあるものを見つけることが出来ませんでした。

それにしても三尾社とはどういう神社なのでしょうか。どうしてホツマツタヘが近江国のこの神社のご神宝としてあるのでしょうか。また、小笠原長弘は、愛媛県士族とあるからには、松山か宇和島の藩士でしょう。それなら分からないことはないと思うが、和邇估容聰の方はどこをどう探したらいいのか見当もつきません。しかし、ともかく、行こう！　こうして、私は東京を後にしたのでした。

近江三尾神社を求めて

「チョット、すいませんが、産所村というのは、どういったらいいのでしょうか」

私は小さい紙片に心覚えに書いたメモを見ながら、駅員にこう尋ねました。二度、三度、繰り返しても、若い駅員は全く分からないようでした。

「百年前には、たしかに産所村というのが高島郡にあり、そこに三尾神社という神社があったのですが」

私は、そう補足しました。

「そんなら、田中神社の宮司さんにきいてみたらわ

○同十二支

「疑字篇」に載る
神代文字のうちの3種

かるやろ」

年輩の駅員がそうつぶやくと、電話で宮司さんを呼び出してくれました。江若鉄道、今は国鉄湖西線になっていますが、浜大津駅から一時間数十分、琵琶湖の北の隅にある安曇川（あどがわ）駅でのことでした。近くに近江聖人の中江藤樹の藤樹書院があります。正確に言えば、滋賀県高島郡安曇川町です。

親切な駅員が呼んでくれたハイヤーに乗って行くと、田中神社は、意外に宏壮な社でした。はるか彼方まで階段がずっと続き、脇の舗装されていない道を車で一気に登ると、宮司さんが外に出て待ってくれていました。

「産所村のことをお尋ねの方があるときいて、とても嬉しくなりました」

この宮司は、伊藤範勝（のりかつ）という六十五、六歳の背の高いガッシリした村夫子でした。昔は広大な土地を神領として持っていたが、自分で額に汗して耕してゆかねばならぬようになってから久しいと言います。久しく話相手がなくて押えていたものが一気に吹き出た感じで、伊藤宮司の話は、とめどもありません。家代々、この宮に仕えている古い家柄ということ、祭神のこと、土地の歴史、先代の父のこと、それからそれへと話は続きます。私はその話に、全神経を傾注して聴き入りました。

意外な返事にガッカリ

田中神社の祭神はソサノヲノ命です。田中神社というのは明治になってからの改称で、昔は午頭（ごづ）天王と言い、古くから田植神として信仰する人が多かったということでした。息もつかず話し続けてから、伊藤宮司はふと、思い出したように、

「いや、私ばかり夢中になって話してしまいましたが、はるばる東京からこんな所までおいでになったのは、どういうわけなんですか」

私の顔をのぞきこむようにして尋ねました。ようやく、お鉢が私の方へ廻ってきたのです。なぜこの土地にきたかを詳しく話すと、老宮司は目を丸くして驚き入った表情でした。東京からもってきた『秀真伝』の写本を見せると、伊藤宮司の答えはこうでした。

「お探しの三尾神社は、いまこの田中神社の境内にお遷し申し上げてあります」

私は一瞬、何の事か分かりませんでした。

「三尾神社をこちらにお遷ししたのは私の親爺の時代です。大正四年頃のことと思います。神社の鎮座していた産所村というのも、もうありません。そうですね、四、五軒の農家があったでしょうか。小さい部落でしたね。昔から赤井の泉というのが湧くし、朝日は輝き、実に何とも言えないいい所でしたが、今は一軒も残っていません。ともかく、そんな宝物があれば、当然先代からきいているはずですが、一言も言われたことはありません。今、はじめて聞いてビックリしているんです」

私の胸のふくらみは、風船玉に針をさしたようにしぼんでゆくのをどうすることも出来ませんでした。

私は、頭の中で『秀真伝』のはじめの部分に添えてある「上奏文」の中の、次の数行をもう一度繰返し

ていました。東京で、何度も何度も読んだあの一節です。

「叔父小笠原通当、……日夜潔斎神旨ヲ講究シ感得スル有カ如シト雖モ不幸ニシテ世ヲ没シ嗣ヲ絶ス。臣長弘 父兄の督責ニ依リ遺訓ヲ伝敬奉粛誦間然ナシト雖モ独リ材識浅劣自ラ省尊嚮ノ志弥堅フシテ恐懼ノ念稍々加ハル。遂ニ謹テ其本典ヲ奉持シ近江ニ至リ三尾神社ニ還付ス。郷里ノ父老怪ミ来リ問フ。之ヲ告グ。彼レ打掌相慶シテ詳ニ其履歴ヲ話ス。少時所聞ノ家訓ト毫末モ違ヘズ。此ニ於テ益々粛然シテ休ス」（原文のまま、傍点筆者）

手を打って喜んだという産所村の老人の子孫に会いたい。それは東京を発つ時からの私の願いでした。しかし、こうして現地にきてみれば、ご神宝はおろか三尾神社も、村自体もすでにないのです。残念無念の思いが、一度にどっとこみあげてくるのを感じました。

三尾神社は藪の中に跡だけ

それでもすぐ思い直しました。この宮司だけが知らないのかも知れない。目的地にきた以上、もっと徹底的に調べよう、と。

伊藤宮司の案内で、私は田中神社の神殿に参拝しました。ご神前に額づいたあと、私は次々に摂社を参拝しました。本殿から右へ国常立命の宮、日吉山咋（ぐひ）の宮、応神天皇の宮、瓊瓊杵（ににぎ）命の宮、安田社があり、また本殿から左へ仁徳天皇、同若宮の宮、菅原道真の宮、蛭子の宮と続き、一段低い所に太力男

田中神社境内の安田社

命の命があります。

さて伊藤宮司の説明によると、この安田社というのが、もと産所村に鎮座していた三尾神社なのだそうです。お屋代ごとそっくりこちらに遷したといいます。それは先代の時代、大正十四年十二月五日でした。祭神は継体天皇のご父母、彦主人王、振姫の二柱です。もしかすると、このご内陣の内に私の求めているホツマツタヘは納められているかも知れない。伊藤宮司も同じ意見でした。老宮司が扉を恭しく開くとコマ犬が左右にきちんと坐っていました。中央のお鏡の右下に小さな鍵穴が見えます。伊藤宮司は一心に開けようと努力してくれましたが、開きません。何としてもダメなのです。後でまた試みてもらうことにして、ひとまず切りあげました。

私は伊藤宮司の後について町にでかけました。二人とも自転車です。もしかしたらホツマツタヘを保存しているかも知れないという心当りを尋ねて歩くためです。

旧産所村の三尾神社があったあたり一帯は竹藪でした。うす暗い中をあちこちと探し廻った末、ようやく見つけることが出来ました。「三尾神社旧跡」という石碑が苔むしていました。その右にはもたれ石が静かに眠っていました。実を言うと、継体天皇は三ッ子だったということを私はこの土地にきて初めて知りました。古事記にも日本書紀にもそのことは少しも書かれていません。三ッ子は全部男子で、いずれも立派に成長しました。その母親の振姫がこの石にもたれて休んだということから、この石に触れれば安産できるという信仰が生れ、徳川時代まではなかなか盛んだったといいますが、今はいかにも痛ましい様子でした。

三尾神社の跡（右端はもたれ石）

次に訪ねたのは、三重生（みおう）神社。この社は延喜式に載っています。祭神は同じく彦主人（うし）王と振姫の二柱。畠仕事をしている世襲神主さんをつかまえ、ホツマツタヘのことを尋ねると、まるで初耳だと答え、

「そういうものがあれば、いいんだがねえ」

と、残念そうにつけ加えるのでした。一日かけ廻って何も得ず、遂に日没です。

収獲は神社縁起の古文書

その晩、私は安曇川町青柳の志村市衛さん方にお世話になりました。志村氏は翌朝早くから、息子さんの車であちこち案内してくれました。

三重生村の松本家を訪ねたのは成功でした。そこには沢山の古文書が保存されていたからです。その全部をお借りし、東京に持ち帰ることを許されたのも幸せでした。

家に戻ってから丹念にその一枚一枚を読みほぐしていきました。そして嬉しかったのは、その中に『三尾大明神縁起』というものがあり、そこで和邇估容聰なる名前に出会ったことです。私は容聰が三輪という〝氏〟であったことを、この『縁起』で初めて知りました。恐らくは、この『縁起』は三輪容聰の筆になるものであろうと思われます。さきの『秀真伝』添付の、容聰の「自序」なるものの感触とここに盛られる記述の雰囲気とがあまりに近いからです。これによると容聰は霊感の豊かな人であったようです。国粋家ではあったが、当時の山岳仏教にかなり強い影響を受けていたようでもあります。この『縁起』はさまざまのことを私に教えてくれましたが、また分からない点も多いのです。

それにしても、容聰秘宝のホツマツタヘが、なぜ、三尾神社のご神宝となったのでしょうか。容聰は「自序」の中で、三十何年間もホツマツタヘの翻訳のために、各地を歩いたと書いていましたが、その結果、この三尾郷が飛びきり大事な地であることを発見して、ここ産所村に落ち着いたのでしょうか。『縁起』の内容はホツマツタヘの知識から出たものではなかろうかと思われます。三輪容聰が書いたものであれば当然そうなるわけです。

今度の近江国への旅行で、目指すホツマツタヘそのものに出会うことが出来なかったのは残念至極なことでした。しかしホツマツタヘへ一歩も二歩も近ずけたことは確かです。

家にかえり数週間後、田中神社の宮司さんから、三尾神社のご内陣を開けたが、三柱のご神体で一杯で〝ご神宝〟のホツマツタヘはなかったという手紙をもらいました。しかし、私は落胆はしませんでした。考えられる幾つかの方向について、探索を進めつつあったからです。

宇和島のどこかに

私は以前にもまして諸書、諸記録を渉猟し、ホツマツタヘの所在を激しく追って行きました。東京在住で松山市久米（くめ）出身の中村日応上人から借りたものの中に、三宅千代二編『愛媛県町村沿革史』という書物（昭和三十九年刊、愛媛出版協会）がありました。この本のなかで、私は重大な発見をしたのでした。大正五年、宇和島町が丸穂、八幡両村を合併して市制への足懸りをつくった記事のくだりに、合併委員の顔ぶれが載っていて、丸穂側五氏のうちに小笠原長道という人がいたのです。これだ！と私は直感しました。これこそ、わが求める小笠原長弘の縁続きの方に違いない！　私はそう思うと、今度は小笠原長道なる人物を調べにかかりました。この結果、氏は山林かつ新田大地主であり、養蚕伝習所を設け、明治十三年には宇和島製糸会社を創立、明治二十二年には南予製糸株式会社をつくったことなどが次々に分かってきました。

「宇和島市内で旧丸穂村の小笠原という姓で、名前の第一字目に長がつく人物を調べていただきたい」と私は当時やっていた月刊『盲人に提灯』の熱心な読者で、松山市に住む篠崎顕一氏にお願いしました。小笠原長弘と一緒にホツマツタヘを宮中に献上することに努力した正木昇之助氏についても、いろいろ調べた末、南宇和郡一本松町在の正木村の住人であったらしいことをつきとめ、これも同様、篠崎氏に調査をお願いしたのでした。

「小笠原家」発見の吉報

篠崎氏の返事を心待ちにしていた私に、ようやく吉報が届けられました。篠崎氏には岡本佳子さんという女性の秘書がいて、ホツマツタヘ探索のために同氏の命で手足のように動いてくれていたのです。今度も、私の面倒な注文をうけた篠崎氏はいろいろと画策し、岡本さんが飛んでいってくれたのです。その結果、小笠原家はもちろん正木家の方も首尾は上々のようでした。「ホツマツタヘはある」というのです。篠崎氏の速達を受けとった私は、もうじっとしてはいられませんでした。すぐ電話口に立つと、口からほとばしるように電文を読み上げていました。

「ダイシユウカクオドロキマシタ。アリガタクココロカラカンシヤシマス・マツモト」（大収穫おどろきました。有難く心から感謝します。松本）

一気に交換手にこう告げると、どっと喜びが胸の奥の方から突き上げるのを押えることが出来ませんでした。

それまでの一、二ヵ月の間、篠崎氏と私との間で交された手紙は随分の量にのぼりました。ときには朝きたかと思うと、夕方にはまた速達が届くという調子でした。私がこんなことを調べてほしいと頼むと、篠崎氏はすぐ取り組んでくれました。そして岡本さんがあちこち駆け歩いてくれたのです。市内の郷土史の権威や愛媛大学の教授はもとより、松山からかなりの距離の宇和島市やそれからまた三時間余も奥の一本松町までも飛んでくれました。そして、ついにホツマツタヘを祖先伝来秘蔵する小笠原家をみつけてくれたのです。

小笠原家の当主は、さきに書いた長道氏の甥の長種氏ということも分かりました。ただちにその小笠原長種氏へ私は手紙を書きました。もうじっとしてはいられない。手帳を繰って出来るだけ早く東京を発つ日を決めにかかったのは言うまでもありません。

目指す書物は焼かれていた

数日すると、篠崎氏からまた速達が届きました。これには小笠原氏の手紙も同封してありました。篠崎氏の手紙にはこう書かれていました。

「……小笠原様の手紙をみてあまりの事に茫然としました、一瞬、力の抜けるのを覚えました。折角、ここまで来ながらと思うと涙さへ催して来ます。何と申し上げてよいか言葉もありません。お手紙を同封致しますからご覧下さい。小生にはこれ以上書けません……」

不吉な予感が、私の体中をさっと電気のように走りました。その文面を拡げる私の手がわれながらもどかしく感じられます。そこには次のように書いてあったのです。

「……秀真伝は拙宅にありましたが、昨年あまり汚れていて尊とい本として、甚だ不敬になると思ひ、先祖の霊前で謹んで焼却しました……」

私は読み違いであることを願いつつ、この二、三行の文字の上に、何度も目を走らせました。三尾神社訪問が成功しなかった私は、またしてもここで悲運に沈まねばならないのか。それにしても焼いてしまうとは何ということか、激しい言いしれぬ思いが胸を突き上げて耳がジンジン鳴りました。

小笠原氏の奥さんのお手紙も入っています。そこにはこんなことが書いてありました。

「……父上は非常な敬神家で名もなき学者だったと聞いております。大昔からいろいろな書物が沢山ございましたが、まだ残っているものもございます。父上の書いた物の中から二冊だけお目にかけたいと存じます。松本様へも私共うれしく存じますことをお伝え下さいませ……」

ここにある「父上」とは小笠原長武という方で、私が初めて知った方でした。現当主、長種氏の実父で、やはりホツマツタヘに一生を捧げた学者で、神道家でもあったようです。後で送られてきた長武氏の書いた二冊の写本をみるに及び、並々ならぬ傑物であったことがはっきり分かり、私は新たな発見に目を見張りました。たとえ、目指すホツマツタヘは焼かれて無いとしても、このような写本やその他の古書が沢山あれば、それだけでも収獲です。ともかく行こう。私の宇和島行きの気持ちはつのるばかりでした。

伝来の書が出現

その数日後、今度は小笠原長種氏から直接、私に宛てて速達が届きました。

「……初めてのお便りがどうもそうではなく親交久しき感じが致します。これ神典の致すところ有難き次第です。私の不注意から尊といホツマツタヘを雨もりと鼠害とで汚しました。神に対し先祖の努力に対し相済まぬ気持でした。且つ私は今年七十五歳になり、余命幾ばくもありません。息子もありますが、この尊とい神典の維持は覚束ないと思い、再び不敬に至ってはならぬと、一昨年冬妻と相談して先祖の霊前で、謹んで焼却しました。すみません、お許し下さい。

ところが、昨日（七月十四日）貴殿ご発行の御誌『盲人に提灯』の五巻六号を頂き、拝見すると、先祖のことが述べられてあるではありませんか。ほんとに有難く思ひました。奇しくも其の日、八冊のホツマツタヘが拙宅の二階から現れました。これは縦二一・五糎、横二十糎の大きさ、褐色の表紙和綴で筆書きです。奉焼したのは上等の白色紙質、美濃大形半紙、立派な和紙でした。一字一字丁寧に書き漢字の併記あり、三十か四十か大部数でした。甚だウカツの話、恐縮です。私の子供の頃、父長武が毎日毎日、机に向って真白で立派な半紙に神字を書いていたことを覚えております……」

そして通当氏の子孫の小笠原治三郎氏の京都の住所や小笠原家の系図なども書き添えてありました。通当氏とは、二百年前、ホツマツタヱを三尾神社で発見した方であることは前に書きました。私はこの手紙をみてホッとしました。たとえ少しでもこの奇書がでてきてよかったと思いました。そして長種氏がどんな気持で、この神典を焼却したかがよく分かりました。さらに今、氏がどんなに悔んでおられるかも分かりすぎるほどよく分かりました。その心中を察し、今後一切、このことには触れまいと心に決めました。

お手紙に添えてあった次の系図を拝見すると、ホツマツタヱの発見者、通当氏、その甥で宮中に奉呈した長弘氏、そしてまたその甥になる長武氏と、まさにホツマツタヱに捧げる三代の苦心ともいうべきものです。約百年の間、心血を注ぎ、脇目もふらず、ねばり通した悪戦苦斗の記録がここに脈うっているのを感じて、私は心から感動しました。その翌日、もう耐えられなくなった私は東京をあとにしたの

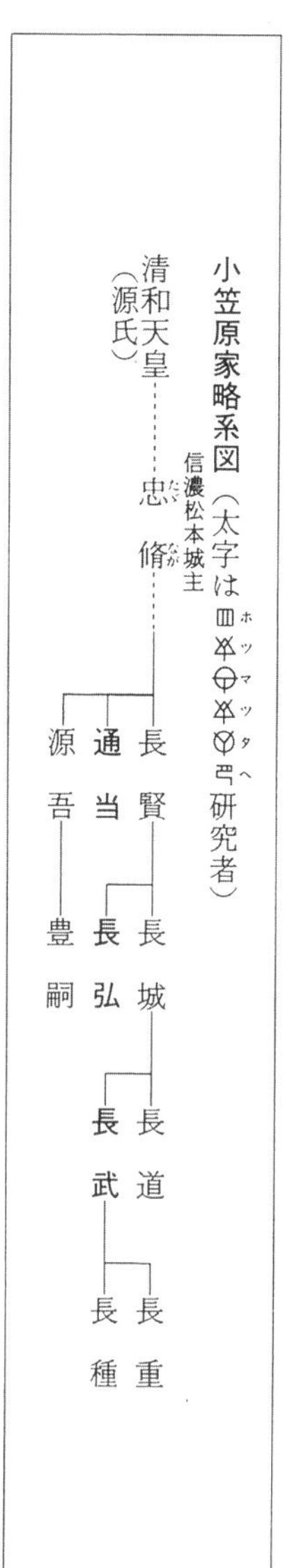

でした。

小笠原家の系図の長さ

宇和島へ直行する前に、私は京都で途中下車しました。通当氏の孫の小笠原治三郎氏を訪問するためです。手紙を差し上げておいたので治三郎氏は私の訪問を心待ちにしていてくれました。お宅は京都御所に近い所でした。家業の電気機具販売店を息子さんにまかせ、悠々自適でした。この年九十二歳、矍鑠たるもので、奥さんも八十九歳、夫君よりもっと丈夫だと言います。

私は安置された通当氏の神官姿の木像の前に額づいて柏手を打ちました。

治三郎夫妻は、巻物になっている系図や古文書などをたくさんひろげて説明してくれました。私は古い家柄の系図というものを初めてみて目を見張ったものです。平安時代の清和天皇（八五九年）から発して今日までの千数百年の歴史がそこに生きていました。ぐるぐる巻いてあるので、一体どのくらいの長さになるか見当がつきません。古文書の中にはこんなものもありました。平安朝の高倉天皇（一一七一年）の時、妖怪が皇居を悩ましたので、小笠原遠光が紫宸殿に登り、鳴弦の秘法をもってこれを退治し、家紋に「王」の字を賜り、江州志賀郡に知行を賜わったとあります。

こんな時代から近江国とは縁があったのだから、ホツマツタヘを三尾でみつけたのも、あながち偶然だとは言えない、と思いました。その後、松本城主だった忠脩は大坂の陣で戦死したので、一子左京を家臣の郷里、伊予の宇和島に〝隠子〟として落しました。その後、仕官の道を絶って宇和島に住むようになりました。その後、分家して通当は京へ出、以後京住いというわけです。

私は写しをとるため、午後三時から九時まで机に坐りづめでした。治三郎翁もそばにつききりで、時折、説明してくれます。とうとう時間切れで、写し残した『小四郎京学日記』と『当家代々小笠原氏家帖』とを拝借することを許していただきました。前の小四郎とは通当氏の幼名で、これは宇和島から京都へ修業にでかけたときの日記であり、後は先祖由来記です。通当氏は文政二年生れ、京に出て垂加神道家、玉田永教の弟子になり、のち天道宮の宮司として六十四歳で歿しました。ホツマツタヘを発見した功績は実に大きく、前述の「神代巻秀真政伝」十巻という大著があります。通当氏についてはなお知りたいことが多いのですが、まずは子孫の方にお目にかかれ、古文書を写させていただいたことで満足することとし、治三郎ご夫妻のぜひとひきとめるのも辞してその夜のうちに、私は四国に渡る汽車に乗っていました。

小笠原通当氏像

翌朝早く、松山に着きました。何としても篠崎氏にお礼にうかがわなければなりません。篠崎顕一氏は久万の「雪娘」という醸造元で、戦時中まで銀行の頭取もやっておられました。仕事は養子さん任せ、松山においでの時の方が多いらしく、高雅なお人柄で趣味も深い方でした。岡本さんにも会えました。調査と事務処理に卓越した能力を持つ未亡人で、お孫さんもあるそうです。篠崎家の皆さんに総出で大歓迎され、ホツマツタヘ発見までの苦心談に花が咲きました。次の日早く、私はいよいよ宇和島行きの列車に乗りました。

虫食い本と感激の対面

宇和島駅に着くと、小笠原長種氏が迎えに出てくれていました。しかし私はそれと知らずタクシーでお宅へ直行しました。小笠原新田（しんでん）といえば、誰も知らないものはないそうです。奥さんと初対面の挨拶をしている所へ、当の長種氏が駅から戻ってこられました。

劇的シーンというのは、こういうことを言うのでしょうか。世の理解を得られず、小笠原家三代百年の間、あらゆる努力にもかかわらず埋れ埋れて、もうダメかと思い焼却まであえてした大事について、突如として、それを追い求める者がはるばる訪れたのです。

「もう何といっていいか分かりません。有難くて親父も、さぞや喜んでいることでしょう」

長種氏は大きな頑丈な体を固くして目に涙を一杯ためてこう言いました。七十五歳には見えぬほどとても若々しい。そばで奥さんが、言いました。

「夢のようです。まだ、どうしても本当とは思えないんです。こんなに嬉しいことはありません。それにしても申し訳ないことをしました」

申し訳ないというのはホツマツタヘを焼いてしまったことを指すのでしょうが、私はもうそれには一切触れませんでした。しかしこの時ほどきてよかったと思ったことはありません。

床の間に、父上の長武氏の大きな写真が飾られていました。深々と頭をたれたのはもちろんです。すばらしいお顔です。細面、白髪、頬骨が高く、眼光まさに射る如し。いかにも七十二年の一生を「秀真」一筋につらぬき通した面魂です。

長種氏との話はさっそく本筋に入りました。

「あとから出てきたホツマツタヘはこれです」

小笠原長弘氏

長種氏は八冊の虫食いの激しい立派な写本をみせてくれました。長武氏の筆跡と言います。しかし、全部は揃っていませんでした。でも、こうして焼失を免れたのは何としても幸せです。何ものにもかえがたい有難いことでした。後で調べたら十七アヤから四十アヤまであります。初めの一アヤから十六アヤまでの部分が欠けているのでした。

「これは、親父が書いたものです」

長種氏の差し出す大きな箱三個を開けてみるとぎっしりと遺稿が詰っています。いずれも細字で謹直な文字で書かれているではありませんか。「秀真伝とは何か」、「祖先の濡衣（ぬれきぬ）」、「神の御稜威」等々、いずれもホツマツタヘをテーマにしたものばかりです。

「有難い！」私は思わず叫びました。ホツマツタヘの原典は非常に難解で、正直のところ歯がたたないのです。私の持っている三アヤ分については既に百回以上読んでいます。しかし口惜しいが半分ほども分からないのです。これがあればどんなに助かることか。長武氏は、叔父の長弘氏から多くを学んでいるに違いありません。さらに長弘氏はその叔父の通当氏にまた多くを学んでいることは確実です。その結晶がここにあるのです。私の心は躍りました。私の様子をみて、長種氏夫妻はひどく嬉しそうでした。

さらに全巻が桐箱から

次に、私は通当氏の甥の長弘氏のお孫さんで、いま写真館をやっている長恭氏を訪ねました。もしかするとホツマツタヘがあるかも知れない。また、長弘氏と共に宮中にホツマツタヘを献じた正木昇之助氏の消息がわかるかも知れない。そう思うと、私の胸はおどりました。しかし、返事は次のようなものでした。

「本は沢山ありましたが、親戚の者に古本屋があってチョクチョクやってきては鼠が引くように持って行ってしまいました」

なるほど、想像していたような書籍も古文書も多くは残っていませんでした。しかし、桐箱入りのものとその他の書き付やらメモやらが少しばかりありました。お顔の写真もありました。さっき拝見した長武氏とよく似ています。桐箱を後で調べてみると、何とホツマツタヘ全四十アヤあるではありませんか！　長弘氏の筆であるのは確かです。ああ、よかった！　大成功だった！　私は思わず万歳を叫びました。これまで保存して下さった長恭氏に心から感謝しました。古文書やメモも僅かでしたが、私にとって願ってもないことが書かれていました。

長弘氏は叔父の通当氏を慕って安政四年京都へ出たのです。系譜によると、明治二年禅正台へ出仕の後、愛媛県、徳島県などへ勤め、同十九年から二十四年までの五年間、長門の安徳天皇をお祀りしてある赤間宮（旧官幣大社・赤間神宮・下関市阿弥陀寺町）の宮司となり、二十五年郷里に帰り大社教の大教正となり、三十九年七十七歳で亡くなっています。武道にも練達していたようで、柔、剣道の免許を示す巻物が何本もありました。

長弘氏のメモのうちの二枚に私は強くひきつけられました。その一枚は当時、ホツマツタヘを秘蔵していた人についての聞き書きで、明治二十三年大久保芳治という人から長弘氏が聞いた時のメモなのでした。

小笠原長武氏

僅か二十数行のものでしたが、ホツマツタヘ探索行動の今後にとって有益なものです。中でも「安永の頃、漢字の注を収めし和邇古氏の裔、南市村伊保祐之進という者あり」という一行は私にとってすばらしい発見でした。前に私がしきりに分からない分からないと悲鳴をあげ続けていた和邇古容聰即ち三輪容聰、ホツマツタヘを千数百年にわたり代々秘蔵してきた、クシミカタマノ命の七十八世の裔孫というあの和邇古容聰の俗名が伊保祐之進だというのです。しかも近江国南市村という住んでいた場所まで分かったのです。

古文書、稀書も続々

もう一枚の古文書は、次のものです。

一、神載山書紀　三巻
一、生洲問答　壱巻
一、神勅基兆伝太占書紀　壱巻
右三部之神典ハ大物主櫛甕玉命ノ後胤　和邇彦淡海国和邇村ニ蟄居ス其遠孫和邇古容聰俗称井保勇之進（安永年間ノ人ナリ）ノ家ニ伝来ノ秘書ナリシニ死後絶嗣親族ノ家ニ伝フ　故アリ売却スルニ至リ稀世ノ真伝ナル事ヲ信シ購求シテ秘奉スルニ年アリ　今回貴殿ノ篤志ニ感激シ御懇請ニ応シ謄写ヲ諾シ正ニ譲与ス　茲ニ伝来出所ノ概略ヲ叙シ後証トス如件

明治三十六年八月七日

江州高島郡大溝　野々村立蔵 ㊞

伊予国宇和島　小笠原長弘殿

右のうち、俗称井保勇之進とあるのは、さきのメモの伊保祐之進と同一の人物であるに違いありません。音読すれば同じになります。「大物主櫛甕玉命」の裔孫はこれを以て絶えたらしく、右の三部の秘書は親族の家に伝来し、末は売却という状態に立ち至ったもののようです。それを野々村立蔵という篤志の人が購ってもっていたのを、大久保なる人物から聞き知った長弘氏が、十三年後の明治三十八年に野々村家を訪ねて謄写を許されたのでありましょう。

この文書によれば、三部の宝典は、長弘氏の家に伝わっているべきですが、前述の通り親戚の古本屋が持ち出してしまったのか、今はありません。ところが幸なことに長武氏が長弘氏から借りて写したものがあったのです。それを私は前日、長種氏のお宅で見たばかりでした。『生洲問答』と『神勅基兆伝太占(ふとまに)書紀』の二冊がそれです。ただし『神載山書紀』の方は見当りませんでした。これはミカサフミと読み、『三笠山紀』もしくは『三笠紀』と同一のもので、古代文字ではミカサフミと書きます。この書物は、ホツマツタヘ同様貴重な書物であったのですが、惜しいことをしたものです。

『生洲問答』というのは、安永八年、三輪容聴の著述で国生みについての『日本書紀』とホツマツタヘとミカサフミとの異同についての問答態で述べられた記録です。その書にはホツマツタヘやミカサフミ

小笠原家の墓地

という神典がどのようにして伝わったかが書かれているから重要な文献といえます。久しく求めていて分からなかった三輪容聴の輪郭もその著述を得て大体がつかめました。

もう一冊の『神勅基兆伝太占書紀』というのは、もとの名をフトマニといい、古代文字で書かれた貴書であり、稀書です。太占ということについては、少し神道を学んだ者にとって、神に至る正道であり、最も重大なものということまでは理解できてもその先がどうにもこうにも踏みこめない最大難関なのでした。これまで何人もの俊秀がこの難関に立向いはしましたが、成功したとは言えません。私は直感で、この『神勅基兆伝太占書紀』という書物は超稀覯書だと思いました。

絶大な小笠原家の功績

その日、最後に、私は小笠原本家の墓地に案内してもらいました。小笠原家には、長城氏、長道氏のように、産業、経済の面で立派な業績を残した人々もいます。それらの人々は地方史にも名を残していますが、ホツマツタヘを守った功績についてはもちろん誰も語ってはいません。これまで教育委員会などから調査にきた者に小笠原家の古文書を見せても振り向きもしなかったということです。

「無理解な世間に負けず、よくもこれまで頑張って下さいました」

私はお墓の一つ一つに敬虔な気持をこめて頭を下げました。

その翌日、私はここから南に三時間もかかる一本松の在の正木村へでかけていきましたが、小笠原長弘氏と共に宮中へのホツマツタヘ奉呈に努めた正木昇之助氏については、残念ながら得るところがありませんでした。

最後に繰り返すことになりますが、通当氏は何と言ってもホツマツタヘ発見者としての功をたたえねばなりません。ついで長弘氏はホツマツタヘを宮中に献じ、三輪容聰氏の遺書その他を手に入れてくれたのでした。長武氏はこれらを全部に渉って集大成し、多くの著述を残しました。通当氏は天道宮、長弘氏は赤間宮の宮司でした。長武氏だけはどこへも出仕せず、一生を机に向って過し、ホツマツタヘ一筋に生き、機会ある度にホツマツタヘを世に出そうと試みました。しかしホツマツタヘが世に出るためには、時代が少し早すぎたせいか、耳を傾ける者がなかったのでした。

苦闘十五年間の歩み

予備知識不足で急がば回れ

ホツマツタヘを発見した私は、ただちにその研究にとりかかりました。宇和島から拝借した古文書類は全部読みました。そしてホツマツタヘの本文の読みにかかったのです。

さて始めてみると、何と予備知識の足りなさよ、でありました。おはずかしい話ですが、日本書紀はもとより古事記さえも満足には見ていない自分の浅学にあきれるばかりです。そう思って、古事記を読み始めると、今度は解説書を開かねばならなくなります。解説書をみていると今度は研究書を見たくなり、研究書を見ていると、一般上代史はもとより国語学、考古学、民俗学と読みたい本はとめどもなく広がる一方でした。

つまり、肝心のホツマツタヘを読もうとすればするほど、皮肉にもホツマツタヘは、どんどん向うの方へ遠のいて行くのでした。これにはまったく困りましたが、詮ないことと諦めて、いくら遠くの方からでも徐々にやってゆくより仕方ないと腹をきめました。急がば回れという言葉があります。これは平凡な言葉ながら、天下の正道ということを今更のように思い知らされました。古事記も日本書紀も分からないでは、結局、ホツマツタヘは分からないということは、後になればなるほど身に沁みて感じるところでした。そのことをいい直せば、古事記や日本書紀への理解が深ければ深いほど、ホツマツタヘの理解は深まるということなのでした。

特に関心が深かったのは、古事記、日本書紀がどうして出来たか、両書の関係はどうなのかという成立論で、これらの著書は念を入れて読みました。東北大の梅沢伊勢三博士『記紀批判』（昭和三十七年・東京創文社）は、すばらしい書物でした。参考までに言えばこの書の続篇が同社から昭和五十一年に『続記紀批判』としてでました。この両書は日本書紀を内部から分析して、書紀の方が古事記より古いと結論した、いわゆる紀前記後説というものです。これは古事記の方が日本書紀より古いと思われていた在来の考え方に真向から立ち向かったものと言えます。〝破天荒の新説〟と坂本太郎博士の『日本古代史の基礎的研究上』（昭和三十九年、東大出版会）に書かれたこの学説は、その後、多少の論議が展開されはしましたが、定説とまでなるに至らず、今は棚上げの状態にあるようです。何としても上代のこととて材料不足ということが決定的で、そうも思えるがまたこのような反論も成り立つというような弱さがあるためでしょう。しかし、同博士が、日本書紀自体の精緻な分析を通して〝帝紀旧辞〟というものが、現書紀に記述された文章それ自身の内に埋没しているとみてとったのは、烱眼この上ないと思います。

いま、棚上げされてしまっているこの説にとって、ホツマツタヘの出現は非常に有利になることは確かです。即ち、ホツマツタヘが漢訳され、それが〝帝紀旧辞〟となって日本書紀に継述されたと私たちは信ずるのですが、梅沢博士はこのうちの重要な部分を逆に日本書紀の方から立証したものに他ならないからです。

また、島根大学の友田吉之助博士の『日本書紀の成立の研究』（昭和四十四年・東京風間書房）は、なかなかの力作で頭がさがりました。細かくて面倒な上代の暦の検討から入って、現日本書紀の前に旧日本書紀なるものが存在したという論証です。意外に思ったのは、この書物についてどの学術雑誌にも、紹介の記事さえ出ないということでした。上代暦学についての知識が、読む方にないから誰も敬遠して書評が書けないということを著者は私に漏らしましたが、それでは、あまりに気の毒すぎるというものです。博士の古典諸書の片言隻句を集積して元の旧日本書紀を形づくってゆくやり方は、考古学で発掘したカケラを丹念にくっつけて完全な原形に復元するあのやり方と似ています。私たちも、今に残る古典や社寺記録、特殊神事、芸能、または民俗、年中行事、さらには郷土史（地方史）、口碑、伝説、方言などからホツマツタヘの記述の断片を汎く集めて、元の形を組み立てようとしていますから、この高著は、すこぶる示唆的でした。

友田博士の著とは関係ありませんが、暦が出てきたので、このことについて少し述べてみましょう。日本書紀の暦は支那暦をあてはめたものであり、六百六十年引きのばしているというのは、明治の那珂通世以来、日本書紀に与えられた不名誉な烙印です。私も引きのばしがあるのは確かだと思いますが、日本歴史が、それだけ短かくなるというのではなく、十三代成務天皇以後が、俄然あやしくなるのであって、神武天皇から十二代景行天皇までの間は筋が通っているとみます。なぜなら、この部分は、ホツマツタヘを翻訳したものだからです。その内でも、少しおかしなところがないではありません。それは日本書紀がホツマツタヘを忠実に訳さず、中途に他の豪族記録などからの資料を割り込ませて粉飾してあるからです。ホツマツタヘの暦は、キアヱから始まってネウトに終わる六十年一周の暦でありました。このような基盤があったのを、聖徳太子の時代、それに中国の暦を載せたか継いだかしたものを、古事記、日本書紀の頃、また、いじったのだと思います。私はホツマツタヘと日本書紀の記事全部を対照してみて、紀年においても、日本書紀がホツマツタヘの翻訳であることは間違いないと知ったのです。

ホツマツタヘ記載の天皇はじめ登場人物は、総じて長寿です。今は寿命が、六、七十年だから、昔があんなに長いのはおかしいというのは、浅はかな考えで、下司の勘ぐりというものです。神武天皇から景行天皇までの、十二代八百五十年という長い間、天皇はじめ皇太子、后、重臣などたくさんの人物のあやなす歴史の内で、一人に作為を施せば、必ずそれは他に累を及ぼさないではおきません。ホツマツタヘを翻訳翻案した景行紀までの記述では、日本書紀のその後の記述にある武内宿禰のような、ひどい破綻はみせていません。それを、武内宿禰があんなだから、それより上代はもっと当てにならぬとする十把一からげの議論は、粗雑に過ぎると思います。

学界の少数説に賛成

私は、ホツマツタヘ以外の書物に学び、古事記、日本書紀についての理解を深めると同時に、ホツマツタヘの本文を読み進めて行きました。古音は四十八音、従って四十八字が原則で、それに濁音と多少の変化した文字がある程度であり、諸先人がすでに読み方を教え残してくれていますからアルファベットを覚えるほどの手間でした。しかし書いてある中身については、予想した通り何が書かれているのか、さっぱり分かりませんでした。何頁もの間、チンプンカンプンのところが何ヵ所もあったのには音をあげました。隔靴掻痒どころの騒ぎではありません。書かれていることは読めはしても、その意味については霧の彼処に霞んでしまっていてまったく摑え難いのです。全く途方に暮れました。最高の古語辞典といわれる書物も手元に置きました。しかし、事態は少しも好転しませんでした。

小野道風の蛙とびが始まりました。飛びついては落ち、落ちてはまた飛びかかるという果てしのない努力を試みるより手はありませんでした。そして、言葉のひとつひとつの意味を探究しなければ一歩も進まないことになってしまったのです。さきの古語辞典は、上代の用例と現代語への言い直しという点では、さすがに正確で参考になりましたが、言葉そのものが、なぜそのような意味をもつかという語源については甚だしく手薄でした。その他、たくさんでているコンサイス版の古語辞典は、細かい所では確かに工夫が凝らされていてそれぞれ有難いものでしたが、ホツマツタヘの難解な語訳の強力な手助けにはなってくれませんでした。やむなく、古い語源の書物探しが始まりました。一方、古代語の文法の理解は必須でした。だんだんと、語源と文法に関する書物が、座右に置かれるようになっていきました。

しかし、また語源研究は、今の学界ではストップしている状態にあることも分かってきました。また、一般の国語学界の風潮というものも承知しました。まず古代文字に対して否定的であるばかりか、上代仮名には八母音があるという説が支配的であって、このことと語源研究がストップしているのと無関係でないということも分かってきました。これらの学説は、私の前に立ちはだかってビクともしませんでした。しかし、これを突破しなければ古代文字論は成立しないとあっては一大事です。深刻に、私はこの問題にとり組みました。そのうち、判明したのは次のような事柄でした。

橋本進吉博士の八母音説は、今や支配的であるに違いありませんが、それには反対説もあるということです。山田孝雄博士がそうです（『万葉集講義』四一九頁〜四二三頁。万葉巻三ノ三二四番の長歌）。また奥里将建氏の説も参考になりました。同氏の「三母音地名から五母音地名へ・記紀・万葉時代の八母音説を疑う」（『地名学研究』第十三号・昭和三十五年三月・日本地名学研究所・京都市伏見区桃山長岡越中。すでに廃刊らしい）という大論文を支持することで、私は安心し私の立場を確かにしました。また、四国観音寺市の第一高校の教諭、田井信之氏『語源を探る（国語音韻論の構成）』（昭和四十三年・桜書院・香川県豊中町後に昭和五十三年・角川書店から『日本語の語源』として出ました）この本も奥里氏と同様の立場であり、これは音韻変化を考える語源辞典として実に便宜を蒙りました。また、福岡学芸大学の真武直教授『日華漢語音韻の比較研究』（同大学紀要第十号、昭和三十五年。後に『日華漢語音韻論』昭和四十四年・東京桜楓社）も大いに参考になりました。ここでは、八母音は、中国語の上代音であったことが立証されているのですが、このことは、漢字をとり入れるに伴って、日本に入ってきた漢字に八母音があったというのであって、日本上代に八母音があったということではないことを示しています。

これらの学説が正しいと私は思います。なぜなら、上代音を表わすホツマツタヘに表記されている文字から推して、八母音は存在しないと思われるからです。今から、数年後の国語学説史に「一九八×年ごろまでは、漢字の違いを母音の違いと思い違えた八母音説というものがあった」と、一行書いて終わる時代がくると私は確信しています。期せずして私はこれまでの国史学、国語学などの学界では、少数説であった学説に対して賛意を表する結果になりました。さきの梅沢説ばかりでなく、ホツマツタヘの出現は、これらの少数学説に対して、力強い支持を与えるものなのです。

その後、毎日新聞の昭和五十年十二月一日夕刊をみて、私はとび上らんばかりに喜びました。そこには岡本健一記者によって、「万葉人も母音は五つ」という題で、「上代特殊仮名遣」への強力な批判が現われたことが報じられていたからです。そこで紹介された金沢大学の松本克己教授の「古代日本語母音組織考――内的再建の試み」（金沢大学法文学部論集・文学篇二十二巻）と、奈良女子大学の森重敏教授の「上代特殊仮名遣とは何か」（『万葉』八十九号）とを、さっそく手に入れてむさぼるように読んだのはもちろんです。そうしているうちに、同十二月二十五日夕刊に、大野晋教授の「万葉仮名の母音」という反論が出たと思ったら、さらに一月たった翌年一月二十一日夕刊に、森重敏教授の「上代特殊仮名遣い論・五母音の弁」が出、翌日夕刊には、松本克己教授の「上代語の母音組織」がでて、八母音論は反撃されたのでした。私は国語学の畠の中で、このような議論が当然でてくると思っていたのですが、こんなに早く予想が的中したのを喜びます。

一方、これまで神代文字と言われているものと、その文献へも手をのばしたのは当然です。上記、竹内(磯原)古文書批判については、既に山田孝雄「所謂神代文字の論」(雑誌『芸林』昭和二十八年二、四、六月号)と、狩野亨吉『狩野亨吉遺文集』(昭和四十二年・岩波書店)の両論文が出ています。この二篇は必見の力作であって、上記、竹内に関心のある者は、この〝踏み絵〟を経てからでなくては、それらを語るべきではないと思います。また富士古文書は、神代文字ではありませんが、あのデタラメな上代仮名の遣い方を、どう釈明できるのか、さらに、神皇年代ばかりをやたらに引き延ばしている割に内容は至って貧弱で、私には少しの魅力もありません。

また、鹿島系に『七代伝記』、聖徳太子系に『伝神録』、その他『天書』、『神別記』などいろいろあります。こうして研究していくうちに、『日本偽書史』というテーマはすこぶる面白い重要なものと思うようになりました。閑があれば、まとめてみたいものです。

寛文年間(一六六六頃)、僧潮音と伊勢伊雑宮の神官、永野釆女が出版した大成経七十二巻には、非常な興味を覚えました。その聖皇本紀(第三十六巻)の用明天皇条では、ホツマツタヘがいかにして漢訳されたかという傍証として、注目すべき記述があり、また、欽明、敏達、用明、推古の各天皇の条と、書紀のそれとを比較してみると、この部分について大成経は、書紀の原本ではなかったかとさえ思われる節があります。その他、詠歌本紀（第六十一巻）には、他のいずれの古典にも載せられていない七代孝霊天皇の御製があります。これはホツマツタヘから流れたと思われるのですが、その道筋がどうだったか、この解明にはとても興味がもてます。また、大成経の出版は、上述のように徳川初期ではありますが、かつて河野省三博士がこの書の材料について、「その源流は、もう少し遠く深い処まで漕ぎ上る必要を感じて止まないのである」（同博士著『旧事大成経に関する研究』の九十四頁。昭和二十七年・国学院大学宗教研究室・非売品）と言われましたが、私は同博士の思われるより遥かに古く、聖徳太子の頃まで遡り得るものではなかろうかと思っています。私にとって、推古紀二十八年十二月（六二九）の、天皇紀、国紀収録の記事は、ホツマツタヘを漢訳した部分を含むものとしてゆるかせにできない条なのですが、この「記録」と、先代旧事本紀（七九四）と、大成経との関係には、特別の関心があります。ホツマツタヘそのものが、いかにして他の文書に受け継がれてきたかという伝来の問題に注意を払う者として、この事に鈍感でいられるはずがないからです。

このようにして、私は、ホツマツタヘを勉強するために、当然のことながら、その周辺の方にも、時間と精力は注がれて行ったのでした。

同志に支えられて

ホツマツタヘを発見した時、私は求道雑誌『盲人に提灯』を始めて五年目でした。師加藤耕山老師からせっかく付けてもらった大事な雑誌名を、私は思いきって『ほつま』という題に切り変えました。そして、さきに小笠原長種氏からお借りした貴重な関係文献のうちから選んで、小笠原長武翁の書いたものを毎月一篇づつ出して行きました。

『盲人に提灯』は一千部出していたのでしたが、『ほつま』に変えてから五百部にし、さらにまた百五十部に減らしました。一千部の時でも実際の同人は四百あったかなかったかでしたから、楽ではなかったのをそれがさらに減ったのですから、苦しさは増す一方でした。こんな時、自分は好きなことをやっているのだからそれでもいいのですが、家族にとっては迷惑千万な話です。米沢生れの妻は、上杉鷹山侯仕込みの質実型だったから助かりました。しかし、戦前の古い家の屋根は、ソコココが雨もりして、バケツが必要になり、門は朽ちて開けたてが、うまくいかなくなっていました。それも、私にとっては期せずして閉門謝客になるので、むしろ歓迎すべき現象でした。ただ、風呂場がダメになって寒い冬に、足元の危うくなった年老いた母が銭湯へ行くのを見るのは何とも辛いことでした。

昔の友人が、時に仕事を持ちこんできて、

「いま時、遊んでる手はないよ。そんな研究は暇をみてやればいいじゃないか」

と目をみはるような金額を示され、クラクラする一瞬もありました。編集者の株が上がったのか、それとも物価が上がったのか知りませんが、数年前には考えられない相場です。武士は食わねど高楊子、無器用な私には二道を歩むという芸当はとても出来そうにありません。ホツマ一筋であるより他に何も考えられないのでした。

私はホツマツタヘを理解するためには、ホツマツタヘを今の時代に引き降すのではダメで、こちらがホツマツタヘの時代に生きなければならないのだと思いました。それは、本居宣長の古事記に対する態度と同じです。宣長は、古事記が八世紀の所産であったのに昔ながらのものと感違いしたところに誤りがありはしましたが、古人の息吹きを、じかに感じ取ろうとしたあの敬虔で、熱情的な迫り方は私のまったく共感するところでした。

私はホツマツタヘに書いてある通りを、断固として実行に移しました。玄米は食べていましたが、更にみそぎを行じ、魚と四足の一切を口にしない菜食主義に転じました。今でも頭屋に入った頭人が、ある期間行っているあの潔斎生活というものが、ホツマツタヘの時代では常時の営みだったのでした。栄養学などクソ食らえです。ホツマツタヘの通りやって、死ぬなら本望だと思ったからです。朝未明から深更まで坐り続けても肩が張るということもない、医者しらず、薬しらず、頭は明快そのものでした。長歌が口をついて溢れ出てきました。

こんな時、衣食の道の途絶えた私の生活を心配してくれたのはM氏でした。私からは素振りもみせないのに、A氏とY氏を誘って、月々の資を給してくれました。これは神さまからのおぼしめしなのだと言って私に気持の負担をかけないように気を配ってくれました。また、「ほつま同人」とだけ書いた横浜局の封印のある封筒が毎月届けられたのです。内には志が入っていました。さらに他にも厚意の差入れがあって感激し通しの毎日でした。書籍取次の大手のS社長は、私のみたい新刊を無償でたくさん贈ってくれました。S家の恩頼は忘れることができません。私はこのような温かい好意に、咽びながら、ひたすらホツマツタヘを読み進めて行ったのです。

このようにして、ともかく私はホツマツタヘを最後まで読み通しました。前述のように、内容は分からない面が多かったのですが、曲りなりにも最後まで読み通したので、ほぼ輪郭は摑めたように思えました。

研究会の発足

私は『ほつま』誌の同人にホツマツタヘを私と一緒に原典からジカに勉強しようと呼びかけたのです。幸いにも、名古屋と仙台と東京の同人が喜んで同意してくれました。人数はいずれも、六、七名から、多い時でも十五名以上にはなりませんでした。さきの通り、『盲人に提灯』誌の千部から『ほつま』誌に変えて五百、さらに百五十名に減ったのが、今度は二十名にも及びません。百分の一の激減、企業ならとっくの昔に倒産しています。

このようにして、「ホツマ研究会」ができました。この会ができると今度は、その予習に向って私は全力を挙げました。古事記も日本書紀も手元を離さず、一字一点おろそかにせず、ホツマツタヘとつき合わせることに特に心を尽くしました。そして月一回、前記三カ所で同志と共に二十九アヤから読み始めたのです。ここは神武天皇のところからですが、神代の一アヤから始めずに、ここから読み進めたのはよかったと今でも思います。これから新たに読む人にも、そのようにすることをおすすめします。ホツマツタヘが日本書紀と古事記の〝帝紀旧辞〟よりさらに以前の書だということが、ここを読めば何人にも納得されるからです。ホツマツタヘの根本的な性格を、はっきり摑んだ上で一アヤからの神代の研究にかかる方がいいと思うからです。

二十九アヤから最後の四十アヤの景行天皇の記述までを、ようやくにして私たちは読み終えました。全体の三分の一の量です。どこの会でも、土曜四時間、翌日曜八時間という猛勉強ぶりでした。その上、夏には特訓三日間びっしりやりました。そんなにしても三年間はかかりました。三年目になって、仙台の同人が張切って、二月十一日、市の教育文化センターで講演会を開きました。五、六十名は集まりましたが、毎月勉強する同志の方は一人も増えませんでした。七人の同人は三年前も、その後も同じでした。

名古屋の同人も、負けてはおらず、熱田神宮文化殿の二階で、四月二十九日、講演会をやりました。仙台の半分ほどの人数でしたが、毎月の研究会に出たいという同志が多かったのは意外でした。しかし、代わりに古い人でやめた者もあったから、結局は同じ位の人数になり、仙台と似たりよったりでした。都合で同志の集りが悪く、二人位の時もありましたが、ますます私たちは頑張りました。

仙台での研究会

三書比較で厳密に考証

このようにして、ホツマツタヘを発見してからこれまで、はや十五年間の歳月が経ちました。本書では主としてホツマツタヘの話をしてきましたが、前に少し書いたホツマツタヘの姉妹篇ともいうべきミカサフミと、両書の奥の院というべきフトマニという二書のことを、どうしても述べねばなりません。私が宇和島の小笠原家で発見したのは、ホツマツタヘのほかにフトマニ一冊分も含まれていたのでしたが、残念なことにミカサフミはみあたりませんでした。

しかし、その後昭和四十八年になって滋賀県高島郡の野々村家の二階物入れの中から、ミカサフミ九アヤ分とフトマニの異本を入手でき、欣喜雀躍しました。野々村家というのは、同郡式内水尾神社の幕末の頃の社掌だった野々村立蔵の子孫に当たります。

野々村氏謹写

神教太占序　大直根子命長歌
惟太古責哉　基兆大古自天神
以天瓊与矛　授之於伊弉諾尊
伊弉冊尊兮　因両神以瓊矛生
万道而后　欲生天下之主廼

フトマニ、野々村立蔵筆記本

新発見のミカサフミはクシミカタマノ命七十八代の孫である三輪容聡の直筆本九アヤ分だったのには、感激せずにはいられませんでした。

　このホツマツタヘ、ミカサフミ、フトマニ三点のうち、私の精力はまずホツマツタヘに注がれました。そして同志と共にやったのは、ホツマツタヘの原文に対して古事記、日本書紀の相当部分を、一字一行もゆるがせにせず、厳密に比較しつつ読むということでした。ホツマツタヘが記紀とどういう関係にあるかを解明するのは、何よりも大切なことであるし私自身もっとも知りたいところでもあったからです。

　テキストにしたホツマツタヘは、初めのうちは小笠原長弘写本を写真にとったのを用いていましたが、昭和四十六年からは同志の援助でこれを単行本に上梓しました。『覆刻版ホツマツタヘ』です。

　ホツマツタヘと記紀とを徹底的に比較した結果は、

水尾神社（滋賀県高島郡高島町）

ホツマツタヘが記紀の原本のそのまた原本であることが確かめられました。

　この記紀原本説は、三書の記述に対する客観的分析からの帰納ですから、同志や私には十分納得がいくものです。しかし私たちだけがそう思っても仕方ないことで、万人によって承認されることが必要でありましょう。このためには詳しく証明してみせねばなりません。

　そこでこの基礎作業の第一段階として、ホツマツタヘと古事記、日本書紀とを原文比較した著述の刊行が必要になります。昭和四十八年、カンヤマトイハワレヒコノミコト（神武天皇）の部分を書いてあるホツマツタヘの二十九アヤから三十二アヤまでを、記紀の同じ部分と比較した書物を、これも同志の協力を得て刊行しました。これが『ホツマツタヘの成立』〔本文篇1〕――ホツマツタヘの中の神武天皇の記事を古事記、日本書紀の同部分と比較して——です。〃成立〃とつけたのは、まさにこの方法によってホツマツタヘの記紀以前の存在を立証できると確信したからです。

同書をこれぞと思う学者やマスコミに贈呈しましたが、何の手応えもありません。しかし、これは我我の意図する出版目的のうち、僅か第一分冊に過ぎないのですからやむを得ないでしょう。テーマがテーマだけに、おいそれと共感が得られないのは当然かもしれないからです。

昭和四十九年二月から、私は月刊『ほつま』を復刊しました。週刊紙大四頁の微々たるものにすぎませんが、昭和五十五年の今日まで足かけ七年間、七十五号を数えています。これを私は前記各地の例会に講義の要約として使ってきました。

また、昭和五十年八月から月刊『自然』（大阪自然社発行）に「ホツマツタヘ入門」を五十四回連載して今まで五年になります。これは誰にも読んで貰える手引書で、本書の原稿のもとをなしています。

また昭和五十三年三月に、僧溥泉自筆の『朝日神紀』を発見したのは特筆すべき出来事でした。溥泉とは、江戸時代安永年間の人でホツマとミカサ両書を研究した卓越した律宗の坊さんです。この書は、三輪容聡本のホツマツタヘを発見した小笠原通当（一七九二～一八五四）の読んだ溥泉の『春日山紀』や先年私の発見した同じく彼の書いた『神明帰仏編』など一連の著作のうちでも、白眉というべき傑出した著述で、ホツマ・ミカサ研究にとって欠かすことのできない金字塔だからです。

残された多くの課題

以上、要するにいま私たちの手元にあるのは、原典として

一、フトマニ　一冊
二、ミカサフミ　九アヤ分
三、ホツマツタヘ　全四十アヤ分

の三点があり、このうちホツマツタヘのみ『覆刻版ホツマツタヘ』として公刊したわけです。

次に、先人の著述としては、一、三輪容聡のもの　一、僧溥泉のもの　一、小笠原通当、同長弘、同長武のものなどがあります。

私の著述としては、一、『ホツマツタヘの成立』本文篇1　一、月刊『ほつま』七年分　一、『ホツマ入門』（昭和五十四年）　一、「ホツマツタヘ入門」（月刊『自然』連載）　一、その他諸々に発表した論文などということになります。発見後すでに十五年、遅々としてこの程度のことしかできないのは何とも歯がゆいのですが、天分の乏しい自分であれば是非もありません。とはいえ、これらを先入観なしにお読み願えれば、ホツマ、ミカサがどんなものかは分かっていただけるはずです。そしてまた両書が雲上遥かに屹立してその頂上を極めることのいかに難しいか、またこれらがまさに日本古代学の最高峰に位するという感触を得られるに違いないと思います。

しかし考えてみれば、記紀の原本さえそれ自体としては存在せず、記紀の文章のうちにのみ内在する

と考えられている現在であってみれば、紀紀の原資料以前の文献が記紀とは別個に現存し、それを今日発見したなどといっても、誰も信用しないのは無理もない話といえます。

ことに、最も理解してほしいと願う学者や評論家、ジャーナリストには、さっぱり問題にしてもらえない状態です。声を大にすればする程、黙殺されるばかりです。それはこれらの古代文字文献が、現在の古代に関する諸理論とあまりにかけ離れ、あまりに対立しすぎるからでしょう。

しかし、いかに黙殺され白眼視されようと、私たちは少しも怯むものではありません。なぜなら、私の著述は拙ないとしても、原典そのものが厳然と存在しているからです。平田篤胤のように、ただある種の文字形を掲げてこれが神代文字だと主張しているのではなく、それらは少くとも三種類の筆者を各各異にした同一文字の文献であり、さらに二百年前の先人諸氏のこれらに就いての解説した著述も、いま現に見得るからです。

また、それらの原典の内容を分析すれば、何々というフミ（書）からこの部分は引いたものだという記述があり、ここから私たちはなお十数種の文献へと遡ることができる強みをもっているからでもあります。

つまり疑問のある向きは、私の書いたものではなく、この現物について直接当たってもらうことができるのです。全く見もしないで、テンから黙殺するのだけは困るのです。具体的にどこがどうだからダメだと、面倒でも言っていただきたいものです。しかし、この場合、どうか虚心坦懐であってほしいと思います。現在の学説に照らせばこうなるというのでないように願いたいのです。その拠って立つ学説なるものが誤っているなら、正しい解答はえられずマトをいた批判にならないからです。

とはいえ、私たちがたとえ現に存する古代文献の信憑性の追究を学界に願うのとは別に、〝ホツマツタヘが記紀の背後にある原本のそのまた原本である〟ことの根拠を私たち自ら説明すべきでしょう。この一部分をなすものが先の『成立1』なのではありますが、他の面においてももっと幅広く論証を展開しなければならないと決意を新たにしております。

もうひとつ、私たちの切なる願いは、ミカサフミの未発見分を探究するということです。ミカサフミは前述通り、その九アヤ分はすでに私たちの手元にありますが、全部では六十四アヤあったということですから、それならまだ五十五アヤ分がどこかで眠っているはずです。溥泉はそれを九アヤ以上は確かに読んでいることが、彼の著述から察せられます。とすれば、溥泉のもっていたミカサフミを探すのが探究の最短距離ということになります。

(再版追記) 初版のこの頁で、私は龍谷大学図書館に溥泉の手沢本が埋れているのではないかと予想し、同図書館書庫は「夢にまでみる熱い所望の場所」と記しました。初版刊行後すぐ、私は居てもたっても居られず、京都駅からほど近い同図書館へ出かけたのです。カンは正に的中しました。溥泉の著書原稿や蔵書類全部で五十冊もの毛筆で書かれた写本をみつけたのです。その中に、待望のミカサフミ一アヤ分も入っていたのは感激でした。そしてこの蔵書類の分析から、溥泉は興福寺門跡寺の一乗院の隠居寺である菅原寺住職、寂照和尚の弟子だったことも判明、また彼の住持した寂照寺の載る徳川中期の地図も天理図書館で発見、というように次々と朗報が重なりました。一方、ホツマツタヘと同文字の歌(天理市に住んでいた幕末の歌人、中村訓栄や陽明文庫の近衛家公卿のもの)や大和大神神社、出雲佐太神社の古い神札などもみつかりました。

正編あとがき

きざな言い方にきこえるかもしれませんが、やむにやまれぬ気持で、この本を書いたのは本当です。またたくさんの原稿のうち、ここに一部分しか発表できなかったのもウソではありません。言い残したことの方がはるかに多いので、その方が気になります。

私はこの本の中で、天下第一等の書とされてきた古事記ばかりか学界の偉い先生方にもさかんに毒ずきました。もちろん個人的な怨みなどサラサラないのですが、あるいはお返しに袋だたきに合うかもしれません。しかし、私の本意はことさら攻撃することにあるのではなく、ホツマツタヘ、ミカサフミ、フトマニの三書さえ認めてくれれば、誰とでもたちまち握手することだけは請合いです。とくに、ミカサフミの未発見分の探索に協力してくださる方があれば、どんなに有難いかしれません。

ともあれ、この本が出ることで、ホツマツタヘが世に注目される端緒となれば、こんなにうれしいことはありません。おそらくすぐに認められることはないでしょう。でも、百年ぐらいかかれば、いかに頑固な日本の学界でも、ホツマツタヘが高松塚や稲荷山古墳などの百倍ものものすごい発見であることに気がつくでしょう。その時はじめて古事記はホツマツタヘに席を譲ることになるでしょう。そして大学では古代文字文献の講座が開かれ、一般の人々もホツマツタヘを原典のままでスラスラと読み、ホツマツタヘは国民全部がひとしく味わう日本民族の書として定着するでしょう。ミカサフミもその時までに発見されているよう祈ります。

この本ができるまでに、多くの方々のお蔭をいただきました。私がホツマツタヘの研究に打ち込むのを物心両面から支えてくださった故増尾彦太郎氏、青木五郎氏、須田御一家、そして仙台・東京・名古屋・大阪など永年一緒に勉強してきた同志の方々、それに月刊『ほつま』の同友に満腔の感謝を捧げます。大神（おおみわ）神社境内の日向（ひかた）神社、若宮にお導きいただいた自然社の橋本郷見先生、箱根の駒形神社、箱根神社にご案内いただいた石沢沈雄学兄に心からお礼申し上げます。私の体を毎日献身的に治療してくれた橋本操体法に熟達した針灸師、内田浩昭氏、窪田哲雄医博、必要な図書を永年にわたりお世話いただいた取次の鈴木書店鈴木真一氏と大田区立大田図書館の方々に深く謝意を表します。この出版の橋渡しをしてくれた御子神徳致、萬谷宏、山田富男、千田敬の四氏にもお礼を言わねばなりません。また、挿絵を描くのに当たっては鹿児島寿蔵先生の雅味深い人形をモデルに使わせていただきました。

最後に、汚ない私の原稿の清書に労を惜しまず、かつ私の思いつかなかった解釈を出してくれた池田満学兄、それに毎日新聞社の牧孝昌氏に厚く謝辞を呈します。牧氏は編集者として卓越した能力を発揮し、こんなにもいい本にしてくれました。

昭和五十五年五月五日

松本　善之助

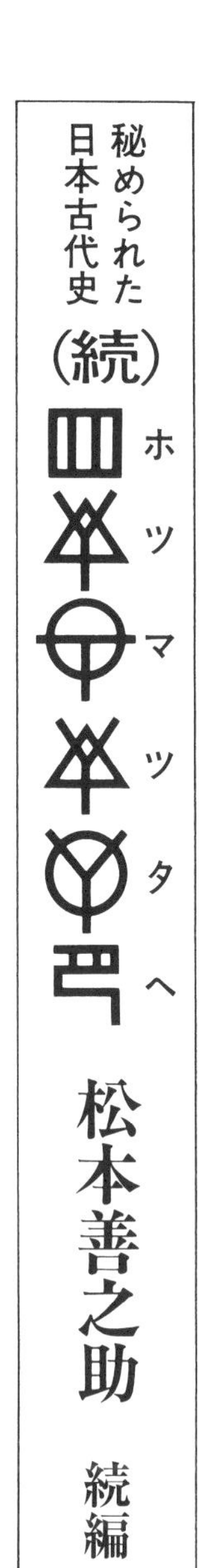
秘められた
日本古代史
(続)
ホツマツタヘ
松本善之助
続編

ホツマツタヘを讃う

ホツマツタヘを讃う

ホツマツタヘを讃う
こんなすばらしい書物が
かって日本にあったろうか
こんなすばらしい書物が
かって世界にあったろうか
日本人の魂を
こんなまでに歌いあげた書物が
かってこの世にあったろうか
こんなにまで心を清める書物が
日本にこれまで
あったろうか
五・七のリズムは
アメノフシ（天の節）

日本人の心を
おのづと歌いあげる一万行

ここには明確な理想がある
それはアメノミチである
アメノミチは
古道の精髄
日本人は
アメノミチを
生きればいいのだ
アメノミチは万人の道である

トホカミエヒタメ
この八音を称えれば
すべてがととのう
僧一遍は念仏勧進に一生をかけた

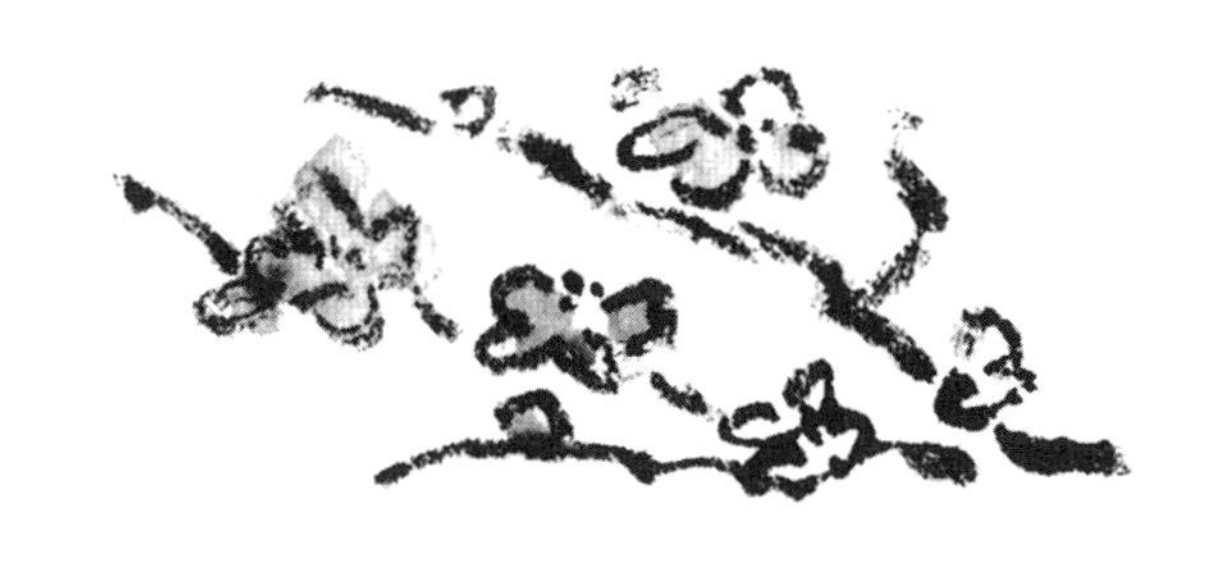

私はトホカミヱヒタメに一生をかける
ホツマツタヘは深遠で難かしい
だから、わからない処も多い
しかし、それなのに
私をひきつけて離さない
わからないコトバは
何度も何度も
口に出して云ってみる
いくら調べてもわからない
私は理解できないのが悲しい
しかし
それでも
ホツマツタヘの生命(いのち)は
私に脈々に伝わってくる

ここには、人間のすべてがある
美しさも
醜くさも
親子の愛情も
もちろん、恋愛も
狂気も
破廉恥も
すべてがある
人間の喜びがある
人間の哀しみがある
人間の弱さがある
人間の強さがある
生きる力がある

ホツマとは
まことの極致

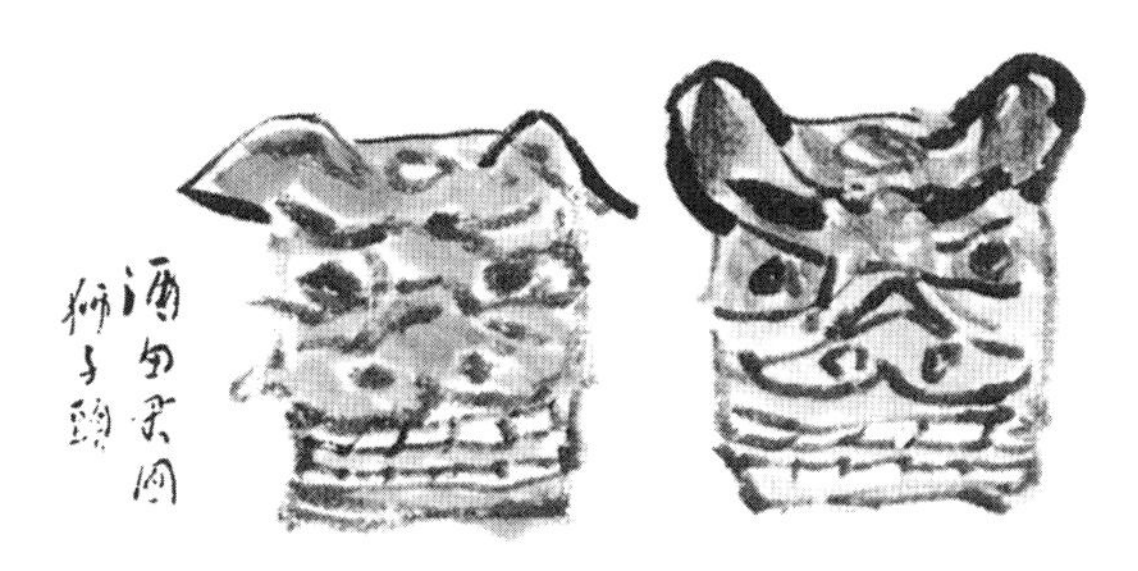

真実一路
これより貴といものは
この世にない
上記（ウヘツフミ）・九鬼古文書・竹内古文書などと
一緒にされてはたまらない
まるで、内容がちがう
まるで、品格がちがう
中身をよみ較べれば
一目瞭然
それがどうしてわからないのだろう
ホツマツタヘは
古事記・日本書紀の原本の
そのまた原本
たゞし、古事記・日本書紀では
ホツマツタヘの

最もすぐれたところが
削り落されてしまっている
この犯罪的行為は
外国かぶれのインテリ貴族と
帰化人とによって行われた
その削り落された個所こそが
学ぶに価する
欽仰に価する
醇乎として醇なる
古代日本である
そこは残念ながら
全く知られていない
だからこそ、日本人みづからに
知ってほしいと
熱願する
例えば、コトバは明らかに神であり

それは四十八神であった
「アワ（天地）の歌」がこれである
コトバは
目にみえないものと
目にみえるものとを
統合する統一体

私は若い人に期待する
これまでの枠にはまった人には
もう、うんざりした
ホツマツタヘの
すばらしさに感動する感覚が麻痺しているからだ
若い人の中には
私よりすぐれた人がいる
たしかにいる
私の及ばない大事な個所を

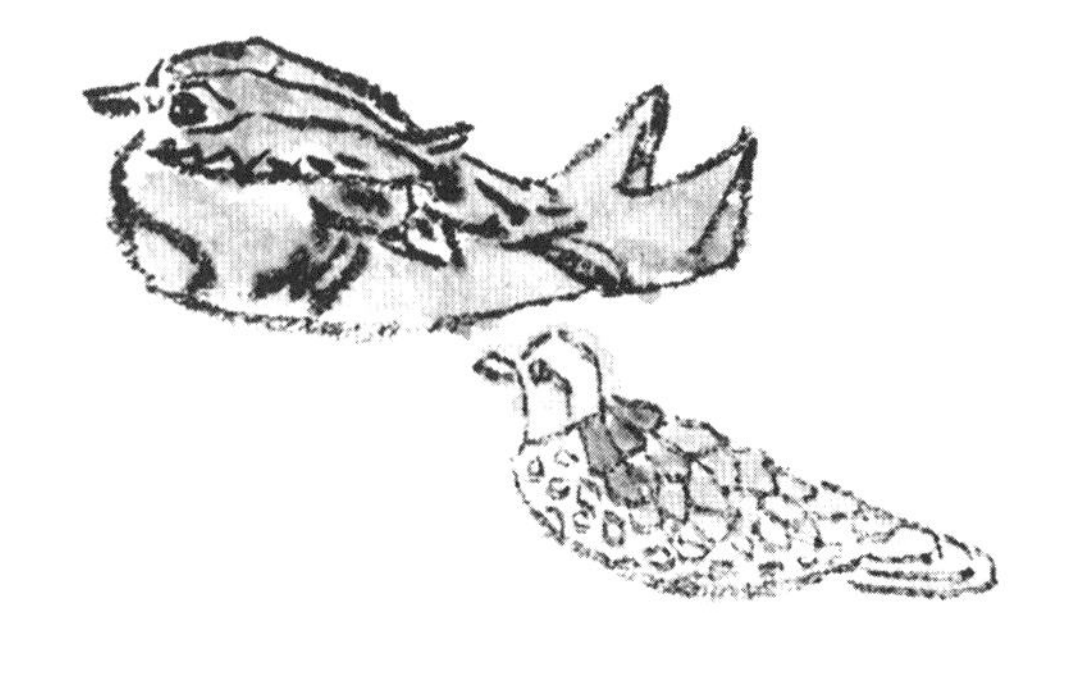

きっと釈いてくれる
ホツマツタヘをまだ知らぬ多くの人に
この感動を伝えてくれる
ホツマツタヘの
研究と宣布の前途は
洋々たるものがある

梅に聴く・天の声

はじめての托鉢

「ご苦労さまです」
農家の老婆が頭にかぶった手拭をはずして、湯呑茶椀をおずおずと差し出しながら、低い声でそう言った。雲水姿の私は、ズダ袋の前にさがっている布を前にささげ、うやうやしく拝をすると、老婆は、湯呑茶椀をかたむけた。真白い米が、サラサラと、ズダ袋の底に落ちていった。

かねて注文しておいた法衣が、ようやく、出来てきた。新しい木綿の香りがこころよい。ゴワゴワする濃紺の法衣に腕を通すと、案外温かい。ふつうの着物をつくる二倍の反物が必要だそうだから、どてらを着ているようなものだ。手巾（しゅきん）（帯）の締め方ひとつでも、後から考えれば何でもないが、はじめてとなると、さっぱりわからなくてまごついてしまう。当人は大真面目でも、ハタからみると吹き出すような滑稽な失敗をやらかすものだ。

首から絡子（らくす）をさげ、さらに托鉢用のズダ袋をさげる。この袋の前には「落合　徳雲　槐安禅窟（かいあんぜんくつ）」と染め抜いてある。なかなか雅味のあるものだ。「東京都下五日市町郊外落合部落にある禅宗徳雲院の是々庵（ぜぜあん）加藤耕山老師の禅堂なる槐安禅窟（かいあんぜんくつ）」という意味である。老師は、明治九年生れだから、私が参じたこの頃、既に七十を越えたお年だったが、壮者をしのぐものがあった。

さて、ズダ袋をさげてから次に、白脚絆をつけ、ワラジをはく。というとすぐできたようだが、簡単なようでいて、要領がなかなか呑みこめない。生まれてはじめてのことばかりだからである。老師が何くれとなく世話をやいてくださる。新春の凍てついた大地の上におり立ち、網代笠をかぶる。これで、ようやく新米ホヤホヤの俄か雲水が出来上った。

托鉢の心がまえについては、先刻、老師から教わっている。お経も「延命十句観音経」を覚えた。坐禅も少しばかりはやった。身心の準備は、よたよたながら一応完了。さあ、出発だ。

ワラジはいいものだ

ワラジはいいものだ。黒々とした大地の何とも言えない心地よい感触が、足の裏から全身に伝わって脳髄に安らぎを与えてくれる。一心に「ホー」と称えながら、山道をのぼる。吐く息が白い。声はおのずと肚の底から出ている。昨日の雪が、ところどころに残り、小さな黄色い枯葉がそこここに散らばっている。霜柱を踏む。サクサクという音があたりのしじまに食い入る。だんだん足先が冷たくなって、感覚が失せてゆく。ワラジの紐をなおす。太ももの辺りまで、冷えがのぼってくる。

一軒の農家が、向うにみえはじめた。記者という職業柄、人見知りせず、図々しいことでは、人後に落ちない筈の私だが、どうも心が定まらない。足が重くて前に進まず、後戻りしようかと、何度も思う。あんなに、托鉢がしたい、したいといっていたのに、いざとなると尻ごみするのは男らしくないが、その場にのぞむとそうなるのだから、まったくもってお恥かしい次第だ。

思い切って、古い茅ぶきの農家の前に佇む。とうもろこしが軒にズラリと並んで、こちらを睨んでいる。

「かんぜおんなむぶつ、ようぶつううぃん、ようぶつううえん……」

夢中で、大声に「延命十句観音経」を唱える。できるだけ失敗しないように、うまくやろうという気が、まだどこかにある。脇の下に汗がジットリと出ている。

ひとの出てくる気配が感じられた。やがて下駄をつっかけた老婆の姿が見える。こちらにくるようだ。白髪の頭に載せていた手拭をはずしている。

「かんぜおんなむぶつ、ようぶつううぃん、ようぶつううえん……」

こちらは、なおも「延命十句」を続ける。老婆が私の前にきた。

「ご苦労さまです」

そう言ったように聞こえた。白い米が湯呑茶椀から、サラサラとズダ袋に移っていった。わずかの瞬間だったが、このサラサラというかすかな音を耳にしたとき、急に体が楽になった。そして、カメラでピントを合わせたときのように、あたりがはっきり見え出した。

〝もう大丈夫だ〟、肚の中でこう思った。

それからの私は、どこの軒下へ立っても平気だった。農家から農家へ山路を経巡りながら、二十数軒を回り終えた時、冬の夕日は早くも西の方に落ちていた。さすがに気疲れと歩き疲れとでヘタヘタだった。

「どうじゃったな」

禅堂にかえると、老師がすぐ私をつかまえ、いつにない笑みで顔をいっぱいにしてきいた。

「どうじゃったな」

ごキゲンだナと私は思った。大略をお話ししたあと、私は言った。

「サラサラという音をきいたとき、ドカッと肚が坐りました」

老師が声を高くして笑った。私も釣りこまれて笑った。

その翌日、会社へ大学の同窓のK君がやってきた。

「お前は何てヘンテコな男だろう。オレが前からすすめているじゃないか。ゴルフでもやれば、会社のためにも、健康のためにもいいって。それをわざわざころもを新調してまで、コジキのまねをしなくてもいいと思うんだがね」

まじまじと私の顔をみて、そういってから、タバコに火をつけるためにガスライターをポケットから出した。そして視線を私から離した。

このとき、K君は心の中では、私のことを「バカジャナカロカ」と思っていたに違いない。

かつての加藤耕山老師と筆者

禅にぶつける

これは、もう三十数年も前のことで、私はまだ三十五歳にもなっていなかった。その頃、私はJ社という出版社の編集長だった。

ここでの仕事は滅法忙しかったが、是々庵老師に土曜から日曜にかけて泊りがけの参禅を欠かしたことはなかった。山岡鉄舟が江戸から三島の龍沢寺の星定和尚の下に、何十里かの道のりを馬に乗って参禅を怠らなかったということが、私の脳裡に深く刻まれて離れなかった。東京南隅の今でも住んでいる大田区南雪谷の拙宅から、北の果て東京のチベットと云われた奥多摩山中の老師の下までゆくのは、並大抵のことではなかったが、鉄舟のやれたことが俺にもできない筈はないと、一図に気負って実行し、通いつめたのだった。

人から「バカジャナカロカ」と云われようと、どんな白い目でみられようと通わずにはいられなかったのは、胸の中に黒い塊(かたまり)がわだかまっていて苦しくて耐えられなかったからである。禅がこの黒い塊さえ除いてくれるなら、どんな遠い所へでも通い、どんな艱難をもいとしはしない、正直そう思っていたのだった。

黒い塊とは、「人生いかに生きるか」という大命題だった。私の若い頃からの人生目的は、この一事にかかわっていたといって少しもいいすぎではない。

一方、当時、H社長との葛藤があった。H社長は何よりもすぐれたジャーナリストだった。同時に二重にも三重にも備えを固くして絶対潰れない運営をする手堅い経営者でもあった。だから学ぶ点は数限りなく多く、私にとってH社長の一挙手一投足は全力を傾倒してむさぼるように吸収してもまだ足りない位だった。

しかし数年たち、私も責任ある地位につくようになると、我侭なものでH社長の強烈な個性が鼻につきだし、諸々としている自分に嫌悪をおぼえるようになっていた。そればかりか、仕事のやり方、編集方針など大事なところで私はH社長と異なった考えをもつようにもなっていた。これまで育ててもらった恩義の念だけが辛くも私の抑制力たりえたのだった。

こういう私に、禅は正に救いそのものだった。というより、私は社長に対するヤケのヤンパチを禅にぶっつけたといった方がいい。人によっては、酒や女やスポーツにまぎらわすのを、私の場合は禅だったのだ。

誰に聞いてもわからない

そして私の禅は、是々庵加藤耕山老師その人だった。禅と耕山老師とは、私にとって別々の存在ではなかった。禅そのものが老師であり、老師そのものが禅だった。私は渾身の力をこめて老師にぶつかって行った。

老師から公案をもらい、坐禅を続け、幾日も幾夜も苦労してこれを釈き、その見解をひっさげて独参する。しかし老師の前に出ると、一たまりもなく一蹴され、モヌケのカラのようになってすごすご戻ってくる。

振出しに戻ってまた坐禅に精を出し、幾日も幾夜も公案に取り組む、そしてまたしても老師にいどむ、しかし又もや一蹴される。それはくたびれ損の果てなき闘いに似ていた。

公案というものは不思議なものだ。世の大ていの知識は、本をみたり人にきいたりすればほぼ見当がつく。ところが、公案の答は、どこにも書いてない。人に聞いても勿論知らない。私が老師から貰った初めての公案は、「隻手の音声」というものだった。片手で鳴らした拍手の音をきいて来いというのである。土台、片手で鳴らした拍手の音などというものがありよう筈がない。本のどこを開いてもその解答はなく、人にきいても返答はえられないと思うから、誰に打ち明ける気にもなれない。

とどのつまりは、自分で解くより外にない。自分で解くといったって、どこからどう斬りこんで解答の糸口を見出していいのか、皆目見当がつかない。坐禅するより他、何の術もないと観念し、ただもう必死でウンウン唸りながら座るのに精進、これつとめる。しかし老師への独参の日は、嫌応なしに刻々と迫ってくる。まだ釈けない。ギリギリに切羽つまる。

このように白熱した老師とのやりとりが、数年間続いた後、老師は私に名前を下さった。それは「兀山」という名だった。「兀」は道元禅師の「正法眼蔵」の中の「兀々として坐禅し」とある「兀々」からとったもので、老師お気に入りの言葉だった。「山」はもとより耕山老師の「山」の一字を下さったものである。

また、修業もかなり進んだ頃、老師は私に、ボロボロの衣と古びた鉢をも賜わった。共に老師の若い修業時代にお使いになったという曰くつきの逸品である。老師がこの衣に身を包み、この鉢によって食を受け托鉢行に精出されたと思うと、身がひきしまるようだ。私にとって、これよりありがたい宝物はなかった。

世に「衣鉢を継ぐ」という言葉がある。師からその道の奥義を授かることだ。私は文字通り、老師から衣鉢をいただいた。だから、これでもうよろしいという印可を賜わったことになる。しかし、老師は悟後の修業の大事さを、懇々と説かれる。もちろん、私とて前と何の変るところなく、老師の室内に参じる。

月刊『盲人に提灯』

結局、私は二十年間勤めたJ社を辞めた。そして『盲人に提灯』というささやかな月刊雑誌を出すことになった。『盲人に提灯』とは、まことにケッタイな名前だが、実は耕山老師の命名なのだった。盲人についての雑誌かと一部の者には間違われもしたが、全然関係はない。この言葉の意味は、盲人には目がみえないのだから提灯など無用の長物にすぎないけれども、その無用の長物こそが、無用の用で人間には必要欠くべからざるものだという意味の一種の禅語とも言える。

J社の編集長時代、私は一つの企画を進める時、それが売れるかどうかが何よりも先に問題だった。出版企業なのだから、ソロバンをはじくのは当然のことだ。今更、何をいうか。私もそう思う。だが、このことはいつも私にはひっかかるのだった。売れるか売れないかより先に、この本が人の心を打つかどうかで勝負できないものだろうか。この一点を強く押し出すことで仕事がしてゆけないものだろうか。このことが私の念頭から離れなかったのだった。

独立した私は、私の思い通り仕事を進めることにした。たった一人きりの出版社は、誰に迷惑かける訳ではなく、自由に振舞えた。潰れてもともとだ。赤字は私一人が負えばいいのだ。そして私は、私が読んで感激して涙を流す原稿だけ、私の雑誌に載せることを、心に誓った。それを「一人占めにしては勿体ない話」というタイトルで、毎号載せていったのである。

鬼神もこれを避く

はじめのうちは、Ａ６判４ページの微々たるものだった。一年後、ペラペラの４ページから、今でいう「新書判」にまで成長することができた。頁数はせいぜい、多くても八十頁がやっとではあったが、それでも前からみれば、雲泥の相違である。

経営は決して楽とはいえなかったが、さりとて、結局のところ、潰れはせずに、五年間続けられたのだった。

思いがけぬ方々が、力強い愛読者になってくれ、金銭的にも後援を惜しまなかったからである。マツタヘを発見しなかったら、今日もまだ、私は『盲人に提灯』を続けていたことだろう。

私はいま、『盲人に提灯』時代を回顧して思うのは、大げさにいえば「断じて行えば、鬼神もこれを避く」という格言はホントだなということである。それと、人生を真面目に生きようという層が確かに存在し、この層に棹させせば、ささやかな雑誌位潰さずに続けさせてくれるという確信ができたことだった。

私は、せっせと取材し、原稿を書き、毎月の『盲人に提灯』を出して行った。そして一方、耕山老師への参禅も怠りはしなかった。毎月の雑誌を出す仕事と、参禅とは私にとって別々のことではなかった。くる日もくる日も、張りのある時間の連続だった。

そんなある日のことである。例によって、奥多摩の耕山老師への参禅を終えた私は、残雪を踏みながら、いつもの托鉢にでかけた。私ひとりだけの行である。

「是々庵禅窟」と筆太に書かれた大きな竹の網代笠をかぶり、紺のゴワゴワした衣をまとった雲水姿が板についてきたこの頃だった。

山あいの部落から部落をめぐり、よほど歩いた時である。しめった小径に、はき古されたワラジの緒がプツリと切れた。こんなことなら、替りのをもってくればよかった、禅堂には買い置きがあったのに……。そんなことを思いながら、私はしゃがみこんで緒をつくろった。

天からの声

たいして時間もとられず、手についたドロを払いながら、私は立ちあがる。ふとみると、紅梅が何ともいえない美しい花を咲かせているではないか。

「ああ、いいな」

思わず、ひとりごとをいって、しばし私はその老木を見あげずにはいられなかった。そして首をめぐらすと、そこは、村の鎮守さまだったのである。私のみとれた老梅は、その境内に植えられていたということにも気がついた。見廻すと、古びた鳥居も立っている。自然木をただ無造作に組み立てただけの簡素なものである。その奥まりに社殿がある。私は、いつの間にか、神域に足を踏み入れていたのだった。

このことを知った時、私は、はっとした。全身に電気の走るような、痙攣をおぼえたといった方が、もっと当っている。そして、この時、同時に天の渋い声が、私に向っていう。

「お前は、禅をやっているという。托鉢をして少しは所得があったように思ってもいるようだ。衣鉢を貰って気をよくもしているらしい。しかし、お前は神社のことを知っているのか。この神社に誰が祭られているか、そしてその神が遠い時代にどういう働きをしたのか、そのことに関心をもったことがあるのか。外国渡来の道をいくら究めたとて、所詮、日本の道はわかりはしない。日本人の生きる道は、先祖の生きた道の中にある」

私はこの声をきいた時、ガンと一発脳天をぶんなぐられたように感じた。

私は、霜柱を踏みながら、欠けた石の数段のきざはしを登り社殿に近づいた。そしてカラカラと鈴を鳴らしてから、深々と頭をたれ、心をこめて拍手を二度鳴らした。その音は、境内のしじまに、さざ波のように伝わり、かなたの竹の幹に当ったようだった。

ここで懐しい耕山老師の横顔を簡単にふり返ると、こうなる。是々庵耕山老師は、福岡県久留米市の鬼僧堂で知られた臨済宗梅林僧堂で、三生軒猷禅と次の香夢室瞎禅に参じ、香夢室の室内を尽くされ、鬼僧堂の師家となるべき大器だった。それを固辞して、都下奥多摩の貧乏寺徳雲院に、一生韜晦の生涯を終えられた。有名な沢木興道老師は、耕山老師に兄事し、正月になると必ず挨拶にみえた。その時は、幸運にもいつも私は末席に侍ることができたが、まことに見事な応待で、禅者の面目横溢して、正に古哲の語録そのもの、一幅の禅画そのものという趣きだったことを、今でもありありと思い出す。耕山老師は昭和四十八年一月三十一日、九十六歳遷化。私は霊前に歌を十数首ささげ、思いの限り声をあげて泣いた。僧堂は、耕山老師の遺子太巌和尚が立派に継ぎ、法灯は持続されていて頼もしい。法嗣に塚田耕雲、柳瀬博心の二老師の先輩がおり、また私と修業を共にした道友に、由井直人氏が健在である。

古神道の勉強

村の鎮守さまのことがあってからの私は、確かに変った。『盲人に提灯』のテーマにも、古事記が現われるようになった。

☆〈二十号〉「ふくろしよひのこころ・易しい古事記解説」（川村学園大学教授阿部国治）………三巻五号

とか、

☆〈二十一号〉「大黒様のいう通り・易しい古事記解説」（同右）………三巻六号

などがその一例である。そして、神道の本を、片っぱしから読んでいった。読むばかりでは足りなくて、古神道の先達について、いろいろの行もおこなうようになった。

そして、次のような号が、序々に生れていった。

☆〈三十二号〉『現代ご神威物がたり』………四巻八号
☆〈三十三号〉『古神道の真髄と精気横溢する方法』………四巻九号

また一方、当時は、神田から本郷辺りの古本街に足繁く通い、古神道の写本類に目の色を変える日々でもあった。そして、生意気のようだが、この道も何となく見当がついたかに見えた頃である。そうしたある日、私は神田で、『ホツマツタヘ』の一写本をみつけたのであった。

この事実を、後から省みると、私にとっては、必然の連続であって、どうも偶然にそうなったとか、たまたまみつけたとかいうことではなかったような気がしてならない。

そして、神田でホツマツタヘの写本を発見してから、後の全巻を見出すまでの経過は、前著『秘められた日本古代史　ホツマツタヘ』に書いた通りである。

第一の功績

前著が世に出たのは、昭和五十五年七月だった。私の一生は、ホツマツタヘと共に埋められ、世間に再び現われることはないものと覚悟を決めていただけに、何といっていいか、表現できない位嬉しかった。そして、海のものとも山のものともつかぬホツマツタヘを世に贈ってから、私は固唾をのんでこの書物の行途を見守った。

ところが、意外なほど好評で、四版も版を重ねてくれた。そのため、いま、このような『続篇ホツマツタヘ』が、読者の皆さんの前に、お目通りが叶うようになったのだ。当り前のことだが、前著が不評判で売行きも伸びなければ、いかにお人好しの出版元毎日新聞社といえども、『続篇』を出すのに、首をタテには振らなかったろう。

だから『続篇』出版に当っての第一の功績は、読者が本を買ってくれたことである。私はこのことを心底からありがたく思う。これは、大して宣伝もしないのに、読者が口（くち）コミで、人から人に伝えてくれたことに原因があるとみる。そう思えばますます読者がありがたい。だが、考えてみると、このことは、ホツマツタヘの底力のなせる業（わざ）といっていいのではないか。私の舌たらずのペンでさえ、このような成果が得られたのだから、真の古典のもつ底力の強さは限りないものがあると、今更ながら驚嘆する。

そうである一面、私は敢て告白するが、前著を出すことで、方々から憎まれ、袋だたきにされることを覚悟していた。それは、天下第一等の書物である古事記と日本書紀をボロクソに批判すると同時に、現代の古代史学者と国語学者に向って、さかんに毒づかなければならなかったからである。また、現にある有名神社の御祭神が、ホツマツタヘからみると、いまと違う場合が度々だったが、この時、私は憶することなく、そのことを明示して憚からなかった。これは当然、神主はじめ神社関係者の激しい怒りにあうに違いない。殊に、これら神主を養成し、古事記護持の大本山ともいうべき東の国学院大学、西の皇学館大学の逆鱗にふれるのは、火をみるより明らかであると思えた。相手を傷つけた以上、こちらに理のあるないに関わりなく、手痛い見返りをうける。それは世のことわりというものである。これから生ずる火の子も甘んじてかぶる。そう臍（ほぞ）を固めていたのである。

案に相違して

しかし、案に相違して、私は誰からも何も云われずに、今日まできている。ホッとしたといえばいえるかもしれないし、拍子抜けしたといってもいいかもしれない。

だが、このことは、学界や神道界やその大学筋が、『ホツマツタヘ』と『ミカサフミ』と『フトマニ』の三書を認めたということではない。それよりも、今のところ、これらを無視しているといった方が当っている。

もっとも、このような事態は、あらかじめ予想されたことでもあったから、私は前著の「あとがき」で、このことを「百年戦争」になるだろうという云い方で、長期戦になることを見越した。頑くなな専門学者や神主たちは、目覚めが遅れ、一番後廻しになるということは、本来からいえばおかしい。だが、他の分野でも類似の事柄が全くない訳ではなく、結構耳にする出来事である。またある業界そのものが腐敗していて、それ自体の内から革新の炎をあげる活力が失われてしまっているといった場合もあるだろう。こうしたことのありうることは、私よりも読者の方が、もっと経験豊富なのではあるまいか。

だからこそ、私は、世の広い識者を求めて、前著を出したのだった。そして、この目論見は成功したといえる。前著が予想外の版を重ねることができたからである。更にいま、要望にこたえて、この『続篇』が出される。

日本民族の魂を歌い上げた真の古典が、現代に生きる素直なその子孫たちにうけ入れられない筈は絶対にない。そしてうけ入れられる副産物として、古事記、日本書紀、殊に古事記というまがいものを長い間、真実の書として仰いできた間違いにも思いが至るだろう。眠り続ける神主ばかりいるとは思えない。内には、真剣に真実を求める者が、必ずやいるに違いない。何百年もの間、記紀の因習によって、とり違えた御祭神をそのままにしていることをやめ、本来の神を、その神殿にまつることによって、真の神主になってもらいたい。このことを衷心より願わずにはいられない。

意外な支持層

私は、前著の中で、これまでホツマツタヘを守ってくれたのは、庶民と女性であったと書いた。それは、私がホツマ研究を続けてこられた体験を通しての真実を語ったものだった。

ところが、前著を出してみて、庶民と女性のほかに、強力な支持層がまだほかにもあったことを知らされたのである。それは知識層ではあるが、古代史学と国語学以外の非専門家といったらいいだろうか。それは各般各層に相当にぶ厚い層をなす。たとえば、ごく最近、東京の若い音楽指揮者酒井良一氏は、御自分の音楽集団に「ホツマ」という名をつけたといって、第一回演奏会にお招きいただいた。そのプログラムには、次のようにある。

「……ホツマという聞きなれないことばに、ご質問をしばしばうけるのですが、日本に中国から文字が入ってくる以前に、古代文字が存在したと主張していらっしゃる松本善之助氏が発見なさった古文書『ホツマツタヘ』の名によるものです。「マコト」といった意味でしょうか。漢字を自分のものとして使いこなすだけの高度な文化の蓄積が、それまでの日本にあったと主張しておられることに共感をもちました。西洋音楽のすばらしさを、日本人の感性をもって、自分のものにとりいれていきたいという願いに通じるものを感じます。……」

　また、仙台例会でご一緒に、ホツマを勉強している中目清氏も、御自分の経営される東洋医学の診療所に、「ほつま」という名を掲げられたし、東京例会の佐藤安信氏も、自ら主宰する針灸院に「ほつま庵」と名づけられた。そうかと思うと、これも東京の神崎孟氏は、「株式会社ホツマ」という新会社を設立された。このほかに、長いお手紙やお電話で激励して下さり、また、わざわざ来訪される方も一再ではない。

　要するに、ホツマツタヘは、日本のこころを求める広汎な現代日本人の魂に、喜んで迎えられつつあるのである。

古語への誘い

コトバの語源

コトとモノ統べるがコトバ、バの意味は⊕（マ）（誠（マ））とぞ知るべしコトタマの神

ものぐさにも

私の朝は、ものぐさにも寝床の中でラジオを楽しむ処から始まる。まずはＮＨＫ五時四十五分からの「人生読本」である。テープにとっておきたくなるような滋味深い内容のものも一再ならずある。

それから、ラジオ日本「おはようジャーナル」の和田春生氏の時局解説が有益だ。続いて「論説」での気賀健三、井上茂信、那須浩、武藤光郎氏らの、胸のすくような談論風発に喝采を贈る。大阪や名古屋の友人にも聴いて貰いたいのだが、聴取区域はそこまでいっていないらしく残念だ。

日曜になると、やはり床の中でＮＨＫ六時半からの宗教講話をきく。

某月の第一日曜も、例によって「宗教」から聴きはじめた。今日は般若心経の話だった。平易に説く説教が続く。演者の名は、失礼にもきき漏らしたが、感心して耳を傾けていると、難かしい「色即是空」、「空即是色」のくだりにきた。その時、私にパッとひらめいたことがある。それは以下に書くような断想である。これはその日放送された話の内容とは関係なく、私のひとりごとなのだが、きいていただければありがたい。

思うに、「色即是空」、「空即是色」という語は、一即多、多即一とか、絶対即相対、有限即無限などと云いかえてもいいのだろう。または、公案の「隻手の音声」といってもいい。しかしこんな難解な用語

ではなく、ごく身近かな表現でココロとカラダ、明と暗、プラスとマイナス、そして白と黒などの語におきかえても悪くないと思う。相互に対立する語を並べるなら、この他にもまだいくらでもありそうだ。

また、この同じ考え方の根ッコから「楽あれば苦あり」とか「苦は楽のタネ」とか、そして先ごろ評判だった青島幸男の小説の表題になった「人生万事塞翁が丙午」などのコトワザが出てきたものと理解してもまったくの間違いではないだろう。つまり、人間の悲しみや不幸は無限に続くものではないから、辛抱して頑張り続けていれば必ずや報われる時もくるという勇気づけに受けとれば、実生活の指針として申し分ない。

ズンベラボウ

なお、今の場合もう一つ重要点がある。それは、右の相反する二つの事柄は、「コトバ」という語にもあてはまるということだ。コトバはコト（抽象）とモノ（具体）の相反関係を見事に統一しているという事実である。そしてまたコトバがなかったら、例えばココロをココロとして分かり、カラダをカラダとして理解することができないのを知る。それればかりか、コトバがなければ我々にはココロもカラダも区別できず、正体なしのズンベラボウになってしまうのだから恐ろしい。

我々にとって、空気は片時もなくてはならぬ必需の宝物だが、コトバもまたこれと同じく最も大切なものだったのである。

だが、ここまでの話だったら、前にも同じ主旨のことを述べた先人があったかもしれないから、私がしたり顔で今更書くまでもないのである。しかし、これから後は、いささか違う。その点をおきき願いたいと思うのだ。

私の云いたいのは、右の一番大事なコトバの至奥の処を、我々の先祖はちゃんと知ってござったということである。それもただ単に知っていたというだけではなく、コトバを神としてあがめていたということなのだった。神としてですゾ！ そしてこの神が我々の宇宙観、人生観の基本として有機的な体系にまで仕上げられていたということである。このことは、ホツマツタヘ、ミカサフミ、そしてフトマニの記述がおのおの雄弁に語っているのだった。

ところで、そんならこれ迄コトバの語源を考える場合、その尊厳を中心に据えて求められてきたかというに左にあらずなのだ。この証拠として、『日本国語大辞典』縮刷版四巻九十七頁の「ことば」の語源欄をご覧願いたい。そこには、コトバの語源として、「コトノ端」、「コトノ葉」の外に、「心外吐」などというのさえある。ここではコトバは「端」や「葉」のように末梢的なものとして考えられるか、「心外吐」のように全く思いつきの発想でしかない考えで捉えられている。これでいいとはいえないだろう。では、この語の真意を満たす解釈はどうか。

コトバのバは、実はマの転化だったのではないかと私は考える。バとマが交替形なのは、ネブル（眠）がネムル、ウツムクがウツブクになるほか実例に苦労しない。コトバのバがマであると分れば、マの豊富な意味群の内で、この場合、最も適当なものをあてはめればいい。すると結局、コトバとは「コトとモノとの間を統合する」といえそうな気がしてくる。床の中でひらめいた着想は、以上のようなものだった。いかがなものであろうか。

高校球児はなぜ甲子園の土を持ち帰るか

いにしへのハニ（土）を尊ぶ心はも
今にも生くる球児のしぐさ

袋に入れて持ち帰る

毎年、特に春と夏には、私の勉強が妨げられる。約二週間位、どうにもソワソワして落ちつかなくなるのである。云わずもがなの高校野球が始まるからだ。あの純真一筋の球児の光景には、一喜一憂、テレビの前に釘づけにならざるを得ない。

ところが、どうにも気になることが一つある。激闘数刻、運はチームに味方せず、捲土重来を期して来年に望みを托しつつ、甲子園をたち去らんとする時しも、きまって行われるあの光景が、ここ数年来、テレビでは見られなくなったのだ。それは、球児が大粒の涙をポロポロこぼしながら、グランドの土を袋に入れて持ち帰る図——これである。

「あゝ、やってる！　やってる！」

と、私はその様子にじっと見入る。そしてくやしい気持を選手たちと等しくするのが常だった。だが、この印象的なシーンが、二、三年前から忽然と消えてしまったのだ。もし中止になったのなら、新聞やテレビで、このことを何とか説明があるかと思って心待ちしていたのだが、スポーツ記者にはそんなことは大した興味をひかないらしく、ついぞ何の解説もないまゝに終ってしまった。私の想像では、連盟のお偉方の禁止命令でも出たので、その年から取りやめになったのだろうなどと勝手に思ったりもした。
しかし、今年（昭和五十九年）の春のテレビには、この光景が思いもかけずチラリと写ったのである。すると、取りやめになってはおらず、ずっと変りなく行われていたのかもしれない。球児の砂とり風景は、実際の勝ち負け競技とは何の関係もないから、画面には写し出されなかったまでのことかもしれない。テレビ桟敷で楽しむだけで、スポーツ新聞さえ、碌に読まない私の早やとちりだったらしい。

それにしても、お前は肝腎の勝負よりもおかしな処に興味があるものだと、正当派の愛好家は笑うだろう。だが、私はあの行為を打眺めながら、いつも日本民族の血は争われぬものだなあと、感慨一入なるものがあるのである。だから、この大事なおこないが、突如として消え去ったことに寂しさを通り越して腹立たしささえ感じた訳なのである。

日本民族の血

考えてみると、球児の甲子園の土に対する熱烈な思慕というか、執着というか、そのことは要するに来年も予選を勝ち抜いて必ずこの土を踏みたいという一途の願望の現われである筈だ。これを、私の言葉で云いかえると、勝つためのモノザネ（物実）として、土をもちかえるのである。

私は、ここですぐさま思い出すことがある。それは、神武天皇が天香久山の土を艱難辛苦の末もって来させ、のち強敵を打破り勝利を博したという故事である。

この処はホツマツタヘの「ミハタノフソコ」（二十九）タケヒト・ヤマトウチノアヤ」一八頁以降に詳述

がある(一八頁というのは、『覆刻版ホツマツタヘ』でのもので、以下の頁数はみな同書のものを示す)。ここを例によって、古事記は全く載せないのは不埒だが、日本書紀の方は、巻第三の神武天皇(岩波日本古典文学大系本日本書紀では一九九頁以下)に、曲がりなりにも訳出されているから、「あ、、あそこか」と思い出す読者もあるかと思う。

でも、高校球児がこの伝承を知っていて、甲子園の土をもち帰るのではないだろう。そうかと云って、監督の命令とも思えない。それなのに、土をもち帰るという仕草は、毎年々々どのチームにもみられるのは事実なのだ。とすれば前にも書いたように、「日本民族の血は争われぬものだなァ」というほかないだろう。

野菜と呪い（のろい）

ところで、ホツマツタヘには、ここの部分を次のように載せている。

　　　スヘラギ祈る
　夢の告げ　神を祭れよ
カグヤマの　ハニ(土)のヒラデに
日モロゲと(二九アヤ一八頁)

即ち、タケヒト(神武天皇)は戦勝を祈念してやすむと夢のお告げがあった。その内容は、カグヤマのハニ(土)をもってきて、これで皿を作り、太陽の光をうけて育った植物をお供えして、神を祭れということだった。この場合、決して四足の動物ではない。四足の動物を生贄として捧げる朝鮮や中国の祭り方と根本的な違いはここにある。

また、ここでの大事なヒモロゲ（日モロゲ）という言葉を、日本書紀は、こともあろうに、

「亦厳呪詛を為よ」（岩波版二〇〇頁）

と訳している。「呪詛」というのは「のろう」ということである。平安朝の日本人の学者は、これに「かしり」という難かしい訓をつけた。これは「神に祈って人をのろう」というあまり感心せぬ意味である。ホツマツタヘにはこんな言葉はどこにもない。

それにしても、太陽の光をうけた清鮮な野菜の意味であるヒモロゲが、人をのろうという「呪詛」の語に誤訳されてしまっているのである。今の今まで誰一人として、この忌わしい事実に気づかずにいる。知らぬことは何よりも怖ろしい。

ちりをきる　神聖な神の霊気をいただきて土俵にあがる力士頼もし

若手の大活躍

今年（昭和五十九年）の大相撲大阪場所は、おもしろかった。関脇大乃国、同じく保志という若手の大活躍は、目を見張らせるものがあったし、大関若島津の優勝も待たれたところだった。また、私が最も健気に感じたのは、横綱北の湖の健闘だった。

こんな風に、大いに土俵を盛りあげたので、連日「満員御礼」の垂れ幕がさがり続けた。おかげでテレビ桟敷の私も、失望せず結構たのしく見終えたのだった。

そんなある日、アナさんが「ちりをきる」と言ったのを、ふと耳にした。

「ちりをきるだって?」

私はハッとして、あまりききなれないこの専門用語を、口に出して反芻した。

「ちりをきる」とは、『スポーツ用語事典』（日本体育協会監修）には、こんな風に載っている。

ちりを切る

力士が土俵に上って取組みに先だって行う作法のひとつ。二字口で蹲居（そんきょ）し、拍手を二回打ち、両腕を左右に開き、はじめ上に向けた手の平を下に返す。昔野天で相撲を取ったとき、菊で手を清めたのが初めといわれ、手を開いてみせるのは、なんの武器も持っていないことを示す意味があったともいわれる。

この中、「両腕を左右に開き、はじめ上に向けた手の平を下に返す」とあるのは「ちりをきる」という語の動作を正しく説明していると思う。しかし「菊で手を清めたのが初め」だとか、「手を開いてみせるのは、なんの武器も持っていないことを示す意味」という辺りは、どうも信用できず、眉睡ものといえる。「ちりをきる」というのは、深い意味をもつ日本古来の言葉と私は考えるからである。

チリケ

「ちりをきる」からすぐ思い出されるのは、ホツマツタヘの中にあるチリケという言葉である。

それは次のように載っている。

イサナギは　アメ（天）のしらする
ウツ（貴）の子を　生まん思ひの
マスカガミ（真澄鏡）　両手にヒル（日霊）ツキ（月）
なづらへて　カミ（神）なり出でん
コトを祈ひ　首巡る間に
アグリ（天降り）祈ふ　かく日を積みて
ミタマ（御魂）入る　カド（門）はチリケの
アヤトコロ（勘所）（四アヤ九頁）

イサナギ・イサナミ両大神は、おぼし召しに叶う貴い御子を生まんとして、真澄鏡を供え、両手に日月を念じ、天神の現われ給うことを念じた。そして首を巡らす間に、天神の申し子を授かるように願ったのだった。日を経て、イサナギ女神は、神の御魂を身ごもった。その御魂の体に入った場所がチリケである。かくて天照大神が生れたのだ。

これを読んで、人はすぐ灸の大事なツボのチリケ（身柱又は天柱）を思い出すだろう。この語は渡来語ではなく純粋のヤマトコトバだったのである。

ここでチリケの語源を考えてみよう。もともとチとはチ（血）、チチ（父）、チギ（千木）、チゴ（稚児）、チマキ（茅巻）、チノワ（茅ノ輪）、チカラ（力）、チカフ（誓）、チナム（因）、チハヤブル（千早振）などにみえるチと同義なのだった。そしてこの意味は、神の濃厚なおぼし召しをいただいた特殊の霊力を指す。リとは、ラ変動詞アリ（有り）の連体形アルのア略だろう。だから元はチ・アル・ケだったのが、アの音を転落してチ・リ・ケとなったのだ。ケとは、心身の精力そのものをいう。つまり、チリケとは、神のおぼし召しの籠った精力といえばいいだろう。

霊気で充実

さて、ここではじめの相撲の「ちりをきる」に戻る。この「ちり」は、上に述べたチリケのチリのことであると私は思う。そして、決して塵埃などを意味しない筈だ。

次の、「きる」とは、モノを切断することではない。この語は、際立つような動作をすることをいう。「タンカをきる」、「シラをきる」、「とんぼをきる」などがそれである。

また歌舞伎や能になると、これは「みえをきる」「面をきる」などとなる。更に、この言葉は現代語にも生きていて、テニスやピンポンなど球に回転を与えるように打つことに使われる一方、ハンドルやカジなどで進む方向をかえる場合に、「右へハンドルをきる」などと使われたりもする。

結局、「ちりをきる」とは、土俵に上った力士が、神聖な神の霊気を精一杯いただいて、これから立合おうという気力充実の動作をいい表わしたものとみていいのではないか。

母乳の神秘！

おのづから成り出る乳のすばらしさただ感じいるばかりなりけり

母乳は満点

☰⊼⊕を学ぶ仲間で箱根に住む石沢沈雄氏からきた手紙の一節に、

「〝かっぱえびせん〟のカルビーが宣伝用に作った小冊子、川島四郎著『日本人の栄養』は一見の価値があるのではないでしょうか。この中で『母乳の神秘！血血（チチ）』という頁なぞはうなる位です」

とあった。耳よりな話なので、早速カルビー株式会社（114東京都北区東十条六―一―一五）から送って貰い、読むと成程おもしろい。

これは四〇頁に満たないパンフレットながら、川島先生がこれまで出された沢山の御本のエキスのように思えた。然もサトウサンペイ氏の漫画入りで読み易くなっているのはいい。川島博士はかねてから尊敬申しあげている先生で、八十七歳というお歳なのに現役顔負けの大活躍である。この「筆者略歴」欄にはこうある。

「明治三十年生。青年のように頑健。陸大(経)卒。東大（農化）卒。農博。軍用糧食の世界的権威。元陸軍主計少将。今もなお研究に全力投球」

さて、注目の「母乳の神秘！　血血」の項には、次の通り載せてある。

「赤ん坊が生れてすぐ出る乳を初乳といいます。初乳には後で出てくる母乳とは違って下剤的成分が含まれています。それは赤ん坊がおなかの中にいる間に、臍(へそ)の緒から母の血を受けて、腸に母血がたまっているので、これを早く体外に出す必要があるからです。

また、乳房にたまった満タンの母乳を赤ん坊が吸いつくした後、それでも吸っていると乳房に赤い血が集まってきて、またたく間に白い乳にしてしまいます。食品製造科学がこんなに発達していても、こんな短時間で母乳に変える芸当はできません。

また、乳の栄養は満点ですが、たった一つビタミンEが足りません。Eは性欲に関係ある成分ですが、赤ん坊に性欲をつける必要はないからです」

巾(チ)への崇拝

右を読んだら、石沢氏ならずとも「ウーン」と唸らずにはいられないだろう。正に、題名のように乳(チチ)は血血(チチ)だったのである。また、後でも書くように、乳、血血は霊(チ)でもあったのである。

ここですぐ思い起すのは、前にも書いたが、日本の古代文字では乳でも血でも、又霊(チ)でもまったく同じ文字の巾(チ)と書かれていたことである。つまり、古代日本人にとっては、乳、血、霊すべて一つの元から出ていると考えられていたのだった。

この巾については、「ちりをきる」の項では、相撲の「ちりをきる」という動作が、実は立合いに当って、神聖な神の巾(チ)（霊気）を精一杯いただくことであると述べた。

また同じ処で、チ（血）、チチ（父）などの名詞、チカフ（誓）、チギル（約束）などの動詞やチハヤブル（千早振）の形容詞もこのチという尊厳な一語の源から出ていることも書いておいた。つまり、漢字で現わされると全然別の字になってしまうが、それに惑わされずチの大事に思い至るのが肝腎なのである。

ヒモロゲ

だからこそ、古代日本人はチが清まることを最高に大事にしたのだった。四足の獣肉を食えば、チ（血）が汚れるのを知り、ソロ（玄米か）とアホナ（青菜）を食うのを最もよしとしたのである。

川島先生は、この本の中で、ライオンは肉食動物だとばかり思われていたが、本当は意外にも草食を非常に好む動物だと報告されている。ライオンが倒した縞馬の腸には、青菜が一杯詰まっているのだそうだ。先生が、この項の最後を、「赤い血を作るには青い野菜が必要なのです」と結んだのは印象的である。

また先生は、他の著書（『コーカサスを訪ねて』昭和四六年、東明社）の中で、「太陽を食う」（二四〇頁）ことについて書かれた。これは太陽の恵みを一杯うけた青野菜をふんだんに食うことである。

そこで思い出すのが、ホツマツタヘ中に度々出てくるヒモロゲという言葉である。これは「太陽エネルギーの籠った食物」という意味で、神様への御供物の第一とされた。

処が、このヒモロゲは、前に、日本書紀では「呪詛」と記されていることを紹介したが、一般には、「神籬（ひもろぎ）」の漢字があてられ、意味も訓も異なり、「神座として立てる常緑樹」のことになってしまった。

大事な古意はヒン曲げられてしまったのである。

戀と田Ⅲ（コヒ）　わが国のやまとことばに唐国の文字の意味はし通はぬと知れ

恋は乱に通ず

人妻を　奪はむほどの
強さをば　もてる男の
あらばとられむ

岡本かの子の歌である。倫理を越えてまであこがれる女の奇しき恋心を、大胆に歌いあげたものだった。この、女の恋心の「恋」という漢字は、実は略字体で、かつては「戀」と書かれていた。このことは、まだ多くの人に忘られてはいないだろう。

また、年輩の人なら、この「戀」の字を「糸し糸しと言う心」と覚えたことがあったのを、御自分の豊かな青春と共に思い出される方があるかもしれない。

そこで気になるのは「戀」の本当の意味である。それにはこの文字の語源をみるにしくはない。これは、

「まづ糸二つを書いて、糸のように千千に乱れたことを表わした。それに言を加えて、言葉でケリをつけようとしてもたち切れぬことを表わした。そういう乱れに乱れた心が戀であります」

というのだそうである。当代切っての漢字学者藤堂明保博士の『漢字まんだら』(昭47）に、そう書かれている。さらにここには、この『戀』は、中国ではliuanと発音され、一方「乱」がluanであるところから、「戀」も「乱」も同系列の語と説明される。そして「乱」の語源はというと、「千千にもつれてどうにもおさまりのつかぬことを表わしている」のであるからして、この語はますます以て「戀」の語源と同じだというのである。恋は乱に通ずか。なるほどと感心する。

しかし、ここで

「ちょっと、待てよ」

と、歩をとめてみる必要があるのではないか。なぜといって、この説明はいくら成程と思わせる節があったとしても、要するに、漢字という文字の解釈にとどまるからである。

漢字は云うまでもなく、漢民族が発明した文字である。この民族が「戀」を「乱」と同じに考えたからといって、日本民族もまた、これと同様に考えていたとしてしまっていいものだろうか。どうもひっかかる。

右の通りなら、昔も今も変わらずに若い人々の血を燃やす大事な「戀」の内身まで、他民族の考え方の借り物ということになってしまう。そりゃ、いくら何でもひどい。

では、日本語で「戀」の意味はどうだったのだろうか。この大事な点を、考えてみたいと思う。それには、何といっても「戀」という漢字の呪縛から解放されることから始めなければならない。思えば、我々日本民族は千年もの長い間、漢字という手カセ足カセをはめられてきたのだった。そのために今日では右に述べたように、「戀」の内身まで漢字の字源を横滑りさせてあやしまないまでに慣れてしまっているのである。

月とスッポン

　ではまず「戀」の漢字を離れて、日本古代文字で[コヒ]と書こう。ここからすべてが出発する。漢字の「戀」は、本来絵文字からできている糸＋糸＋言＋心の四つの合成文字だった。しかし日本古代文字は音を表現した文字なのだった。目から得た絵文字と口から出る音から得た音標文字とは根底から違う。両者の間には、月とスッポンほどの差がある。

　さて、[コヒ]とは、[コ]という語幹と[ヒ]という語尾からできている。[ヒ]とは、[コフ]という動詞の名詞形で、ある語幹が言葉の意味を決定するのはいうまでもない。すると、このコトバの意味を探るには、[コ]の意味を究めればいいことになる。そこで[コ]だが、この音は各自が実際に発声してみればわかるように、口をヒョットコ形にし、口腔に音がコモルようにしてはじめて音がでる。このコモルというのは、[コ]の意味を考える場合大変に示唆的である。

　ここで、いまの問題の[コヒ]（恋）のほかに、[コ]をもつ類語をあげてみよう。これには、[コ]（濃）、[コ]（子）、[コ]（蚕）、[コル]（凝る）、[コシ]（腰）、[ココロ]（心）などがある。右にのべた発声に音がコモルのを考えに入れつつ、これらをじっと睨んでいると、次のことに気づく。

　まず、類語の内、[コ]（濃）が[コ]という語の元形だったのではないか――この糸口が摑めると、忽ち他の語の由来も納得できるからありがたい。つまり、コ（子）は一段と濃い愛情を注ぐ対象物であること、コ（蚕）は絹として特に愛賞されたからか、カイコの虫が白いマユの中にコモッテいるからかの命名だろう。コル（凝る）はある一点に濃く集中するからと思われるし、コシ（腰）は、この場所がシ（動作）の中心的存在であるからその名があるのだろう。ココロ（心）は他の語より難かしいが、このコ又はココはこの局所が内臓の重要機関であるからこそ、コ音を冠したに違いない。こうしてみると、コヒは、心の濃度の高い状態をいうとして甚しい誤りではないだろう。

以上で、読者は日本民族は漢民族のように「戀」が「乱」に通ずるとはみてなかったのを納得されただろう。そして大事なことは、日本語は漢字の解釈によってでは理解されないことを知られたと思う。

橘とタチバナの違い

ほつまなるやまとことばのもとのり（原則）を知らんとぞ思ふ力つくして

二重読み

橘という字は、漢語で読めば「キツ」だが、日本語でいえば「たちばな」である。こう書けば、大抵の人は、「そんなことは当り前でしょ。それがどうかしたんですか」と、ケゲンな顔をするだけだろう。現代の日本人は、この二重読みにすっかり馴れてしまって、さしたる不都合は感じていない。それほどまでに漢字は日本人のものになりきっていると云える。

その上、漢字のもっている意味が、日本語の意味と同じであると思い込む向きさえある。だが、果してそれでいいのだろうか。今の「橘」の場合、漢字の「キツ」の意味は、そのまま日本古語の「たちばな」の意味と同じものなのだろうか。この思いもかけなかった問題を、ここでは考えてみたい。

「橘」には二通りの種類がある。ニホンタチバナは日本生来のもの、カラタチバナは中国渡来のもので、遣唐使たちはニホンタチバナに「橘」の字をあて、カラタチバナに「枳(シ)」の字をあてた。カラタチバナは、後に省略されて単にカラタチとなる。

しかし、「橘」は本当にニホンタチバナとしていいのかどうか。まずこの字の構成からみていこう。その右側は、矛(ホコ)十内(ウチ)（中に入る）十口(クチ)（あな）からなるもので、刃物で内をえぐって穴をあけることを意味する。今日のミカンは皮をはいで中身を食べるが、昔は刃物で皮に穴をあけ、中をえぐって汁をしぼり出したのだろう。

これでわかるように、漢字はあくまで目でみる視覚からの発想を元にしている。だから漢字のことを、絵文字とか象形文字とかいうのが納得できる。絵が文字になったから絵文字で、形を象どっているから象形文字となる訳だ。

では、この植物は日本純粋古語ではどうなるのだろうか。まず、古語として書かれる日本の文字は漢字の「橘」でいい筈はない。そうかといって、「タチバナ」や「たちばな」でもよくない。それはぜひとも「ⓨ(タ)巾(チ)ⓥ(バ)⊕(ナ)」と書かれるべきなのだ。なぜなら、古代日本民族はこの植物の名を「ⓨ(タ)巾(チ)ⓥ(バ)⊕(ナ)」と書いていたからである。

さて、この語構成を考えると、「ⓨ(タ)十巾(チ)十ⓥ(バ)⊕(ナ)」の三語からなっていることに気づく。ⓨ(タ)とはイタイ（痛）

とかイタヅラ（徒）とかいう場合のイタで、〔タチバナ〕の〔タ〕はこの〔イタ〕の〔イ〕が略されているとみることができる。

元来、〔イタ〕とは普通の状態を超えた形容で、ハナハダシイ（甚）という意味なのだった。だから、イタイ（痛）は異常な苦しさを現わす形容となる。また、イタヅラ（徒）では、ヅはもとツで、イタとラとを結ぶ助詞であり、ラとはある状態の継続する有様の接尾語である。だからこの語は、ハナハダシイ（甚）行為を持続するということになり、常識はずれの困った動作を意味することになる。

日本古代学の始め

ところで、現代仮名遣いでは、イタヅラをイタズラと書かせる。しかし、これでは、この語のもとの意味がわからなくなってしまう。発音通りに書く現代仮名遣いは、たしかに便利には違いないのだが、このようなコトバの大事な生命を見失うことにも力を貸していることになる。このような欠点を知って何とか補いたいがなかなか難かしい。

そこで、この〔イタ〕の〔イ〕が〔タチバナ〕同様略されている実例を少しあげてみよう。タカラ（宝）、タガヤス（耕）、タキ（滝）などがそれである。ふだん見過されている言葉の中でこれと同じ種類は意外に多い。

タカラ（宝）はイタ（甚）カラ（体）だから、重要なかけがえのない品物という意味になる。タガヤス（耕）はイタ（甚）カヘス（返）だから、畠でスキクワを使っての動作を指すことになる。また、タキ（滝）は、イタ（甚）キ（気）である。従って河の瀬の急な所を奔り流れる水のことになる。ただこの場合、日本古語のキと漢語の氣とは偶然の一致なのだった。だから漢語の氣が輸入される前にも日本語にはキという言葉があったことを知らねばならないのだ。

タの次のチは、日本人が何よりも尊く重んじてきた徳目であることは、これ迄に繰返し述べてきた通りである。

すると結局、タチハナとはイタ(甚)なるチ、チを最高に備えているハナということになる。だから、タチハナは、古代日本ではどの植物よりも崇高に扱われてきたのだった。その証拠に、ホツマツタヘ原文の内、天照大神時代の一節を次にあげる。

　南の殿に　タチハナ植ゑて
　香具の宮　東に桜植ゑ
　大内宮　（六アヤ十六頁）

これが右近の橘、左近の桜の起源だった。平安時代になってから、はじめて紫宸殿の南階下に橘が、東階下に桜が植えられたように思われているが、実はそうでなく元は神代に遡るのだった。このように、漢字と日本字との成り立ちの発想には、天と地ほどにも差があった。このことに注目するところから日本古代学ホツマツタヘの勉強は始まる。

桜への誤解

大宮の「右近の桜」神代より伝へ来れるふる事にして

桜の精神史

私の好きな作家城山三郎氏の『わたしの情報日記』(集英社・昭56) は、なかなか面白い。だが読み進むうち、こんな処に出合った。

「ところで、『男たちの好日』の中に、桜が好きな詩人というのを登場させたため、このところ、桜に関する本をいくつか読んだ。そのうち、とくに牧野和春『桜の精神史』(牧野出版)が、桜の受けとめ方が時代によって変わって行くさまを丹念に追って、興味深かったが、万葉集に詠まれた花の種類では、桜は梅の三分の一にすぎぬ、という。いかにも幽玄な梅の花のたゝずまいとい、、梅こそ日本古来の花であると思いがちだが、実は、桜が日本でも山野に自生したのに対し、梅は中国から渡来したもの。いわば舶来の文明の象徴のように見られ〝大陸の珍花として貴族たちにもてはやされていた〟という。だからこそ、ありふれた桜などより、歌に詠む対象にされたようだ」

とあった。そして次にはこんなことまで書いてある。

「こうした情報を知ってから、梅を見ると、たゞ古風というより、一種モダンな文人好みの花という風にも見えてくる。知って見るのと、知らずに見るのとのちがい。もちろん、前者がいつも後者よりよい結果になるとは限らないが、精神生活に巾が出てくることは、たしかであろう」

右を読み、最初にうけた感じは、
「オヤ、オヤ、困ったもんだなあ」
というものだった。気に入った人に変てこな入れ智慧をされてしまったからである。新たに読んだ誤った「情報」が「ありふれた桜」とか「精神生活に巾が出てくることはたしかである」などといわせてしまったのだ。ファンとしてまことに心外である。しかし城山氏が読んだ『桜の精神史』の方にこそ間違いがあったのだった。

万葉に載る梅が桜より遥かに多いというのは、その通りである。さりとて、その梅が渡来種であり、この故に〝大陸の珍花として貴族たちにもてはやされていた〟と考えてしまうのは短絡にすぎる。だが、このように信じているのは牧野氏ばかりか、大方の専門家が皆そうなのだからなおのこと困ってしまう。

本当のことをいえば、梅も桜同様、神代ながらにチャンと存在し、日本人の大好きな花だったのである。ホツマツタヘにはニニギネノミコトが梅の花見をして御馳走を食べられたという記述まである。

時にアマテル
「八島巡れ」と
ミコトノリ
布れたまふ。時二十九スス
五百の一枝　三十八二月
一日と　ムメ（梅）の花見の
御饗して　日読み（暦）の宮の

門出告り。（二四アヤ三頁から）

この中の「ムメ（梅）の花見の御饗へして」とあるのがそれである。

温泉宿で読めば

城山氏と同じように、私も桜に関する本にはかねてから注意を払ってきた。勿論、ホツマツタヘに関係あるからである。だが、牧野氏のこの書は寡聞にして知らなかった。それで急いで買ってきて、手にとるとなかなか瀟洒な装幀だ。氏には別に『樹霊千年』『八咫烏ノ森』というのもある。自分で経営する社から自著も出すという風格ある文人社長のようにお見受けした。読み出してみると、どうしてどうして、なかなかの文章家。桜の蕾のある静かな温泉宿で読めば、さぞや心に沁みるだろう。

だが、どんな本をみてもそうなのだが、ここでも相も変らぬ『古事記』による展開で、百年の恋も一ぺんに醒めてしまうのは、いかにも残念である。それに「左近の桜、右近の橘」のくだりになると、ウンザリしてもう白けきるばかりである。既に書いた通り、この起源は神代時代にあるのだから、「左近の桜」の初めが梅だったとするのは迷惑千万な誤解だし、「右近の橘」を大陸渡来のように思うのも元より誤りである。

ところが、この「左近の桜」は梅だという説は、私の尊敬する山田孝雄の『桜史』に由来するのだから、複雑な気持にならざるを得ない。そこでは、平安中期の『古事談』に、「南殿ノ桜樹ハ本コレ梅樹ナリ・・・・其後天徳四年内裏焼失。仍テ重明親王ノ家ノ桜木ヲ移セラル云々」（元漢文）とあるのや、その他の文献で証明されているのである。その他とは、『禁秘御抄』『三代実録』『続日本後記』などだ。

そこで、牧野氏は左のように云う。

「こう考えると、梅にもともとは注がれていた関心が、焼失を機に桜に変わったことになるわけで、やはり自然観の変化とみるほかはない」

ここまで曲ってくると、何をかいわんやである。そして、どうでも右の原典の一々に当り、その真偽を吟味し論破せねばならなくなる。こうなると憂鬱な仕事がまたひとつ増えてしまう。ねがい下げにしてもらいたいが、そうもゆくまい。大事な「左近の桜」の起源に関することだからである。

回文（かいぶん）の始め

スミヨシの神うたひたる廻り歌（よは）荒れにし海も鎮まりにけり

楽しい趣味

『洛中生息』などの名著をもつ京都女子大学の杉本秀太郎教授が、朝日新聞の「日記から」（昭和五十七年1・16）という随想欄に、回文（かいぶん）のことを書いている。回文というのは、上から読んでも下から読んでも同じになる歌や句のことなのはいうまでもないが、この文章では、回文作りを趣味にする友人三人がパリの冬の長夜を、楽しくうち興じたのが話題である。回文を嗜む人士は、案外いるものらしく、ブラック・ユーモア作家阿刀田高氏もその一人で、いつかのラジオ講演で、回文創作の苦心の一端を語っていた。

実際、たとえ短かい回文にせよ、上からも下からも同じに読める文句など、そうザラに作れるものではない。ところが驚いたことに、自作の回文創作集を三冊も出している御仁がいるのだから恐れ入る。その人の名は、コピーライター土屋耕一氏。現代回文作家番付を作るなら、無双の横綱であることに間違いない。その労作は『軽い機敏な仔猫何匹いるか』(誠文堂新光社)や『つつみがみつつ』(福音館書店)などに結晶する。

ところで、右の杉本氏の随筆中に、回文、「長き夜の唐の眠りのみな目ざめ波乗り船の音のよきかな」というのが引用される。これは氏の友人が子供の頃、母親から教わったものだそうだ。

だが、実は、この回文は長唄の「宝船」の中にあって、かなり知られているものなのだった。「宝船」の作者は、天保年間（一八三〇―四四年）に活躍した四代目杵屋六三郎とされている。六三郎が何を元にして、これを作ったのかはわからないが、これより古くは意外にも大陸の文献になるらしい。このことを教えてくれたのは、鈴木棠三教授『ことば遊び』(中公新書)『ことば遊び辞典』(東京堂) である。そこには、「十六世紀末に中国でできた『日本風土記』(侯継高) に載っている云々」とある。すると、この歌は、既に信長や秀吉の時代には、海を渡って中国人の筆になる書物に載せられていたことになる。かなり普及していたとみていいのかも知れない。

(マハリウタ)

私が、この「長き夜」に特に執着するのは、(ホツマツタヘ)にこの回文があるからである。歌は、一アヤ一四頁に次のように見える。

(ナガキヨノ　トオノネフリノ)

ミナメサメ　ナミノリフネノ
オトノヨキカナ

これを、先の杉本氏のと較べると、音として唐（とう）の「う」がこちらでは「オ」となっている他はすべて合う。それにしても、古事記、日本書紀より古い文献ホツマツタヘに、この回文が既に載っているのは驚きのほかない。しかも、回文のことを、マハリウタ（回り歌）といったこともはっきりする。

しかもみる通り、五七調三十一文字が全部古代文字で書かれているのだった。もっとも、ホツマツタヘではこのウタだけでなく五七調で一万行もある長歌体の全部が古代文字なのだから、まともには信用できないほどだ。

このマハリウタの由来はこうである。スミヨシノ神が、天照大神のお供をして船旅をし、暴風雨にあった時、このマハリウタを唱ったのだった。すると、風はやみ、船は快く、アハについたという。アハというのはおそらく四国の阿波のことだろう。

このマハリウタは、スミヨシノ神が創ったと特に明言されてはいない。だから、もしかすると、もっと古い時代から既にあったのを、海上の危急に際して、この神が称えたものだったのかもしれない。しかし、このマハリウタを唱って風波を鎮めたのは、まぎれもなくスミヨシノ神だった。だから、同神が海上鎮護の神であると同時に、一方では歌の神として、古来、特別の信仰を集めてきたのも、成程とうなづける。（この「うなづける」の「づ」も新仮名遣いでは「ず」になる。）

ところで、四代将軍家綱時代に偽書として廃棄処分にあった『先代旧事本紀大成経』（略して『大成経』）

中の、六十一巻『詠歌本紀』には、次のようにある。

物部雄君連公、憂毎夜得悪夢、舟於大海風波発難或船覆没水或為鰐被呑　是水難兆有苦難忍皇太子聞之詠回歌即夢息不見

斑鳩宮皇太子

長生夜之十之睡之咸目覚波乗船之音之善止哉（ナカキヨノトヲノ子フリノミナメサメナミノリフ子ノヲトノヨキカナ）

結局、ホツマツタヘに出ているこの咒歌が、その後どういう経路を辿ったかを年代順に並べると、こうなる。十六世紀の中国の『日本風土記』、十七世紀の『大成経』、十九世紀の『宝船』ということになる。しかし十六世紀以前にも、このマハリウタを載せた書物は必ずあるに違いない。それをぜひ探したいものである。

つい最近になって、春瑜本『日本書紀私見聞』という古写本の中に、待望のこのマハリウタをみつけた。そこには、次のようにある。

「廻文ト云ハ逆ニモ読ルル也」とあって、一首の回文が載っている。

ムラクサニクサノナハモシソナハラハナソシモハナノサクニサクラム

チカキヨノトヲノ子フリノミナメサメナミノリフ子ノヲトノヨキカナ

ところで、この書を春瑜なる人物が写したのが、応永二十三年（一四一六）という。この年は、室町時

代の四代足利義持の時である。これは、丁度世阿弥が花伝書（一四〇七）を書いた頃でもある。そうすると、さきの中国の『日本風土記』が十六世紀だったから、これが十五世紀ということになって、今のところ一番古い計算になる。あなたもどうか、アンテナを張って、ホツマツタヘのマハリウタの載っているより古い写本をみつけていただきたい。

日本古代学・事始め

内憂外患

ヨシロワケノスメラギ（十二代景行天皇）は、不慮の死をとげたわが子をいとおしむ心で一杯だった。わが子とは、いうまでもなくヤマトタケ（日本武尊）のことである。この子を次のスメラギ（天皇）に据えようと厚い信頼をよせていただけに、突然神去（かんさ）られてしまった今、父ヨシロワケの悲しみと動揺とは、何物にもたとえようがないほどだった。いつの時代でも、親子の逆（さかさま）をみる惨酷さは変らない。

かてて加えて、時代は何かしら不安をかもし出しはじめていた。東のミチノク（東北）の動乱は、ヤマトタケの出征によってようやく鎮静されたとは云え、いつ又火を吹くかわからぬ不気味な様相を呈していた。

景行天皇纒向日代宮跡。奈良県桜井市。
山の辺の道を、三輪神社から穴師坐兵主神社に向う途中にある。

数年前には、西のツクシ（筑紫）の果てのクマソ（熊襲）が背いたことも決して忘れることはできない。この時は、ヨシロワケ自ら出征して平定したのだったが、再びクマソが背いたので、急いでヤマトタケを派遣し鎮めることができた。ヤマトタケでなかったら、あの時の危難を救うことはできず、わが国は大混乱におち入っていただろう。今考えても、薄氷を踏む思いがする。

それに、ずっと気になっている出来事がある。というのは、祖父のミマキイリヒコ（十代崇神天皇）の時代のことだった。カラ（加羅）国の王子ツノガアラシト（都怒我阿羅斯等）がケヒノハマ（敦賀）に漂着したのである。その五年後、ミマナ（任那）という独立国を建ててやりその王子ツノガアラシトを帰国させたのだった。だが、シラギ（新羅）の国に侵されたといって、また助けを乞うてきた。そこで、クニフククの子孫のシホノリヒコを将軍として派遣し、平定させたという事件もあった。

しかし、このミマナ国のその後の様子はどうなっているのだろうか、どうも安定しているようにはみえない。いつ何時このシラギが、又ミマナ国に攻め込んでくるかもしれず、なおも余力を駆ってわが国にまで押し寄せて来ないと、誰が保証しよう。

内憂外患は、重く厳しくのしかかり、いつ触発するかもしれなかった。ヤマトタケさえ生きていて、次の皇位を継いでくれさえすれば、後は安心できたのだ。しかし、よき皇太子ヤマトタケは、今はもうこの世にはない。

翌年、世にも盛大な葬儀が行われた。これは、先立たれた子に対する父のせめてもの心遣りだった。しかし、この時、既にヲシロワケは百二十六歳という高齢に達していた。一日も早くヤマトタケに代る世嗣を決めなければならない。悲しんでばかりはいられないのだ。

翌々年、ようやくヤサカ姫の生んだワカタリヒコ（第十三代成務天皇）をヒツギノミコ（日嗣の御子）に決めた。

だが、ヲシロワケの目からすれば、ワカタリヒコは、経綸といい、人望といい今は故きヤマトタケに較べるべくもなかった。何とか補強工作をしなければならない。神代以来の宏遠な祖国を安定させるために何とかしなければならないのだ。年老いたヲシロワケは幾日も幾日も、そして夜も朝も、今後のヤマト（日本）の国の行末を案じ続けるのだった。

遂に耐まりかねて、高齢の父親は今の奈良県桜井市にあったヒシロノミヤ（日代の宮）を後にし、夭折したヤマトタケの歴戦の御跡を東国へと巡ってみたりもした。しかしスメラギの心は満たされはしない。

ノコシフミ（遺書）

ヲシロワケは悲しみの旅から都へ還った。そしてヤマトタケが今わの際に書き残して進呈したノコシフミ（遺書）を、またもや開いてみた。これまで何回、何十回読み返したかわからないノコシフミだった。

しかし、今ほど心に沁みてこれを読んだことはなかった。そこには、今後のヲシロワケのなすべきことが明示されていたからである。この大事を、ヲシロワケは今ようやく実行しようと決意した。

「そうだ。これこそ今私がなすべきことに違いない。私は、このことになぜもっと早く思いつかなかったのだろう」

そういってヲシロワケは勢いよく立ち上った。ヲヲシロワケは、そのことを遂行することによって、悲

左・景行天皇御陵（奈良県天理市）
右・景行天皇陪塚。ここには誰が葬られているのだろうか。

嘆から解放されるばかりか、新しい皇太子ワカタリヒコを援け、御国を安泰に導くことができるのだ。

　ところで、老天皇を力づけ、かつは指針を与えたヤマトタケのノコシフミには、一体何が書かれていたのだろうか。それを一口でいえば、今後の治政を憂える書であった。そしてその内容は、神代以来の建国のこころ、アメノミチ（天の道）を書き残すようにという文意だった。このことが切々と五七調の歌によって訴えられていたのである。国が危い時、民族の魂が省みられるのは、ごく自然の成りゆきである。

　ということは、具体的には歴史書の編纂である。これはいちいち例をあげるまでもなく、古今東西を通じて同じといえる。

　思うに、ヤマトタケの一生は、西に東に苦難の戦旅に休む暇とてありはしなかった。そんな夜は不自由な山野に野営したであろう。この時、ヤマトタケは澄みきった星空を仰ぎながら、何度も何度も真の和平への道を求め心に描いたことであったろう。和平を願う気持は、戦後にいる者より、戦っている者の方がはるかに熾烈なものなのだ。私ごとになって恐縮だが、大東亜戦争の勃発した時、極寒の北満原野に一兵士として従軍したあの時の、平和への切なる願いを、私は決して忘れることができない。

真の平和はどうすれば齎（もたら）されるのか。ヤマトタケにとって勝利をおさめるのは勿論大事なことに違いないが、同時に一刻も早い和平を一層真剣にのぞんでいたのであった。

この時、ヤマトタケの心には、アメノミチがあった。日本民族の一人一人が日本古来の心に目覚めるなら、本当の平和で幸せな生活が送れた筈だ。だが、アメノミチへの自覚が、今ほど薄れている時代はない。祖宗以来の尊いミチを、この時こそ省みるべきではないか。そのことをこそ今、明確にすべきではないか。このような動乱の世であるからこそ、日本民族の本当の生き方をもう一度確認する必要があるのではないか。最も緊急にして肝要なことは、祖宗の示し給うたアメノミチを鮮明にし、明確にする、このことに極まるのだ。

ヤマトタケは、この世を去るに及んで、熱い熱い思いをノコシフミに表白し、これを父スメラギに捧げたのだった。

このような状態は、我々が生きる現代にそのまま当てはまるのではないだろうか。日本自体、戦争こそしてないが、世界のどこかで、硝煙の上らぬ時とてない。一方、日本は西欧に追いつけ追い越せで、やっとのこと最近その目的を達した。しかし、世界の一等国になり、発言力を得ても、さて何をどうしていいのか見当さえつかない。そして西欧自由主義国としての一員というのが、自己規範の軸になっている。しかし西欧自由主義というのが、本当のわが国の規範なのだろうか。日本には日本の独自の目標があるのではないか。日本人としての理想があるのではないか。しかし、日本人の理想というような言葉は今どき、きいたことさえない。世界への積極的働きかけをするためには、国家が、高い理想をもっていなければならない筈だ。しかし、日本のどこにその理想があるか。その日暮しに堕しているのではないか。こんなことを思う時、日本の祖心を省みよ、という痛切なノコシフミを認めたヤマトタケの心は痛いほど共感される。ホツマツタヘが現代人にとっても必読の書であると、私が叫ぶ理由もここにある。

カグノミハタ

ヲシロワケは、いとし子ヤマトタケの献策を今や惑うことなく決行した。そして親しくお書きになったのが、カグノミハタであった。カグとは天香具山（あめのかぐやま）などという香具（かぐ）で、「かぐわしい」という意味の形容詞である。ノは云うまでもなく、上の語を下の体言に結びつける格助詞であり、ミは御、ハタとは織物を作る手動の機械のことだが、またその機械で作られた織物をもそのように呼んだ。この織物に書物のことをなぞらえたのである。

その頃、書物は、一般にフミといわれていたが、またここでのようにハタという云い方もあったようだ。書物は、タテ糸、ヨコ糸をいろいろと織りなして作る反物と同じだという発想からだろう。だが、このハタを書物の意味に使う語法は、記紀以後には出て来ないからどんな古語辞典にも載ってはいない。

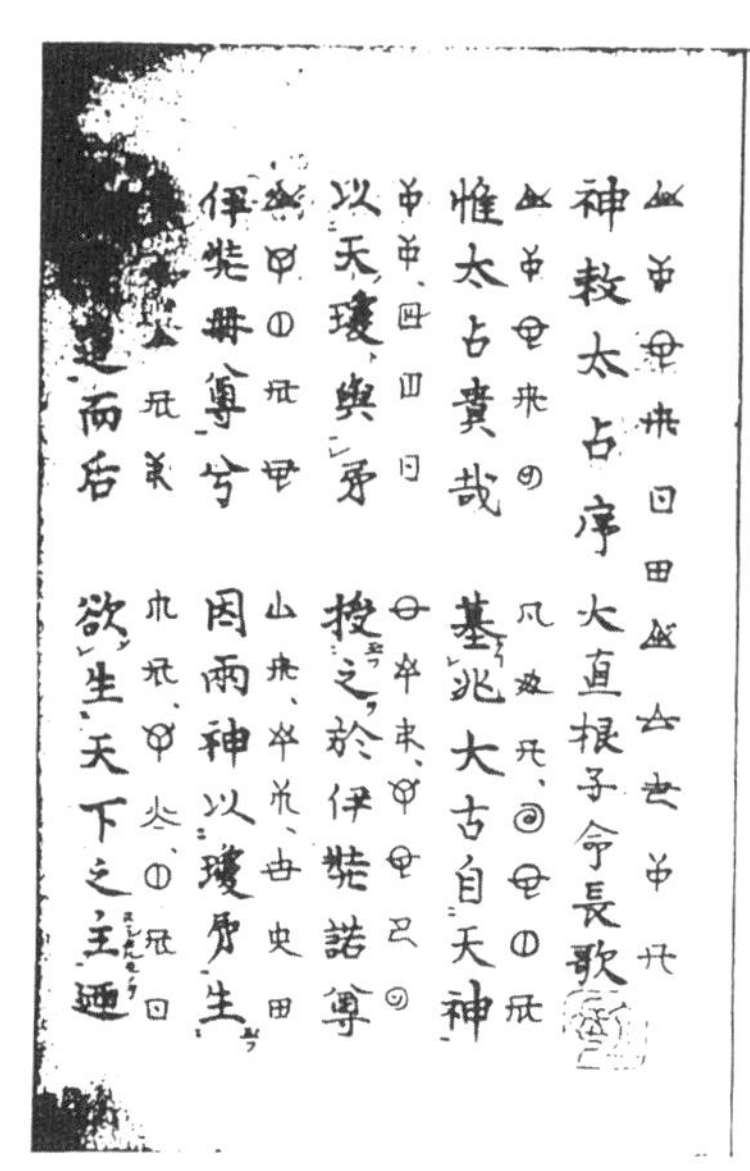

天照大神が編まれた『[神代文字]』。[神代文字]の説明がついている。
これは徳川時代末期の人、野々村立蔵の写本。

八世紀の頃には、既に滅びてしまったのだろう。

当時、宮中には、天照大神の編まれた[フトマニ]はじめ[ヨシデ]（日本古代文字のこと）で書かれた多くの古代から伝えてきた[フミ]（書）が確実に残されていた。[ヨシロワケ]の御心では、恐らくこれらの伝来の書を参照して、[カグノミハタ]、即ち、[アメノミチ]を宣揚する[フミ]をものされようとしたのだろう。しかし[ヨシロワケ]の老齢は大部の[フミ]を書くことを許さなかったのではないか。そのため、あまり長くないエキスだけのものになったと思われる。

つまり、[ヨシロワケ]は、勘どころだけを[カグノミハタ]に綴り、これを補う意味で、臣下に詳細な伝承を書かせようとされたのだったろう。しかし、残念ながら今日、[カグノミハタ]は残されてないから、はっきりしたところ

天照大神を祀る伊勢の皇大神宮（内宮）

は分らない。だが、恐らくこんなところだったのではないかと思う。

そしてこの詳細な伝承を書く重責を担う重臣を誰にするか、ヲシロワケは迷わなかった。当時、神代と古代における各氏族の功績への追憶は、まだ鮮明に生きていたからである。かくてこの重大な任務を帯びる編者は、二人にきまった。

オホカシマのこと

その一方は、ワカヒコ・アマノコヤネ（天児屋命）の子孫で、初代伊勢神宮の神主であるクニナツ・オホカシマ（大鹿嶋命）だった。そして他方は、オホモノヌシ（大物主）の重職を荷負うクシキネ・オホナムチ（大己貴神）の子孫で、奈良の大神（みわ）神社の神主だったスヱトシ・オホタタネコ（大田田根子）であった。両人とも神代随一の重臣の子孫でありはしたが、ともに

大神（おおみわ）神社（奈良県桜井市）

神主でもあったのだ。当時の神主というのは、このような重責ある大著をものするにふさわしい職能だった点も改めて注目される。

〓〓〓〓〓（オホカシマ）については、古事記に一言も載せてはないが、日本書紀には、第十一代垂仁天皇二十五年の下りで、次のようにある文中に出てくる。後で必要になるので、まずここの原文を載せさせて貰う。

とはいえ、私には、こんな煩しい漢文をそのまま読者に強いるつもりは毛頭ない。だが、〓〓〓〓〓〓（ホツマツタヘ）の原文と較べる必要上、当時のままの形でみておく必要があるのである。それにしても、奈良時代のインテリは、日本の歴史を書くに当っても、他国の借り物である漢字で、自国のことを書くという廻りくどいことをしなければ気がすまなかったというのは、何とも情ない。しかし、その頃のインテリの心情を、今日笑ってすませるかというと、そうもいかない。今日でもこの風潮は色濃く残っていて、外国の文字を読めなければ文化人でないように思っている人士が、知識階級の中にいかに多いことか。このような者に限って、日本古代文字とその文献を強力に否定する人士なのである。

さて、問題の漢文に目を移していただきたい。この中で、傍点をつけた部分が、（オホカシマ）の箇処なのである。読者はこの個所だけを一瞥して、後は、その左の訳文をお読み下されば十分である。

（原文）

廿五年春二月丁巳朔甲子、詔㆓阿倍臣遠祖武渟川別、和珥臣遠祖彦国葺・中臣連遠祖大鹿嶋・物部連遠祖十千根・大伴連遠祖武日、五大夫㆒曰、我先皇御間城入彦五十瓊殖天皇、惟叡作㆑聖。欽明聡達。深執㆓謙損㆒志懐沖退。綢㆓繆機衡㆒祀㆓祭神祇㆒。剋㆑己勤㆑躬、日慎㆓一日㆒。是以人民富足、天下太平也。今当㆓朕世㆒祭㆓祀神祇㆒豈得㆑有㆑怠乎。

（書き下し文）

二十五年の春二月の丁巳の朔甲子（八日）に　阿倍臣の遠祖武渟川別・和珥臣の遠祖彦国葺・中臣連の遠祖大鹿嶋・物部連の遠祖十千根・大伴連の遠祖武日、五の大夫に詔して曰はく、「我が先皇御間城入彦五十瓊殖天皇、惟叡しくして聖と作す。欽み明にして聡く達りたまふ。深く謙損を執りて、志懐沖しく退く。機衡を綢繆めたまひて、神祇を禮祭ひたまふ。己を剋め躬を勤めて、日に一日を慎む。是を以て、人民富み足りて、天下太平なり。今朕が世に当りて、神祇を祭祀ること、豈怠ること有ること得んや」とのたまふ。

ピンと来ない部分

読者は、この書き下し文を細かいルビを頼りに苦労しておよみいただいたことと思う。そして原文よりは楽に読めたという感じをもたれたことと思う。しかし正直云ってまだピンとこない部分が残ったのではないか。

読者に読めたという感じがもてたのは、云うまでもなく、細かいルビのお蔭だったのである。このルビは、平安期以後、漢文を一生懸命、日本語に引きよせる努力、つまり原文に和訓を施して読もうと骨折った先学たちの功績だったといえる。しかし、それでもまだピンと来ない部分が残るというのは、次のような若干の語句のところではなかったか。

その語句とは、「惟れ叡しくして聖と作す」とか、「深く謙損を執りて」とか、「志懐沖しく退く」とかいうところだったろう。これらは分るようでいて分らない。何度読んでも胸につかえて通っていかないのである。それというのも、これらの文句は、もともとは渡来語の漢語に、無理して和訓をつけたものだったからである。従って、どうしても無理が残り、こなれた日本語になりきれない。だから読む者の胸にひっかかって、通りを悪くしているのである。

これらの語句について、もう少し、詳しく云えば、「惟れ叡しくして聖と作す」という語は、もとは、「惟叡作聖」という漢語であって、その出典は、中国の最古の古典、『書経』中の「洪範」という所にある「聡作謀、睿作聖」という文節をもじったものなのだった。また、「深く謙損を執りて」という語は、もとは、「深執謙損」という漢語であって、『呉志』という書物の「后妃伝」の中にある「縁后雅志毎懐謙損」という文章からの借用だった。「志懐沖しく退く」も前同様、漢文の古典から引いた文句である。しかし、いまこんな点をいくらあげつらっても仕方ないから略す。

しかし、これら出典探しを、私自身が、それぞれの原典から直接みつけたものではないのだった。これらは、古典文学大系本(岩波書店刊)の中の『日本書紀・上』の上註(二六九頁)から孫引きしたものなのだ。

ところで、この種の仕事は、今日の学者の最も得意とする処なのである。日本本来の古典といっても、元をただせば外国にタネがあってそこから引っぱってきているというのが、この種の学問の底を流れる考え方なのだ。ここは中国の何とかいう古典から取った、あそこも斯く斯くで同様であるという類の研究は、ないよりもあった方が勿論いいには決っている。しかし、これは、とても本筋の研究とはいえないのではないか。過去の日本人が外国模倣をしたいと分析をいくら精緻にやっても、日本の独創的文化創造への貢献とはなりえないからである。だが、学士院賞などという賞は、現にこの研究に与えられているのである。

しかし、このような学問への姿勢は、遠く八世紀に、書紀を編纂した貴族たちの外国崇拝の態度をそのまま引きついでいるように、私にはみえる。さらにこの場合、我々にとって困るのは、このような外国文化に対するコンプレックスの姿勢が、裏がえせば、日本古代文字否定につながることである。そしてこの文字で書かれた文献、ホツマツタヘが、古事記や日本書紀の元本などという説は、とても気違いじみていて、金輪際認め難いということになってくるのである。

さて、課題の「大鹿嶋」を右古典文学大系本の上註（二六九頁）にみると、次のようにある。

「大鹿島は、皇太神宮儀式帳に『爾時太神宮禰宜氏、荒木田神主等遠祖、国摩大鹿島命孫天見通命乎禰宜定弖……』とある。常陸の鹿島に関係ある名か」

日本書紀についていては、当代最高の研究成果の集大成といわれるこの註解書にも、「大鹿島」についていることといえば、せいぜい、この位なのだった。ここでは「大鹿島」が、古代文字文献の傑作中の傑作〔ミカサフミ〕を著述編纂したなど夢想だにされていない。

しかし、ここに引用された『皇太神宮儀式帳』の中に、「国摩」とあるのは、『群書類従』本にも仮名が振ってないので何と訓んだかわからないが、〔ホツマ〕や〔ミカサ〕に出る〔クニナツ〕を訳したものであるらしいことが窺えて注目される。こういうちょっとした処にも、〔ホツマ〕や〔ミカサ〕の貴い痕跡が残っていて、ハッとさせられる。

一方、源、平、藤、橘などわが国の主要な諸氏の系図を集め、諸系図のうちで最も信頼すべきとされている『尊卑分脈』をみると、「藤原一」の中の「第一神代上祖諸流元始以下摂家相続孫」の中で、天児屋根尊に続く系図の十番目に「国摩大鹿嶋命」とあるのは、目をひく。しかし、ここでは〔クニナツ〕の訓が、残念なことには、「国摩」となっている。これは恐らく古い時代に、〔クニナツ〕の漢字訳として「国摩」の二字が当てられはしたのだったが、時を経るに従い正しい訓は失なわれ、「国摩」の漢字の方はそのまま残されたものの、訓の方だけが、「クニスリ」と誤まられたものと思われる。

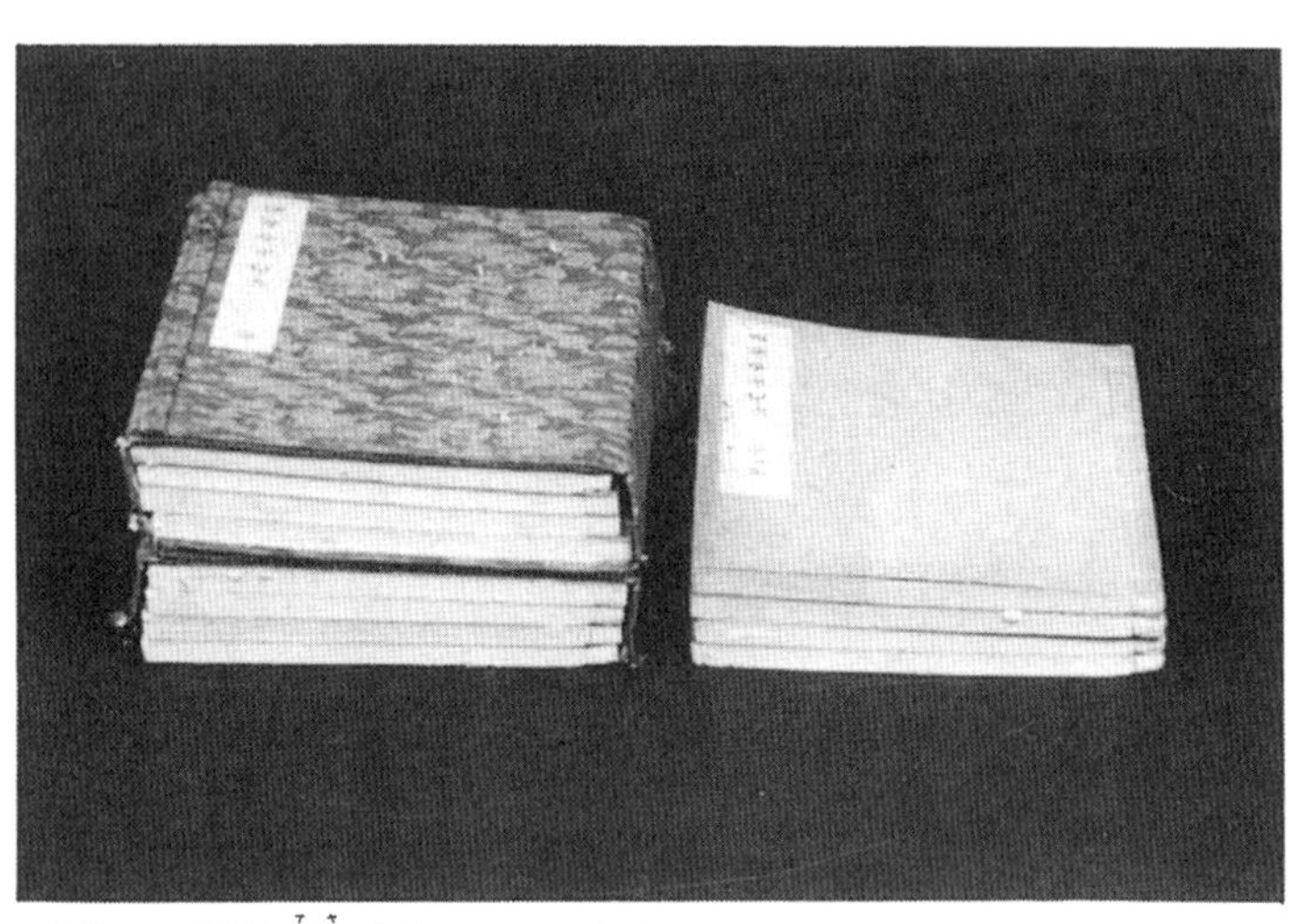

ホツマツタヘ全四十アヤの写本。これは小笠原長武本。
この長武本の写本は国立公文書館の中の内閣文庫に入っている。

ホツマツタヘの原文

ところで、右にオホカシマが「大鹿嶋命」として、日本書紀に載っているのをみてきた。しかし、ご覧いただいた書紀の原文全部が、実は、ホツマツタヘの文章からとられたものだったといえば、読者はどんな感じをもたれるだろうか。書紀原文の語句は中国古典の孫引きだという原稿を読まされたばかりだのに、その当の書紀原文がホツマツタヘからの文章だったと、突然いわれても何のことかさっぱり分らないと思われるかもしれない。まことにごもっともである。

そこで、書紀の原文がホツマツタヘの文章だったという点について、簡単に説明することにする。

まず、ホツマツタヘは、ヲシロワケの五十六年（アスス八四三年）にできた。これは西紀一二六年に当る。そのホツマが、漢字を国字に定めたと思われる十五代応神天皇時代から後の十六代仁徳天皇、十七代履仲天皇、十八代反正天皇の時代あたり（西紀四〇〇年代）に、ホツマの漢訳抄本が多分出来たであろう。その漢訳抄本が、これから約二百年後の推古天皇二十八年（六二〇年頃）、聖徳太子によって編まれた国史に引かれたと思われる。このことは、日本書紀の推古天皇二十八年是歳条に、

「是歳、皇太子（聖徳太子のこと）、嶋大臣（蘇我馬子のこと）、共に議りて、天皇記及び国記、臣連伴造国造百八十部并て公民等の本記を録す」（岩波版日本書紀下巻二〇三頁）

とあるのがそれである。そして、さらにこの聖徳太子の作った天皇記などが、資料とされて、古事記（七一二）、日本書紀（七二〇）ができたのだった。これを図解にすると、上図のようになる。

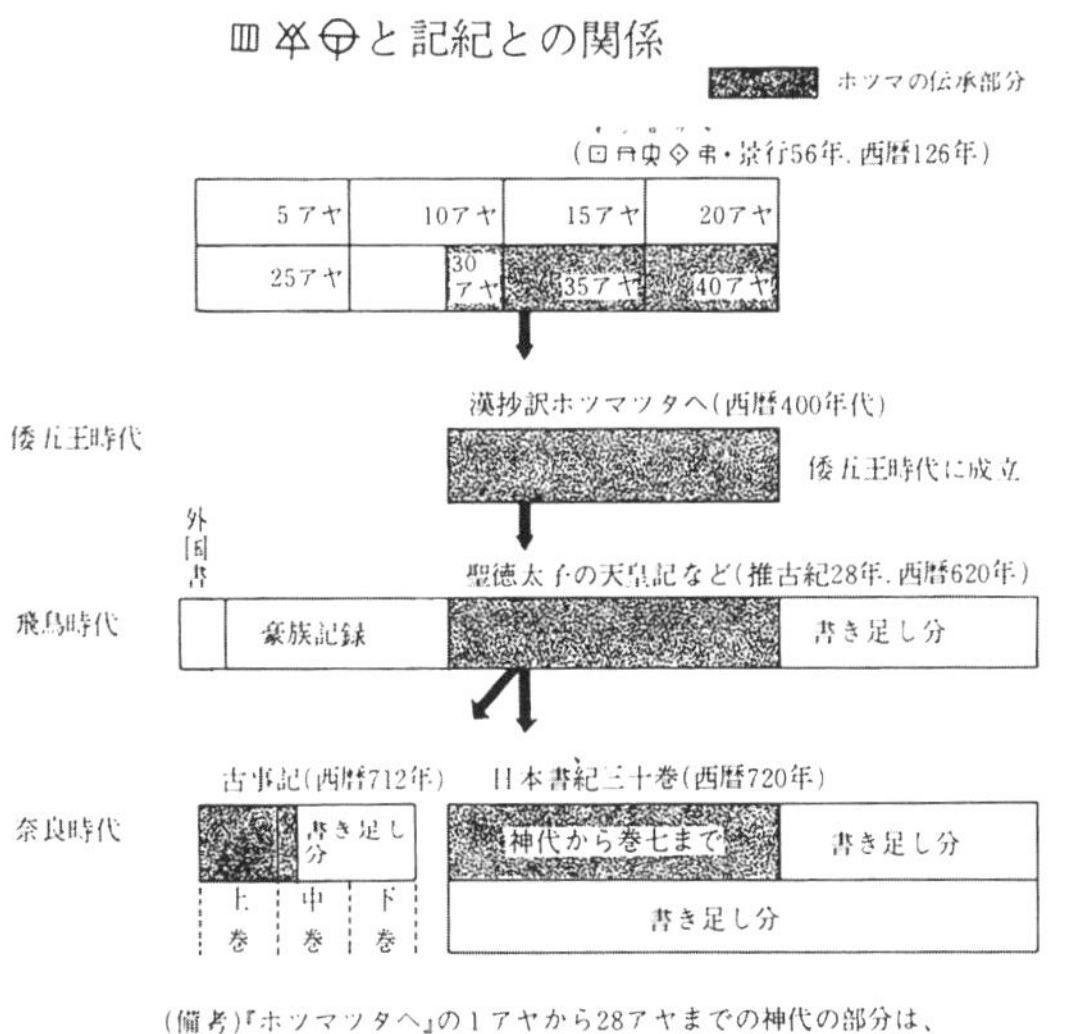

（備考）『ホツマツタヘ』の1アヤから28アヤまでの神代の部分は、『漢抄訳ホツマツタヘ』以降には、ごく僅かしか訳されていない。

こうしてみると、ホツマと記紀との間には約六百年の開きがある。こんなにも時代が違うのに、後にできた日本書紀の方が分り難く、後でこの原文を見ていただければ分るように、古い時代のホツマの方が、現代人の我々にも胸にピンピンくるのだから、

不思議な感じがする。しかし、これは民族の血、即ち純粋日本語そのものが、時代を経た後代の日本人さえ容易に感動させるということなのである。

そこで、ホツマツタヘの問題の原文を、次に掲げることにする。

（ホツマツタヘ**原文**）

フソキホノ　キサラギヤカニ
ミコトノリ　タケスガワケト
クニフクト　ミカサカシマト
トイチネト　タケヒラモロニ
ワガミヲヤ　ミマキハサトク
ホツマシル　アヤマリタダシ
ヘリクダリ　カミオガメテ
ミオコラス　カレソロアツク
タミユタカ　イマワガヨニモ
オコタラズ　カミマツラント

（三六アヤ七頁）

（訳文）

二十五年の　二月八日に
勅　タケヌガワケと
クニフクと　ミカサ・カシマと
トイチネと　タケヒら諸に
我が御親　ミマキは聡く
ホツマ知る　誤りただし
へりくだり　神をあがめて
身を凝らす　かれソロ厚く
民ゆたか　いま我が世にも
怠らず　神まつらんと。

読者は、これをみて、まず、ホツマ原文での助詞オが、訳文では「を」になっているのをおかしく思われたろう。私も、当然不審に思い、この点、注意してホツマの全文に当ったのだが、一カ所の例外もなく、助詞はヲではなくオなのだった。すると、ホツマの時代には助詞はオだったとせざるをえないことになる。また「二十五年」の五は、当然「い」と思えるのに、ホツマでは「キ」なのだった。

次いで、訳文に対する読者の感想は、一読しただけで、殆んど意味が通じたということではなかったか。

ここで面倒ながら、既に読まれた日本書紀の七十六頁の文章を、もう一度読んでいただきたい。両者の間に、雲泥の違いを感じられたであろう。そして更に、いま補足的に、以下若干の言葉の語意を知れば、もう註釈などきくまでもなく、完全にホツマ全文の意味を理解されるに違いない。

その若干の語意を書けば、次のようになる。

「ミコトノリ」(勅)とは、十一代キソサチ・イクメイリヒコ(垂仁天皇)のことであり、「ワガミヲヤ・ミマキ」(我が御親・ミマキ)とは、「私の御親である処の十代キソニエ・ミマキイリヒコ(崇神天皇)」ということである。また、ここでの「ホツマ」とは、「アメナルミチ」(天なる道)という意味にとってよく、そしてソロとは、ソが水稲、つまり玄米、ロとは畠にできた作物を指すか。(十五アヤ十一頁)

このように知れば、引用文の全文は、次のようになって、このことは、容易にわかるというものだ。

(現代文)

十一代キソサチ・イクメイリヒコ(垂仁)の二十五年の二月八日に、次のような勅が、タケヌガワケとクニフクとミカサ・カシマとトイチネとタケヒの五重臣に対して出された。

「私の御親の十代ミマキ君(崇神)は、聡明で、日本の古道アメノミチを悟っておられた。御日常を拝すれば、常に自らを省みておいでだった。御自分の誤りをただすのに厳しく、お人柄は、まことに謙虚である。崇神の念あつく、ここに一身をこめる。このようであったからこそ、天地もこれに和して五穀や野菜などの食糧は豊作になり、民もゆたかだった。私も先皇にならって怠らずに、神まつりをしてゆく決心である。」

ここで、大事なのは、繰り返すが、ホツマツタヘが書かれてから、二千年の歳月を経ているのに、これを一気にとび越えて、我々の胸にスッと入ってくるということである。この平明さは、これも度々いうが、さきの、日本書紀の「勅」の何となく腑に落ちない生硬さに較べて、天地ほどにも違う。このようなホツマと書紀との文章は、両書の全文を通しての特色といっていい。

結局、日本人すべての人の胸に響く純粋日本語で書かれているホツマツタヘの文章を、日本書紀はわざわざ外国の文字と文句に直してしまい、しかもそれを国史として当の日本人に読ますというおよそ考えられない廻りくどいやり方をしたことになる。しかし、書紀の愚劣極まるこのような仕打ちに対して、これまで一度でも批判の目が注がれたことはなかったのだ。ホツマツタヘを知らなかったのだから仕方ないとはいえ、居たたまらない思いがする。

ホツマと書紀の原文比較

それでは、念のため、右に引いたホツマツタヘと書紀との原文を、悉(つぶ)さに比較してみることにしよう。この対比は、先に述べた古事記や日本書紀はホツマツタヘを飜訳したもの、という私の主張が正しいかどうか検証するためにも役立ってくれる筈である。もし私の云うことが誤りなら、必ずどこかに破綻が現われてくるに違いないからである。

比較に当って、彼我の一語一語を厳密に引きあててみるためには、次のようにホツマツタヘを上段に、それにあてはまる書紀の各語を下段に置いてみるのが便利である。なお、書紀の方でホツマにない文句は、カッコ（　）の中に入れた。こうすると一層理解に役立つからである。

ところで、読者は、古事記のことに関する原文が載せられてないことに既に気づき、何時でてくるかと、気になっていたことと思う。しかし、古事記には、これに相当する箇所がなくて載せるにも載せられないのである。では、なぜ古事記は、この部分を欠いているのだろうか。これは大問題である。古事記の真価が問われる質問といえる。しかし、いずれにせよ、崇神天皇の本質ともいうべき大事なこの記事が、古事記にないということは、古事記にとって有利である筈がない。

では、次に、ホツマと日本書紀と古事記との原文比較一覧表を掲げる。古事記の欄が空欄なのは、右にいったように古事記の記事がないからである。

〈ホツマツタヘ原文〉（三六アヤ七頁）

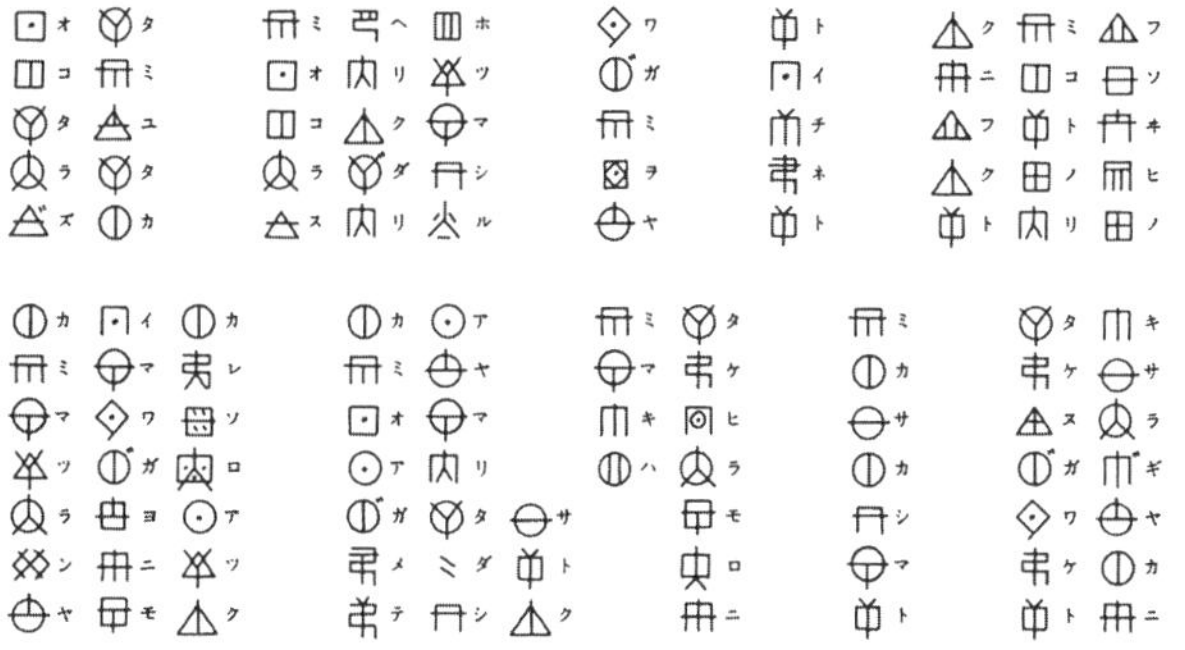

フソキヒノ　キサラギヤカニ
ミコトノリ　タケヌガワケト
クニフクト　ミカサカシマト
トイチネト　タケヒラモロニ
ワガミヲヤ　ミマキハサトク
ホツマシル　アヤマリタダシ
ヘリクダリ　カミオアガメテ
ミオコラス　カレソロアツク
タミユタカ　イマワガヨニモ
オコタラズ　カミマツランヤ

〈日本書紀原文〉（垂仁天皇　岩波日本古典文学大系本二六九頁）

廿五年（春）二月十巳朔甲子（八日）、
詔二（阿倍臣遠祖）武渟川別、
（和珥臣遠祖）（彦）国葺、
（中臣連遠祖）大鹿嶋、
（物部連遠祖）十千根、
（大伴連遠祖）武日、（五大夫）一曰、
我先皇御間城入彦五十瓊殖天皇、
惟叡（作レ聖）。欽明聡達。
深執二謙損一、志懐冲退。（綢二繆機衡一、）
礼二祭神祇一。剋レ己勤レ躬日慎二一日一。
是以人民富足、（天下太平也。）今当二
朕世一、祭二祀神祇一、豈得レ有レ怠乎。

〈古事記〉

さて、こうして上、中、下の三段に[ホツマ]と記紀とをそれぞれ並べてみると、第一に目に入るのは、暦の記載である。[ホツマ]の暦日「[フツキヒノキサラギヤカ]」が、書紀では、「廿五年（春）二月丁巳朔甲子（八日）」と同じであるということである。これをみておどろかない者はいないだろう。両方の暦日がピタリと合っているからである。それなら、これはどちらかが他方を引用したものに違いない。[ホツマ]から書紀へだろうか。それともその反対に書紀から[ホツマ]にであろうか。

結論を先にいえば、[ホツマ]から書紀へ転記されたものであって、その反対に書紀から[ホツマ]に移されたものではないのだった。このことは、ここばかりでなく、[ホツマ]の全部の暦日の記載を、書紀のそれと較べてみると、どうしてもそういわざるをえないのがわかるのである。ということは、大陸の暦を移入する前に、日本古代に独得の暦が厳として存在したことを証するものといえる。

次いで、[ホツマ]に単に「[タケヌガワケ]」とあるのが、書紀に「（阿倍臣遠祖）武渟川別」とあり、同じく「[クニフク]」が「（和珥臣遠祖）（彦）国葺」、そして、今ここでの中心課題である「[ミカサカシマ]」が「（中臣連遠祖）大鹿嶋」、「[トイチネ]」が「（物部連遠祖）十千根」、「[タケヒ]」が「（大伴連遠祖）武日」とある点も注目される。書紀が[ホツマ]より後でできた文献だからこそ、わざわざ「阿部臣遠祖」、「和珥臣遠祖」、「中臣連遠祖」、「物部連遠祖」、「大伴連遠祖」などとしただろうことは、誰の目にも明らかだからである。

さて、次にも大いに問題がある。「[サトク]」に対し「惟叡作聖。欽明聡達」とあるのがそれである。このうち「惟叡作聖」を「惟叡（これさか）しくして聖（ひじり）に作す」と読んだ処で、いかにも中国人的表現でありすぎる。また、もっと困るのは、[ホツマ]のあとの行の「[ホツマシル]」と「[アヤマリタダシ]」の訳文が書紀に欠けていることである。殊に「ホツマシル」という言葉は、ここで最も大切なもので、この天皇の性格の中心をなすものといってもいい位の重みをもっている。それが、欠落しているのである。なぜ落とされてしまったのだろうか。その理由を考えるのに、ホツマを漢訳した当時の日本の貴族と帰化人には、「ホツマ」という言葉の意味は、もう理解できなくなっていたのではないか。

次行「ヘリクダリ」の一語に対して、書紀は「深執謙損、志懐沖退」（深く謙損を執りて、志懐沖しく退く）とある。日本人なら、ホツマにあるように「ヘリクダル」といえば、誰でもわかる表現なのに、これでは、かえって何が何だかわからなくしてしまっている。靴の上から掻いているような硬い表現といわざるを得ない。

だが、このすぐ次に出る「綢二繆機衡一」（機衡を綢繆めたまひて）に至ってはもっとひどい。これは、ホツマ原文にない過剰表現なのだが、『史記』を意識したインテリのキザな形容としかいいようがない。また、「ミオコラス」に対する「剋レ己勤レ躬、日慎二一日一」（己を剋め躬を勤めて、日に一日を慎む）も、変だ。「ミオコラス」（身をこらす）といえば、日本語の常識では、一生懸命に一事に集中して他を忘れるという意味である。それを、「剋レ己勤レ躬」（己を剋め躬を勤めて）ではニュアンスが違う。繰り返しいうが、「身をこらす」といえば、誰にも通ずるのに、わざわざ難かしい漢語を使ってわかりにくくしてしまっているのは、やりきれない感じがする。

最後にまた大問題がある。「カレツロアツク」を、書紀訳文は全く欠落しているからである。しかしこの言葉も、さきの「ホツマ」につぐとみられる重要語であって、それを欠いてしまってはどうにもならない。だが、ソロという言葉も、「ホツマ」という言葉同様、当時はその意味が忘られてしまっていたのだろう。だから、飜訳するにもできなかったのではないか。そうみるしか外にとりようがない。

　　アワノウタ

ところで、ここできなれない「ソロ」という古語について、少し触れておきたい。ホツマツタヘでは、この「ソロ」は、本文中に十九カ所も出てくる重要語なのだった。しかし、この言葉はどんな古語辞典にも載せられてはいないのである。古語中の粒よりの古語なのに、古語辞典に載らないのはおかしいと、読者は不審に思われるかもしれない。しかしもともと古語辞典というものは、記紀万葉あたりから以後の言葉を集めたものだから、それより遥か以前のホツマやミカサやフトマニに出てくる言葉は載っていないのである。古語辞典に「ソロ」その他の言葉が載るようになる時代が早く来ることを祈るや切なるものがある。

ところで、このようにホツマやミカサ、フトマニには載っていても、古語辞典に出て来ない言葉は、このほかにも数多くあって、それぞれの意味を探るのに、我々は日夜努力を重ねているのである。そして思うに、これらの古語こそ、ホツマやミカサやフトマニが、記紀より古い文献であることを証明する有力な証拠となるのは確実である。

時代を明らかにするものは、地下から出てきた考古学的埋蔵物ばかりに限らない筈だ。古語が、文献の年代を決定する上にも重要な効め手になるということは、あまりに省みられていない。

マスコミは大して重要とも思えぬ考古学的発見を、第一面に大々的にスペースを割いて報じている。目にみえるものばかりが効め手になるのではなく、物質ばかりが万能なのではない。目にみえないものの力がわからなければ、真に至ることは、できないだろう。

そこで、「〔ソロ〕」だが、古代文字では、普通、ソは〔ソ〕、ロは〔ロ〕と表記される。それなのに、ここでは、ソは特に〔ソ〕、ロは〔ロ〕と書かれている。なぜだろうか。

古代人の発した音は四十八音だったから、これに応じて四十八文字あれば足りた。これは、次の五七調四行の計四十八音四十八字の〔アワノウタ〕(天地の歌)の数でもある。〔アワノウタ〕という名の由緒は初めが〔ア〕、終りが〔ワ〕であるところからきている。

〔アカハナマ　イキヒニミウク〕
〔フヌムエケ　ヘネメオコホノ〕
〔モトロソヨ　ヲテレセヱツル〕
〔スユンチリ　シキタラサヤワ〕

ただし、この外に濁音が加算される。その音は、今日と同じく、〔ガギグゲゴ〕、〔バビブベボ〕、〔ダヂヅデ〕〔ド〕、〔ザジズゼゾ〕の二十音である。

この〔アワノウタ〕には、無限の意味が含まれていて、古代日本を釈く鍵はここにあるといっていい。だが、今はここでの必要の限りでごく一端をご紹介するにとどめる。

ホツマ文字の仕組み

ところで、ホツマツタヘの本文をみると、次のような所がある。

　　　　　　上二十四声（かみふそよこゑ）
イサナギと　下二十四声（しもふそよこゑ）
イサナミと　歌（うた）ひ連（つら）ねて
教（をし）ふれば　　　（五アヤ三頁）

これは、イサナギが「アワノウタ」の「上二十四声（かみふそよこゑ）」即ち、右に書いた、

アカハナマ　イキヒニミ　ウク
フヌムエケ　ヘネメオコ　ホノ

の二十四声を、一方イサナミが「下二十四声（しもふそよこゑ）」即ち、

モトロソヨ　ヲテレセヱ　ツル
スユンチリ　シヰタラサ　ヤワ

を、民の言葉を整えるために歌ったというのである。更に、ホツマ本文には、こんなことも書かれている。それはトツギ（子を生むこと）をするに当っての原則的な心得を述べた重要な部分なのだが、そこに、

　両神（ふたかみ）は　改（あら）たにめぐり

男は左　女は右めぐり
相歌ふ　天のアワウタ

（三アヤ七頁）

ここから、イサナギは、

アカハナマ　イキヒニミウク
フヌムエケ　ヘネメオコホノ
モトロソヨ　ヲテレセヱツル

の「上二十四声」を左へ廻りながら歌い、イサナミは、

スユンチリ　シヰタラサヤワ

の「下二十四声」を右に廻りながら歌ったということがわかる。

そこで、この通りに、「アワノウタ」を並べてみると、次のようになる。このことをもっと具体的にいうと、イサナギの歌った「上二十四声」を、「アカハナマ、イキヒニミ、ウクフヌム、エケヘネメ、オコホノモ」と、五字ずつ左へ左へと並べる。そして次に同じく「アワノウタ」の、後半のイサナミの歌った「下二十四声」即ち「モトロソヨ、ヲテレセヱ、ツルスユン、チリシヰタ、ラサヤワ」を右から右へと並べてゆくのである。すると次頁の一覧表ができ上る。

ただし、この場合、イサナミの歌ったとされるモだけが、イサナギの左廻りの上段の方に入ってしまう。これでは、本来女性のイサナミの音であるべきモが男性のイサナギに属する音の方に入ってしまっ

て具合が悪い。このことが今の私には説明がつかないでいる。それは、ともかくとして、この一覧表は無意味ではないと思う。なぜなら、これは横に読んでゆけば、[アイウエオ]、[カキクケコ]などとなって、後世の五十音図が期せずして形造られるのをみる。とすると、ここで又しても我々はおどろかされる。[ホツマツタヘ]の時代に、既にアイウエオがあったらしく推察できるからである。いや、これは推察ではなく、はっきりとアイウエオが意識されていたのである。本文中の次の文句によって、このことが納得される。

[アイウエオ] [ワトアニワケテ]
[ミヅハニノ] [ウツホカゼホト]
[ミナカヌシ] [マジハリナレル]
（十八アヤ六頁）

◎と◎にわけて
アイウエオ　ウツホ・カゼ・ホと
ミヅ・ハニの　混はりなれる
ミナカヌシ

宮本武蔵の『五輪書』

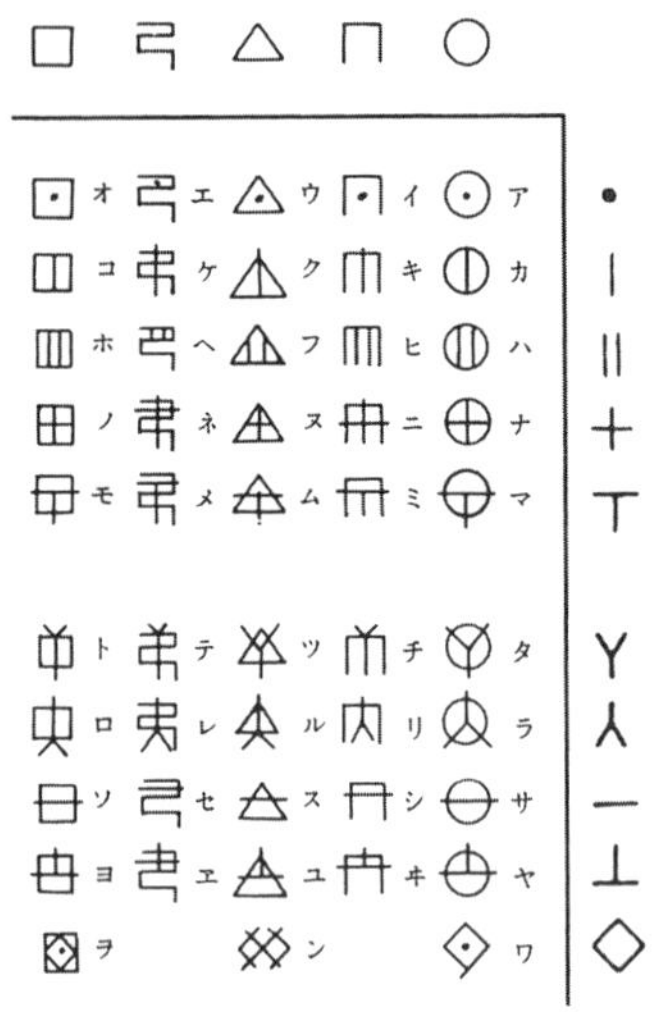

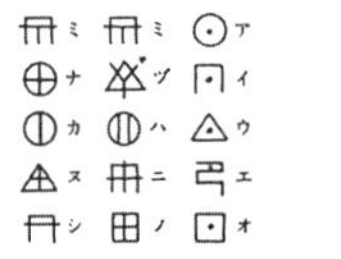

ア	イ	ウ	エ	オ
カ	キ	ク	ケ	コ
ハ	ヒ	フ	ヘ	ホ
ナ	ニ	ヌ	ネ	ノ
マ	ミ	ム	メ	モ
タ	チ	ツ	テ	ト
ラ	リ	ル	レ	ロ
サ	シ	ス	セ	ソ
ヤ	ヰ	ユ	エ	ヨ
ワ		ン		ヲ

天地(アワ)を別けてアイウエオとする。そしてこの原素はウツホ(空)、カゼ（風）、ホ（火）とミヅ（水）、ハニ（地）の五元である。この五元が混わってできたものが、ミナカヌシであるというのである。すると、ミナカヌシは神とばかり思っていたが、人間第一号だったことになる。

さらに、ここで重要なのは、ウツホ（空）、カゼ（風）、ホ（火）、ミヅ（水）、ハニ（地）の五元のことである。因みに、地水火風空の五大は、仏教における物質の構成要素として重んじられており、五輪の塔や五重の塔はこれを形どったものとして、知られているし、宮本武蔵の『五輪書』でも有名である。その五大が、仏教渡来以前の古代日本においてはっきり構想されていたのをここで認めざるをえないのである。

五輪の塔。下から地、水、火、風、空の五つの石を重ねる。

おどろくことはまだある。それはウツホ（空）、カゼ（風）、ホ（火）、ミヅ（水）、ハニ（地）の五元が、古代文字の上にも生かされていたらしいのである。それは、ア・カ・ハ・ナ・マ・タ・ラ・サ・ヤ・ワの共通根としての○がウツホ（空）、イ・キ・ヒ・ニ・ミ・チ・リ・シ・キが冂でカゼ（風）、ウ・ク・フ・ヌ・ム・ツ・ル・ス・ユ・ンが△でホ（火）、エ・ケ・ヘ・ネ・メ・テ・レ・セ

[ヱ]が[弓]でミヅ（水）、[オコホノモ]・[トロツヨヲ]が□でハニ（地）をそれぞれ現わしているものの如くである。このことは、[ミカサフミ]の文中にも、関連した別の記事がある。

このように、縦の○⊓△弓口が、ウツホ、カゼ、ホ、ミヅ、ハニを表わしているのなら、横の・｜॥＋T Y 人 一 ⊥ ◇も何らかの意味を蔵しているものと考えられる。

そこで試みに、これを縦組みに並べかえてみると、次のようになる。見較べるのに都合がいいように、下欄には読者のよく知っておいでの「五十音図」を掲げておく。

（[ホツマ]四十八音図）	（五十音図）
[ア イ ウ エ オ]	アイウエオ
[カ キ ク ケ コ]	カキクケコ
[ハ ヒ フ ヘ ホ]	サシスセソ
[ナ ニ ヌ ネ ノ]	タチツテト
[マ ミ ム メ モ]	ナニヌネノ
[タ チ ツ テ ト]	ハヒフヘホ
[ラ リ ル レ ロ]	マミムメモ
[サ シ ス セ ソ]	ヤイユエヨ
[ヤ ヰ ユ エ ヨ]	ラリルレロ
[ワ ン ヲ]	ワヰウヱヲ

こうして並べてみると、〔ホツマツタヘ〕が〔アカハナマタラサヤワ〕であるのに対し、五十音図の方は、アカサタナハマヤラワの順であることがわかる。なぜ、このように狂ってしまったのかは、おそらく、五十音図が中国の韻学の研究のために用いられることが多くなったので、行（ぎょう）が都合のいいように変更されたためだろう。また各行の内身をしらべてみると、〔ホツマツタヘ〕の〔ヤ〕行の〔ヤヰユエヨ〕と〔ワ〕行の〔ワンヲ〕が、五十音図中のヤ行、ヤイユエヨとワ行のワヰウヱヲと違って目をひく。いうまでもなく、五十音図のア行とヤ行のイ、ア行とワ行のウは同音とされているから、実質は四十八音になる訳だ。

結局、このように〔ホツマ〕と見較べてみると、五十音図が平安朝中期以後にできたという今日の定説は覆えることになる。

実在の証明

〔ソロ〕と書けばいいのを、なぜ特に〔ソロ〕と書くかの説明に、いささか遠廻りをした感じがある。しかし、手間取りはしたが、〔ホツマツタヘ〕を読む上で、ぜひとも必要な知識をこの間に述べることになり、読者にとって迷惑ではなかったと思う。

そこで、前に返って〔ソロ〕と〔ソロ〕の関係だが、これは普通ではアを〔ア〕と書き、ワを〔ワ〕と書くのに、天と地という特別の場所にだけ〔アワ〕と書くのと、まったく同じ例といえる。前にもっと説明すべきだったが、〔アワ〕の文字をよくみると、〔ア〕が左廻り、〔ワ〕が右廻りに書かれているのがわかる。これは、さきにみたイサナギが左廻り、イサナミが右廻りだったことと符節を合しているのだった。また天が陽で男性をあらわし、地が陰で女性を現わしていることとも関係があるのは勿論である。ホツマツタヘには、このようなソロ、アワに類した文字は、まだまだある。主要なものを一覧表にすると、次のようになる。

主な変体文字一覧表（カッコ内は、文字の意味）

ア……ア（天）、ア（アの略字）、ア（章）
ハ……ハ（羽、衣）、の（助詞）
ヒ……ヒ（人）、ヒ（日）、ヒ（光）
ウ……ウ（ウの変体）
メ……メ（目）、メ（陰陽の陰）
コ……コ（肥）
ホ……ホ（火）、ホ（歳）、ホ（穂）
モ……モ（喪）
ヨ……ヨ（世）、ヨ（万）

ヲ……ヲ（尾）、ヲ（ヲの略字か）
ル……ル（ルの変体）、
タ……タ（種）
ラ……ラ（意味不明）
ロ……ロ（？）
ワ……ワ（地）、ワ（ワの略字）
濁音……ガギグゲゴ　バビブベボ　ダヂヅデド　ザジズゼゾ
数字……ヒ（一）、フ（二）、ミ（三）、ヨ（四）、イ（五）、ム（六）、ナ（七）、ヤ（八）、コ（九）、ソ（十）、ト（十）、モ（百）、

ここで考えるのだが、このように変体文字が数多くみられるということは、もともとは四十八文字だったものが、時代を経、文字としての生命を持続している間に、読む者の視覚からの欲求で、区別し易い形に移行していった結果、このような変形を生じたものとみていいのではないかと思う。そして変形文字があるという事実、即ち基本形の四十八文字とこれに加わる相当数にのぼる異体文字がインチキの代物ではなく、真正の文字として実際に長い時代に渉り、使われた実在の証明となりうるのではないか。

大神神社(三輪明神ともいう)の摂社の若宮。
ここにオホタタネコを祀る。

オホタタネコ

ミカサフミの筆者、オホカシマのことを語り出してから、ペンはそれからそれへと逸れていったが、ここで、元に戻ってホツマツタヘの筆者である肝腎のオホタタネコについて書かねばならない。

オホタタネコについては、オホカシマと違い、古事記にも日本書紀にもかなりの記述がある。

そこに書かれている大体を云うとこうである。崇神天皇の頃、病気がはやり死人が出て困った時、同天皇がオオモノヌシの夢をみて、その子孫であるオオタタネコを探し出し、オオモノヌシを祀ったら、ピタリと悪疫が止まったという物語である。

そう話をきけば、読者はあゝあれだったのか、あれがオホタタネコの話だったのかと思い出される方もあるだろう。古代史に関心をもつ少なからざる読者は、右の物語を既にご存じのようだ。それは、このストーリーが相当ドラマチックなので、読者の頭のどこかに残されているからなのかも知れない。或は古代史の学者や古代に関心をもつ作者の書いたものの中にも、時に、このことが出てきて、それを読者が読まれたのかもしれない。

上・崇神天皇磯城瑞籬宮跡　下・崇神陵。

しかし、このように多くの人に知られているとはいえ、記紀に載るオオタタネコの分量は、ホツマツタヘにくらべれば、僅か五分ノ一ほどにしかすぎない。具体的にいえば、ホツマツタヘには十七カ所もあるのに、古事記にはたった三カ所、日本書紀には四カ所だけなのだ。

ホツマツタヘでのオホタタネコは、十代ミマキイリヒコ（崇神）、十一代イクメイリヒコ（垂仁）、十二代ヲシリワケ（景行）の三代に仕えたばかりでなく、その間の言動は、つぶさに書かれているのである。だが、ホツマツタヘに、そんなにオホタタネコの記事があるとは誰にも知られていない。

殊に、記紀に馴らされた目からすると、こんなにいうかもしれない。

「崇神天皇に見出されたオオタタネコまでは十分わかる。だが、その人物が、崇神天皇の次の次の景行天皇の時まで生きていて、その天皇に古代文字で書かれた書物を捧げたなどときかされても、とてもまともには信じられない、SF小説じゃあるまいし」

そして苦々しく、拒否反応が出されるだろう。こんな具合だから、私としては、ホツマツタヘにある十七カ所の記事のすべてを、ここにとり挙げて説明したい。そうすれば、オホタタネコの人となりが、はっきりわかって納得がいくと思う。これが、オホタタネコの実像を浮き彫りにするための有力な方法なのだと信ずる。

しかし、ここではそうせず、記紀に載るオオタタネコの分とホツマツタヘのオホタタネコの分とを較べてみることにしたいのである。なぜなら、この対比により、真のオホタタネコに接しられるばかりか、記紀と較べることで、ホツマツタヘが記紀の原本であることがわかるからである。また、同時に、ホツマツタヘと記紀との「三書比較」を通じて、記紀の本質がどういうものであるかもわかってくる。

これは、あなたにとって思いもかけない収穫となるだろう。そして、あなたはきっと、記紀ばかりみていたんでは、本当のことはわからないと、心底から実感されるに違いない。そうなれば、あなたに新しい古代への開眼が訪れる。そしてホツマツタヘがいかに信頼のおける、古代日本のガイドなのかも心から理解されるだろう。英知に満ちた古き時代への旅出は、すぐ目前にある。

暦日のない古事記

「三書比較」のすばらしいことはわかった。それにしても、こんな難かしいことを素人が何でやらなければならないのだ。そのために専門家というものがいるのではないか。うまく料理してくれたものを味わいながら食べさせて貰うのが素人の特権ではなかったか。読者のうちの誰かはそう云うかもしれない。また別の方がいう。世の中は持ちつ持たれつでこそやっていける。餅は餅屋に任せておけばいいと。私もまったくこの意見に賛成である。しかし、餅屋が餅を造ってくれなければ、下手ながら素人が自分でつくるより外に手はない。学者が知らん顔してやらない以上、素人だからとて、手をこまねいている訳にはいかなくなる。こんな時は、決していい時代とはいえない。変革が必要な時なのだ。形骸化した学問や、えせ伝統の上にあぐらをかいて、真の生命のいぶきを感じとる感覚が失われているのだ。この状態を一日も早くぶち破らねばならない。

では、「三書比較」をはじめよう。

オホカシマの時の「三書比較」は、書紀の方だけで、古事記の方は記述がなかったから較べたくてもできなかった。だが、ここではいいことに、古事記についても記述があるので、比較ができて申し分ない。

〈ホツマツタヘ〉（三十三アヤ 七頁）

キトシエヤミス
ナカバカル
ムトシタミチル
コトノリニ
タシガタシカレ
ツトニオキ
ツミカミニコフ

〔書き下し文〕

五年(ゐとし)疫病(えやみ)す
中(なが)ば枯(か)る
六年(むとし)民(たみ)散(ち)る
勅(ことのり)に
治(た)し難(がた)し。故(かれ)
夙(つと)に起(お)き
罪神(つみかみ)に乞(こ)ふ。

〈日本書紀〉（崇神天皇の巻 岩波日本古典文学大系本 二三八・九頁）

五年、國内多二疾疫一、
民有二死亡者一、且大半矣。
六年、百姓流離。（或有二背叛一。）
其勢難二（以レ徳）治一之。
是以、晨興夕惕、請二罪神祇一。

五年に、国内に疾病(えのやまひ)多くして、
民死亡(まか)れる者ありて且大半なり。
六年に、百姓流離す。（或いは背叛くものあり）
其の勢、（徳を以て）治め難し。
是を以て、晨(つと)に興(お)き（夕までに惕(おそ)りて）、神祇に請罪(のみまつ)る。

〈古事記〉（崇神天皇の條 岩波日本文学大系本 一七八・九頁）

此天皇之御世、役病多起。
人民死為レ尽。
爾天皇愁難而、

この天皇の御世に役病(えやみ)多に起り、
人民死にて尽きむとしき。
ここに天皇愁歎(うれ)へたまひて、

まず上段のホツマツタヘの書下し文を読もう。一、二語明瞭には分らない単語もあるにはあるが、大体通じる。そこですぐ、中段の書紀の方に目を移そう。内容は、ホツマツタヘと変っていないのをみて、ここで「オヤッ」と思う。ただ違うのは、ホツマツタヘの五七調が書紀では、散文体にかえられたという点だけである。上段を読んだだけでは、意味がとりにくかった言葉も、ここをみれば納得がいく。結局、書紀はまさにホツマを直訳したか、若干の粉飾を施したという感がある。

次に、下段の古事記をみよう。ここでの著しい不備は、暦日を落としている点である。そして目に止まるのは、全体の文章を、上、中段に比してずっと圧縮している点である。

ここまでのところを、「三書比較」からいえば、古事記の暦日の脱落を除いては、ホツマの文意が、すんなりと書紀、古事記両著に伝わっているという感じである。このような処ばかりならいいのだが、まあまあというのはここの下り位のもので、次からはもうこのような訳にはいかなくなる。

日本書紀の奇怪な文句

では、次に進もう。ここになると、右にみたようには無難な処はどこにもなく、書紀は得体のしれぬ文章を掲げ、古事記は一片の文章さえも載せてはいない。

〈ホツマツタヘ〉（三三アヤ七〜八頁）

フタミヤオ　サラニツクラセ
ムトセアキ　オホクニタマノ
カミウツシ　ナツキソムカヨ
アスノヨハ　アマテルカミノ
ミヤウツシ　トヨノアカリノ
イロモヨシ　イザトモカミハ
クダリマス　イロノツヅウタ
イザトホシ　ユキノヨ
ロシモオホ　ヨスガラモ

〈日本書紀〉（崇神天皇の巻　岩波日本古典文学大系本二三九頁）

先レ是、天照大神・倭大国魂二神、並ニ祭於天皇大殿之内一。然畏ニ其神勢一、共住不レ安。故以ニ天照大神一、託ニ豊鍬入姫命一、祭ニ於倭笠縫邑一。仍立ニ磯堅城神籬一。亦以ニ日本大国魂神一、託ニ渟名城入姫命一令レ祭。然渟名城入姫、髪落体痩而不レ能レ祭。

〈古事記〉（崇神天皇の巻）

〔書き下し文〕

〈ホツマツタヘ〉

二宮を　更に作らせ
六年秋　オホクニタマの
神移し　九月十六日夜

〈日本書紀〉

是より先に、天照大神、倭大国魂、二の神を天皇の大殿の内に並祭る。然して其の神の勢を畏りて、共に住みたまふに安からず。故、天照大神を以ては、豊鍬入姫命に託けまつりて、倭の笠縫邑に祭る。仍りて磯堅城の神籬を立つ。亦日本大国魂神を以ては、渟名城入姫命に託けて祭らしむ。然るに渟名城入姫、髪落ち体瘦みて祭ること能はず。

〈古事記〉

翌日の夜は　アマテル神の
宮移し　トヨの明りの
色もよし　いざとも神は
下ります　色のツヅ歌
　いざとほしゆきのよ
　ろしもおほよすがらも

〔訳文〕
　二宮、即ち天照大神とオホクニタマノ神（コトシロヌシのこと）を祭る神社を、宮中（ミツカキの宮）に更に造らせた。

〔訳文〕
　これより先に、天照大神、倭大国魂の二神を、天皇の大殿の内に並び祭る。だが、この神々の神威を畏れ、共に住むのをやめることにした。そして、天照

そして、六年秋の九月十六日夜に、オホクニタマの神社をまたも移し、その翌日の夜はアマテル神の宮移しのお祭りを行なった。その光景はいとも神々しいものであった。勿論、アマテル神はお下りに

大神は、豊鍬入姫(皇后の御間城姫の娘)を先導として、倭の笠縫邑に祭る。そしてそこに磯堅城(石の堅固な)の神籬(神の降臨の場所)を立てた。また、日本大国魂神を、渟名城入姫(皇妃の尾張大海媛の娘)に先導させて祭らしめた。だが、渟名城入姫の髪が落ち体が痩せて祭ることができなかった。

なられて感激である。この光景を詠んだツヅ歌は、こういうものであった。

いざとほし、ゆきのよろし
も　おほよすがらも

ホツマをよみ書紀を読みして、あなたはどう思われただろうか。共に、天照大神とオホクニタマ（倭大国魂）のことを書いているのだが、内容はまるで違う。既にみた前段は、両方ともに殆んど一致した文章だったのに、ここは又どうしてこうも異なるのだろうか。誰も小首を傾けたくなる。

しかし、ホツマツタヘのここより少し前に、古事記の元とおぼしき文章があるのである。それを漢字混りに訳してお目にかけよう。

　　　　アマテル神は
カサヌヒに　トヨスキ姫に
祭らしむ　オホクニタマは
ヌナギ姫　山辺の里に
祭らしむ　（三三アヤ六頁）

これを、今の書紀の行文に照らしてみると、その後半は九分通り合っている。ただし、あとの一分が異なる。それは最後の渟名城入姫に対する「髪落ち体疲みて祭ること能はず」という文句である。これだけが余計ものなのだ。この一行は、読む者に異様な印象を与えないではおかない。しかし、渟名城入姫についての、このような合点のゆかぬ記述は、ホツマツタヘのどこを探しても見当らないのである。ではどこからこの記事は出たのだろうか。そこで考えるのに、この記事は、ホツマツタヘが、恐らく初めて漢訳された仁徳天皇以降、聖徳太子を経て書紀編纂までの間で、渟名城入姫に対し、何か反感をもつ氏族の側から出された材料によって出来たものではないか。私にはそう思われるのである。

また、ホツマツタヘの「六年秋」以降の記事を書紀は全く欠いている。ところが、この文章は思いもかけず、『古語拾遺』に、不完全ながら載っているのである。『古語拾遺』とは、御存じの通り古くから中臣氏と並んで祭政にあずかってきた斎部氏が衰微したのを嘆き、先祖の事跡を朝廷に奉った書物である。書かれたのは、古事記から八十四年後の、平安時代大同元年、著者は斎部広成だった。因みに、この書物は、記紀に洩れた古代の記述が少くないという点で、これまで重んじられてきたが、その内にはホツマツタヘから伝えられたものがあるのだった。しかし、その『古語拾遺』が、古代文字否定論者の論拠とされているのは皮肉である。開巻第一頁に、「蓋聞。上古之世。未レ有二文字一。」(蓋し聞く。上古の世。いまだ文字あらず)と書いてあるからである。

それはとも角、『古語拾遺』のここに関連する部分を、もとの漢文から読み下し文にして掲げる。

仍て倭の笠縫邑に就りて、殊に磯城神籬を立てて、天照大神、及び草薙劔を遷し奉り、皇女豊鍬入姫命をして斎ひ奉らしむ。其の遷し祭れる夕、宮人皆参て、終夜宴楽す。歌ひて曰く、美夜比登能、於保与須我良尓、伊佐登保志、由伎能与呂志茂、於保与須我良尓「今の俗の歌に曰く、美夜比止乃、於保与曽許侶茂、比佐止保志、由岐乃与侶志茂、於保与曽許侶茂といふは、詞の転れるや」。

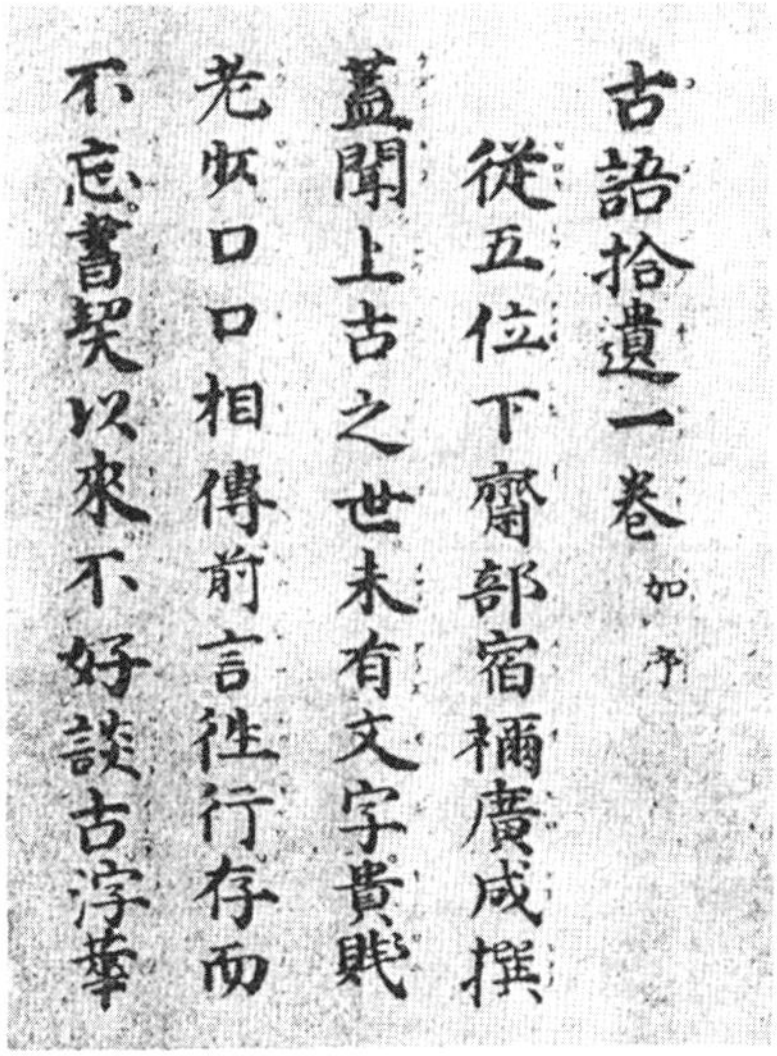

池辺真榛自筆本『古語拾遺』の開巻一枚目。
問題の「上古之世、未有文字」の文句がみえる。

この中の、最後の「俗の歌」にある「比佐止保志、由岐乃与侶志茂、於保与曽許侶茂」という処がそれである。ここの初めの「比」を「伊」に直せば、ホツマツタヘ所載のものにまったく合致する。ただし、残念なことに、この場合、ホツマでは「ツヅ歌」というのが、十九音であってこそ、意味があるのに、一番大事なこの点が、『古語拾遺』ではもはや忘られて、五七五七七の和歌形式に変えられてしまっている。

オオモノヌシの神現わる

さて、この段になっていよいよお待ちかねのオホタタネコが、オホモノヌシの神の指命をうける緊迫の場面が到来する。

〈ホツマツタヘ〉（三十三アヤ 八〜十一頁）

ナホキサラ　ミカミコトノリ
ワガミヲヤ　ヒラクモトキハ
サカンナリ　ワガヨニアタリ
ヲエアルハ　マツリトドカヌ
トガメアリ　ケダシキハメテ
ヨルナリト　アサヒノハラニ
ミユキシテ　ヤモヨロマネク
ユノハナノ　モモソヒメシテ
ノリゴチニ　サツサツヅウタ
サルタミモ　ツヅニマ
ツラデヲエニミダルサ

〈**日本書紀**〉（崇神天皇の巻 岩波古典文学大系本 二三九〜二四〇頁）

七年春二月丁丑朔辛卯（十五日）、詔曰、昔我皇祖、大啓二鴻基一。（其後、聖業逾高、王風転盛。不レ意）今当二朕世一、数有二災害一。恐朝無二善政一、取二咎於神祇一耶。盍下命神亀、以極中致レ災之所由上也。
於是、天皇乃幸二于神淺茅原一、而会二八十萬神一、以卜問之。是時、神明憑二倭迹々日百襲姫命一曰。

〈**古事記**〉（崇神天皇條 岩波古典文学大系本 一七八〜一八一頁）

キミトフテ
タレカミソ
クニツカミ
キミタツル
ユアビシテ
ツゲモフス
ウケザルヤ
ワレハコレ
カミナルガ
タセザルハ

カクヲシフルハ
コタヘテワレハ
オホモノスシソ
コトシルシナシ
スガニイノリテ
ワレウヤマヘド
コノヨノユメニ
オホモノスシノ
キミナウレヒツ
ワガココロアリ

天皇、何憂二國之不一レ治也。若能敬二祭我一者、必当自平矣。

天皇問曰、教二如此一者誰神也。答曰、我是倭國域内所居神、名為二大物主神一。時得二神語一、随レ教祭祀。然猶於レ事無レ験。

天皇乃沐浴斎戒、潔二浄殿内一、而祈之曰、朕礼レ神尚未レ尽耶。何不レ享之甚也。冀亦夢裏教之、以畢二神恩一。

是夜夢、有二一貴人一。対二立殿戸一、自称二大物主神一曰、天皇、勿二復為一レ愁。國之不一レ治、是吾意也。

坐二神牀一

之夜

大物主大神、顕レ於二御夢一曰

是者我之御心。

ワガハツコ　オホタタネコニ
マツラサバ　ヒトシクナレテ
トツクニモ　マサニマツラフ

〔書き下し文〕

七年二月　三日勅
「わが皇祖　開く基は
盛んなり　わが世に当り
汚穢あるは　祭政届かぬ
咎めあり　けだし極めて
依るなり」と
朝日の原に

若以二吾兒大田々根子一、
令三祭二吾一者、則立平矣。
亦有二海外之國一、自当帰伏。

〔書き下し文〕

七年の春二月の丁丑の朔辛卯（十五日）に、詔して曰はく、「昔我が皇祖、大きに鴻基を啓きたまひき。（其の後に、聖業逾高く、王風転盛なり）意はざりき、今朕が世に当りて、数災害有らむことを。恐るらくは、朝に善政無くして、咎を神祇に取らむや。盍ぞ命神亀へて、災を致す所由を極めざらむ」とのたまふ。是に、天皇、乃ち神淺茅原に

故、以二意富多多泥古一而、令レ祭二我御前一者、神気不レ起、國安平。

〔書き下し文〕

御幸して　八百万神招く。
湯の花の　　モモソ姫して
告りごちに　サツサツヅ歌
去る民もツヅに
祭らで汚穢に乱るさ
君問ふて　かく教ふるは
誰神ぞ　答へて、我は
国つ神　オホモノヌシぞ
君祭る

幸して、八十万の神を会へて、卜問ふ。是の時に、神明倭迹々日百襲姫命に憑りて曰はく、

「天皇、何ぞ国の治らざることを憂ふる。若し能く我を敬ひ祭らば、必ず当に自平ぎなむ」とのたまふ。

天皇問ひて曰はく、「如此教ふは誰の神ぞ」とのたまふ。答へて曰はく、「我は是倭国の域の内に所居る神、名を大物主神と為ふ」とのたまふ。

時に、神の誨を得て、教の随に祭祀る。

事験なし
湯浴びして
清に祈りて
告げ申す　われ敬へど
うけざるや
この夜の夢に
われは是れ　オホモノヌシの
神なるが　君な憂ひそ

然れども猶事に於て験無し。

天皇、乃ち沐浴斎戒して、殿の内を潔浄りて、祈みて曰さく、「朕、神を祈ふこと尚未だ尽ならずや。

何ぞ享けたまはぬことの甚しき。冀はくは亦夢の裏に教へて、神恩を畢したまへ」とまうす。

是の夜の夢に、一の貴人有り。殿戸に対ひ立ちて、自ら大物主神と称りて曰はく、

「天皇、復な愁へましそ。国の治らざるは、是吾が意ぞ。若し吾が児大田田根子を以て、吾を令祭りたまはば、立に平ぎなむ。

神牀に坐しし
夜、
大物主の大神、御夢に顕れて
曰りたまひしく
「こは我が御心ぞ。
故意富多多泥古を以ちて、
我が御前に祭らしめたまはば、
神の気起らず、国安らかに
平らぎなむ」

治せざるは　わが心あり
わが子孫　オホタタネコに
祭らさば　均しく睦れて
外つ国も　まさに服ふ

〔現代語訳〕

七年二月三日に、次のような勅が出た。

「私の皇祖の開かれた基礎はしっかりしていて、揺ぎないばかりか、今後の繁栄も相違ないものなのだ。それが、私の世になってからうまくいかぬのは、真剣に皇祖の御志を体していないからではあるまいか。きっと、その咎めをうけている

亦海外の国有りて、自づからに帰伏ひなむ」とのたまふ。

〔現代語訳〕

七年春二月丁丑朔辛卯（十五日）に、天皇は詔して云われるには、

「昔、わが皇祖は、苦心して国の基礎をお作りになった。その後に、天皇の事業はいよいよ栄え、天子の教化は、ますます盛んになった。ところが、いまの私の世になって、しばしば、災害に見舞われるとは思ってもみないことだっ

とのりたまひき。

〔現代語訳〕

からに違いない。慎んで原因を究明し、進むべき道を発見しなければならない」

そこで、朝日の原（いまの京都府中郡峰山町久次の式内比沼麻奈為神社付近か）に、トヨウケノ神即ち五代タカミムスビの神に詣で、八百万の神をお招きして丁重なお祭りをした。

一方、七代オホヤマト・フトニのスメラミコト（七代孝霊天皇）の皇女ヤマトモモソ姫（当時九十八歳の高齢）に、何という神かわからないが神がかりして、次のような神歌（サツサツヅ歌）を賜わった。

た。恐らくこれは、政治がよくなくて、神に咎を受けているのだろう。この上は、亀卜をして、災の起る原因を極めずにいられようか」

と仰せられた。そこで、天皇は、ただちに神淺茅原（奈良県桜井市笠の浅茅原か同市茅原か）に行幸されて、八十万の神を集められ、占いをなさった。この時に、神明倭迹迹日百襲姫命に神が乗り移って、

「天皇よ、どうして国が治らないのを心配するのか、もしよく私を敬い祭れば、必ず平穏になる筈である」

と仰せられた。天皇は

去る民もツヅに
まつらで汚穢に乱るさ
（心を正し、真剣に政治に
心掛けないから民は去り、
世の中は汚穢に乱るのだ）
君が問う。
「このように教えるのは、
誰神なのでありましょうか」
神が答える。
「私は国つ神のオホモノヌ
シです」
これをきいた君は、驚きか
つ畏れた。神代のオホモノヌ
シが、目の前に現われたのだ。
驚き畏れたのは当然である。
このように神の正体がわかっ
たので、一層、身を正し政治

「このように教えて下さるの
は何という神なのでしょうか」
と尋ねられた。神が答えて、
「私は、倭国の境域内にいる
神で、名を大物主神というの
だ」
と言われた。そこで神のお言
葉を得て、教えのままに祭祀した。
しかしなお一向効き目がなかっ
た。そこで天皇は、斎戒沐浴さ
れて、殿の内を潔浄にして、お
祈りをされてから、
「私の神を敬うことがいまだ
十分ではないのだろうか。神
が私の献ずるものを享受され
ないことの何と甚しいことか。
願わくは、又夢の中で教えて

天皇が、夢に神意を得ようとす
る床におやすみになっている

に励んだ。だが、世の中はうまく治らず何の効果も現われなかった。

そこで、君は心をこめてみそぎと、心身ともに清らかになり祈り訴える。

「私が、このように真剣に祈り、あなた様を敬っているのに、この思いは通じないのでございましょうか」

すると、その夜、君の夢にオホモノヌシが訪れ次のようにいう。

「君が国事を心痛され、身を正し、神を敬い、誠心誠意、誠を尽しておいでのことはよくわかりました。国

下さって、神様の愛情をお示し下さい」

と申された。


この夜の夢に、一人の貴い方が現われて、御殿の戸のところ向い立って、自分から大物主神と名乗り、

「天皇よ、もう心配することはない。国が治らないのは、私の意によるものなのだ。も

夜に
大物主の大神が、御夢にあらわれて仰せになるには、
「このように病気がはやるのは、私の心である。
これは意富多多泥古をもって私を祭らしめたならば、神

がこのように乱れたのは、実は、私が祟っていたのです。しかし、君の熱いお心はよくわかりました。今後、世の中は平静になるでしょう。ですから決してお歎きになることはありません。私の子孫のオホタタネコに祭らせれば、遠い国に至るまで、平らかになるでしょう」

し私の子大田田根子に、自分を祀らせれば、たちどころに平穏になるだろう。また海外の国は、自然に帰伏するに違いない」と仰せられた。

のたたりが起きずに、国も平和になるだろう」と仰せられた。

どっちがいいだろうか

まず、上段のホツマツタヘを読んでの感想から始めよう。何といっても、キソニヱの君（崇神天皇）のスメラギ（天皇）としての政治に対するひたむきな反省の態度には感銘をうけずにはいられない。そして結局は、その君の熱い誠意がオホモノヌシをゆり動かしたのだった。このことは間違いない。「至誠神に通ず」という言葉があるが、このことをキソニヱは実践されたのである。

また、前段で、モモソヒメにかかって、サツサツヅ歌を齎した神が、そこでは何神か明示なく不明だったのが、後段を読むに至って、これがオホモノヌシだったことがわかる。つまり、前段でのツヅ歌の内容が、後段でのオホモノヌシの教えと一致するのである。もう少し云えば、ツヅ歌で唱われた内容、つまり国内が治まらないのは、まつらないからだということが、実はオホモノヌシのワガココロアリ（わが心あり）だったのである。それにしても、国内が治まらないのは、オホモノヌシの心だということは、どういう意味なのだろうか。これを文字通りにとれば、施政のうまくゆくか、ゆかぬかの責任はオホモノヌシにあるということになる。しかし神代のオホモノヌシが人代の十代にもなったキソニヱ時代の政治に、何で責任を感じなければならぬのだろうか。どうもよくわからない。引用されたホツマ原文のこの下りを何度読んでもさっぱりわからない。

しかし、これには伏線があるのである。伏線とは、ここよりずっと前の方のアヤ（文章）に後述の記事があって、これが鍵になっているのだった。この鍵がなければ、いまの疑問の箇所の文意は、絶対にとけない。ホツマツタヘの文章は、このように時々、伏線が敷かれていて、思わぬところと関連があり、とんでもない処がとんでもない所に繋っているのである。それが、二重にも三重にも脈絡があるから、その糸をたぐるだけでもくたびれてしまう。それらは張りめぐらされているという点からすれば、クモの巣のようだといっていいかもしれない。しかし、クモの巣のように平面的ではなく、重層的なのが事態を複雑にし、理解を滞らせ我々を悩ませる。だから読む上で、間断ない注意力を働かせていることが必要になる。一方、記紀にはこの鍵になる記事を欠くから、本質的理解には届かない。

さて、注目の鍵（キー）の記事とは、次のような箇所である。

クシヒコハ
トノツクリ
トシスデニ
キハアレバ
トヨケノリ
スヘラギノ
アメノミチ
ホラホリテ
サゲナカラ

ヤマトヤマベニ
ヨオカンガヘバ
ソフヨロヤチモ
ノチノマモリハ
タマノライレテ
ヨヨマモランハ
ミモロノヤマニ
アマノサカホコ
イリテシヅカニ

トキオマツ

（二十三アヤ四九頁）

（訳文）

クシヒコは　ヤマトヤマベに
殿つくり　世を考へば
歳既に　十二万八千年も
際限あれば　後の守りは
トヨケ法　魂の緒入れて
スヘラギの　世に守らんは
天の道　ミモロノ山に
洞掘りて　天の逆矛
提げながら　入りて静かに
時を待つ

この大意をいうと、以下のようになる。

クシヒコというのは、一代オホモノヌシ・クシキネ（古事記での大国主命、日本書紀での大己貴命のこと）の子のコトシロヌシ・クシヒコのことである。また、さきの引用文に出てきたオホクニタマは、この神

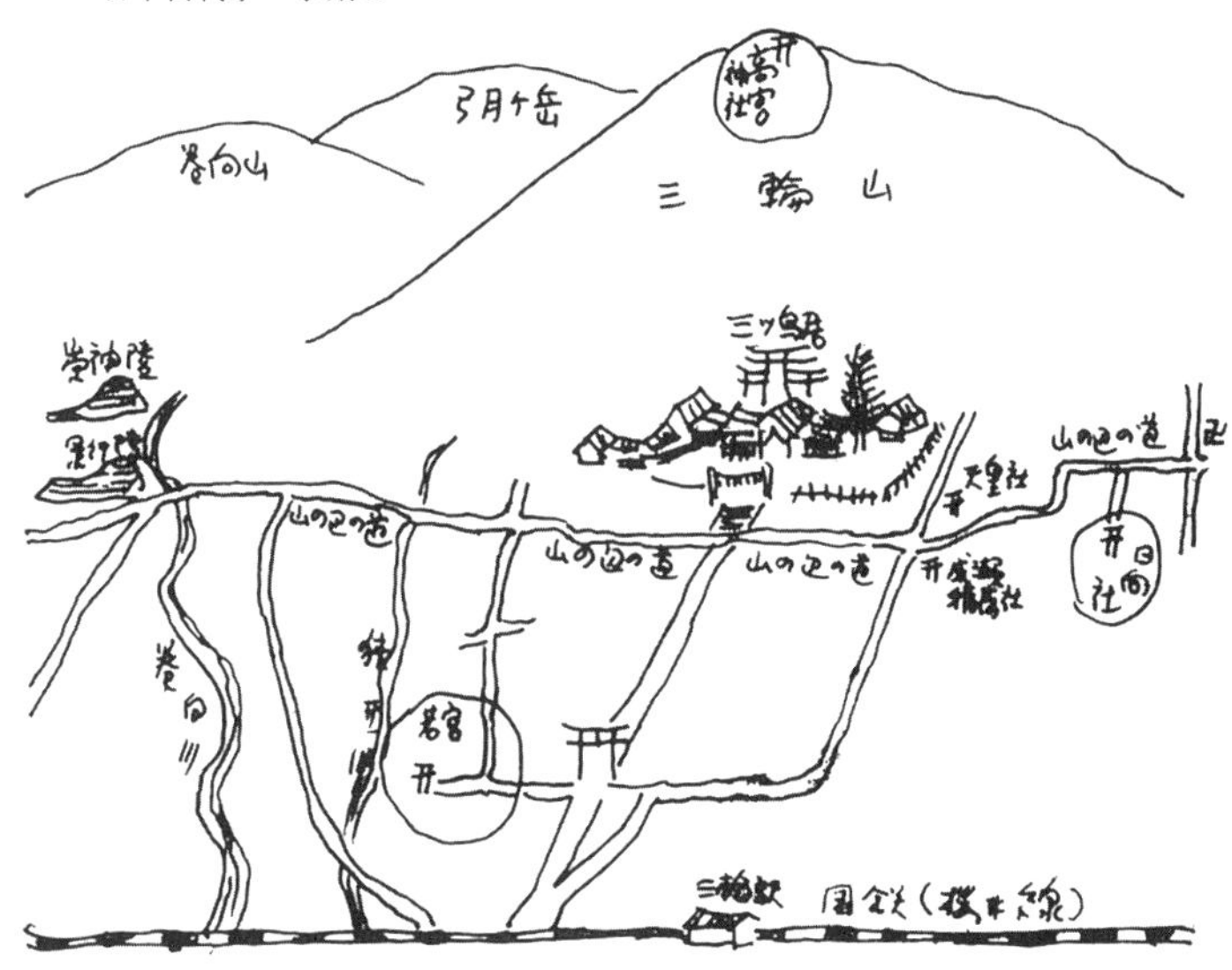

大神神社（普通三輪さんという）に上がっても、三ツ鳥居のある本殿（コトシロヌシを祀る）と若宮（オオタタネコを祀る）はすぐわかる。
しかし、日向社（クシミカタマを祭る）はわかりにくい。しかも本当はヒカタ社であろうと思われるのに、ヒムカヒ社と呼ばれているのでよけいわからない。

であり、いまこの段でのオホモノヌシとは、このコトシロ神・クシヒコのことなのだ。

ヤマト・ヤマベとは、今の奈良県大三輪町の三輪神社付近に間違いない。そこにクシヒコは殿をつくって、世の行く先をじっとみつめている。「十二万八千年も際限あれば」がよくわからないが、ともかく、後の世を守るのはトヨケ（五代タカミムスビノ神）が建てた人倫と国を治める法則を守ってゆくことに尽る。そしてこれを別の言葉でいえば、魂をこめて代々のスヘラギ（天皇）を守ってゆくことであり、これが天なる道を守ることでもある。クシヒコは、ミモロノ山（三輪神社の神体山）に洞を掘り、天の逆矛を提げてここに入り、静かに時を待ち、一旦緩急あれば直ちに出動して、力を振うというのである。ここのところを、今の問題に引き直すと、こうなる。

ニヱの時代の日本国が治まるか治まらないかは、とりもなおさずオホモノヌシ・クシヒコの責任なのである。時のスベラギが政治をうまくいかずに悩んでいるのだから、出て行ってお助けする、ということになるのである。

上・三輪山頂の高宮神社。三輪山は神体山で山自体が神聖であるとされるが、ホツマではコトシロヌシが剣を持ったまま鎮もったとある。
下・日向社、大神社の摂社。大神神社、若宮にくらべてみすぼらしい。これも記紀に伝承がないためであろう。

さてこのように、ホツマツタヘの文章にやや通じてから、もう一度、日本書紀の方を読み返してみよう。すると、同書ができて以来、これまで誰からも指摘されたことのなかった重大な欠陥が、ここにあるのに気がつく。

○　書紀の神浅茅原は、本当はアサヒハラのことであって、ここは本当はトヨケ神の墓所である。

○　書紀では、神浅茅原で、

神明倭迹迹日百襲姫命（かみやまとととひももそひめのみこと）が神憑りしたようになっているが、ここは文脈のとり違えである。正しくはツツウタを授かったのに、これを載せずに、勝手な文句を作って挿入している。

だが、誤りはこれらばかりではないのである。ホツマと書紀とを対比した目には、次のことも当然、問題にならざるを得ない。

○、二月丁丑（ひのとのうし）の朔辛卯（ついたちかのとうのひ）（十五日）とあるが、実は二月三日が正当である。

○、亀卜などということは古代日本には存在しなかった。亀卜は大陸渡来のものであって、日本本来のフトマニとは、似ても似つかぬものである。

これに対し、次に古事記はどうだろうか。古事記は、御覧になって一目でわかるように、土台、記事を載せてないのである。だから話にならないのだ。しかし前々から云うとうり、載せてないということ自体が問題になりはしないか。

ところで、私は前に「三書比較」をするに当って、ホツマツタヘの筆者オホタタネコやミカサフミのオホカシマを説明するのを主題とするのではあるが、同時にホツマツタヘが記紀の原本であるかどうかを検証することも、目的の一つにあげておいた。しかし、私の実際の比較の目は、ホツマの記事が正しく、記紀の欠陥ばかりをあげてきたような傾きがあったようだ。本当いえば、記紀については知っていてもホツマツタヘを知らぬ読者、またはホツマツタヘについて疑いをもつ方のためを思うなら、もっとホツマツタヘ自体を突き離して、公平の立場で論を進めた方がよかったのではないかという気が、しきりにしている。性急に、現在の私の立場からばかり書いてきた点、おゆるしを乞うばかりである。

いまとなっては、書き換える訳にもゆかないので、続けるとして、私の立場から、以上をみると、書紀はホツマを漢訳して載せているが、大事な点を誤り、古事記はこれを無視してまるで載せてないということになる。つまり、誤っても載せた方がいいか、それとも全く載せない方がいいかという問題になるだろう。しかしこれは、どちらにしても五十歩百歩である。このように欠陥のある両書が、古代第一等の書でないことだけは確実と思う。

オホタタネコ出現の理由

面倒な照合などという不馴れな作業におつき合いいただいて、本当に恐縮しているが、いよいよ、ここが最後である。この段で、やっとオホタタネコが活躍することになる。

〈ホツマツタヘ〉（三三アヤ一一～一二頁）

ハツキナカ
メクハシメ
イセヲウミ
ツゲモフス
タタネコオ
イハヒスシ
オホヤマト
イハヒスシ
キミコレニ
フレモトム
チヌスエニ
キミヤソト

トハヤガチハラ
オホミナクチト
ミタリミカドニ
ユメニカミアリ
オホモノヌシノ
シナガヲイチオ
クニタマカミノ
ナサバムケベシ
ユメアハセシテ
オホタタネコオ
アリトツグレバ
チヌニミユキシ

〈日本書紀〉（崇神天皇の巻（岩波日本古典文学大系本、二四〇～二四一頁））

○秋八月癸卯朔己酉、倭迹速神淺茅原目妙姫、（穂積臣遠祖）大水口宿禰、伊勢麻績君、三人共同レ夢而奏言、昨夜夢之、有二一貴人一、誨曰、以二大田々根子命一、為下祭二大物主大神一之主上、亦以二市磯長尾市一、為下祭二倭大國魂神一主上、必天下太平矣。天皇得二夢辞一、益歡二於心一。布告二天下一、求二大田々根子一、即於二茅渟縣陶邑一得二大田々根子一而貢之。天皇、即親臨二于神淺茅原一、会二諸王卿及八十諸部一、

〈古事記〉（崇神天皇（岩波古典文学大系本、一七八～一八一頁））

是以駅使班レ于二四方一、求下謂二意富多多泥古一人上之時、於二河内之美努村一見二得其人一貢進。

タタネコニ
コタヘニハ
スエツミガ
モノヌシノ
ハツコナリ

タガコゾトトフ
ムカシモノヌシ
イクタマトウム
オホミワカミノ

〔漢字混り書き下し文〕

八月七日　トハヤガチハラ
メクハシ姫　オホミナクチと
イセヲウミ　三人朝廷に
告げ申す　夢に神あり
タタネコを　オホモノヌシの

而問二大田々根子一曰、汝其誰子。
対曰、父曰二大物主大神一。
母曰二活玉依媛一。陶津耳之女。
亦云、奇日方天日方武茅渟祇之
女也。

〔書き下し文〕

○秋八月の癸卯の朔己酉（七日）に倭迹速神浅茅原目妙姫・穂積臣遠祖大水口宿禰・伊勢麻績君、三人、共に夢を同じくして、奏して言さく、「昨夜夢みらく、一人の貴人有りて、誨へて曰はく、『大田田根子命

爾天皇問二賜之汝者誰子一也、
答曰、僕者大物主大神、
娶二陶津耳命之女、活玉依毘売一、
生子、名櫛御方命之子、飯肩巣
見命之子、建甕槌命之子、僕意
富多多泥古白。

〔書き下し文〕

斎主　シナガ尾イチを
オホヤマト　クニタマ神の
斎主　なさば平けべし

君これに　夢合せして
布れ求む　オホタタネコを
チヌスヱに　ありと告ぐれば
君八十と　チヌに御幸し

タタネコに　誰が子ぞと問ふ
答へには　昔モノヌシ
スヱツミが　イクタマと生む
モノヌシの　オホミワ神の

を以て、大物主大神を祭ふ主とし、亦、市磯長尾市を以て、倭大国魂神を祭ふ主とせば、必ず天下太平ぎなむ』といへり」とまうす。天皇、夢の辞を得て、益心に歓びたまふ。布く天下に告ひて、大田田根子を求ぐに、即ち茅渟県の陶邑に大田田根子を得て貢る。天皇、即ち親ら神浅茅原に臨して、諸王卿及び八十諸部を会へて、大田田根子に問ひて曰はく、「汝は其れ誰が子ぞ」とのたまふ。対へて曰さく、「父をば大物主大神と曰す。母をば活玉依媛と曰

ここを以ちて、駅使を四方に班ちて、意富多多泥古と謂ふ人を求めたまひし時、河内の美努の村にその人を見得て、貢進りき。

爾に天皇「汝は誰が子ぞ」と問ひ賜へば、答へて曰さく「僕は大物主の大神、陶津耳の命の女、活玉依毘

末孫(はつこ)なり

〔現代語訳〕

八月七日、トハヤの娘チハラ・メクハシ姫とオホミナクチとイセヲウミの三人が、朝廷に告げ申すには、夢に神が出てきて、「オホタタネコをオホモノヌシをまつる祭主とし、シナガ尾(ヲ)イチをオホヤマト・クニタマ神（コトシロヌシ）をまつる祭主とすれば、平らかになるに違いない」と仰しゃる。

一方、君の御覧になった御

す。陶津耳(すゑつみみ)の女なり」とまうす。亦(また)云(い)はく、「奇日方天日方武茅渟祇(くしひかたあまつひかたたけちぬつみ)の女なり」といふ。

〔現代語訳〕

秋八月の癸卯(みづのとう)の朔己酉(ついたちつちのとのとり)の日（七日）に、倭迹速神浅茅原目妙姫(やまとととはやかむあさぢはらまくはしひめ)と穂積臣(ほづみのおみ)の遠祖大水口宿禰(おおみなくちのすくね)と伊勢の麻績(をみ)君の三人が、共に同じ夢を見た。そこで、天皇に申し上げていうには、

「昨夜三人とも同じ夢をみました。あまりに不思議なことなので申し上げる次第でございます。その夢というのは、一人の貴人がお出ましになり、『大田田根子命(おおたたねこのみこと)を、大物主大

売(め)に娶して生める子、名は櫛御(くしみ)方(かた)の命の子、飯肩巣見(いひがたすみ)の命の子、建甕槌(たけみかづち)の命の子、僕(あれ)意富多多泥古ぞ」と白しき。

〔現代語訳〕

夢も、これにまったく一致していた。それで、八方に布れを出し、オホタタネコをお求めになった。すると、ある人の報告に、チヌのスエに、その名の者がいるという。そこで、さっそく、君は沢山の臣下をつれてチヌにみ幸し、タタネコにお会いになった。

神を祭る神主とし、また市磯長尾市を、倭大国魂神を祭る神主とすれば、必ず天下は太平になる。このことは間違いない』

天皇はこの夢の話をおききになり、大層お喜びになられた。そしてあまねく天下に布れて、求めるのに、茅渟縣（和泉の国一帯の古称）陶邑に大田田根子をみつけた。役人はその大田田根子をすぐ天皇に貢る。そこで、天皇は自ら神浅茅原に臨幸され、諸王卿と八十諸部（朝廷の名種、トモの首長）を集められ、大田田根子に問う。

そこで、急使を四方に出して、意富多多泥古という人を求めた。すると、河内の国の美努の村でこの人物を探し出したので、奉った。

君はタタネコに向って、

「お前は誰の子か」とお問いになると、タタネコ答えて、

「昔、私は三代オホモノヌシ（コモリ）が、スヱツミの娘イクタマヨリヒメをめとり、その間に生まれた者の子孫でございます。そしてオホミワ神即ちコトシロヌシの末裔に当ります」

と申しあげた。


「汝は誰の子であるか」

これに答えて、大田田根子は、

「父を大物主大神と申し、母は活玉依媛といいます。陶津耳の娘でございます」

また、この時次のようにも言ったのかもしれない。

「活玉依姫は奇日方天日方武茅渟祇の娘でございます」

そこで、天皇は、

「お前は誰の子であるか」

とお尋ねになる。これに意富多多泥古が次のようにお答え申し上げる。

「大物主の神が陶津耳の命の女の活玉依毘売と結婚して生んだ子は櫛御方の命です。その子が飯肩巣見の命、その子が建甕槌の命、その子が私意富多多泥古でございます」

奥ゆかしいホツマツタヘ

まず、ホツマツタヘの方の読後感から始める。メクハシ姫・オホミナクチ・イセヲウミの三人が同時に同じ夢をみ、さらに、キツニヱの大君がこれと等しい夢をご覧になったという奇瑞が、同大君をして、オホタタネコを布れ求めしめる原動力となる。チスというのは、今の大阪府堺市上之の式内陶荒田神社と思える。だが、同社の現在の祭神は、高魂命、劔根命、菅原道真公、八重事代主命となっていて、境内社に太田神社があり、ここに太田々根子命が祀られている。

タタネコの系譜は次の系図をみながら考えたい。

上・陶荒田神社(旧県社)
下・太田神社。オオタタネコを祀る。陶荒田神社の境内にある。

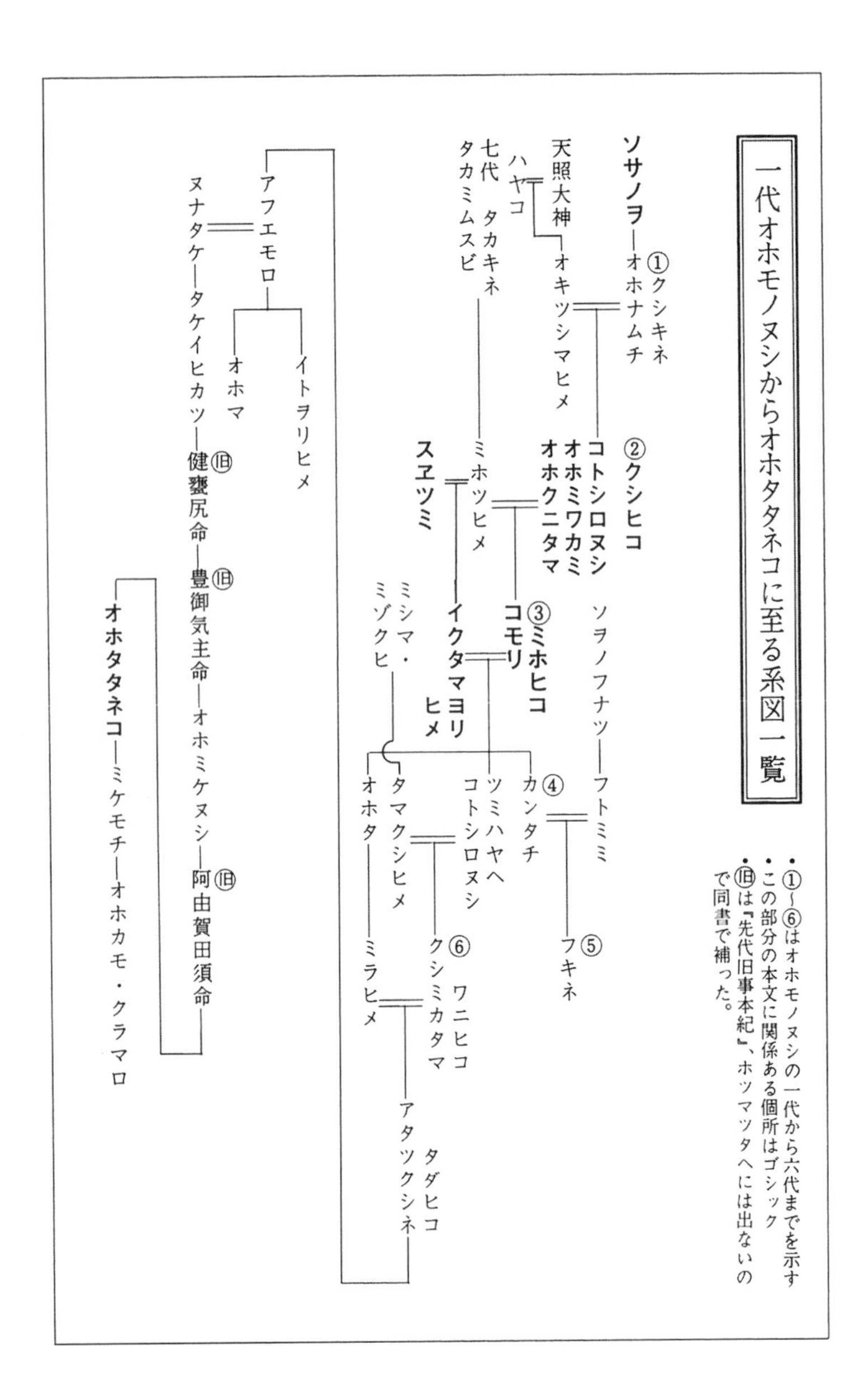
一代オホモノヌシからオホタタネコに至る系図一覧
・①〜⑥はオホモノヌシの一代から六代までを示す
・この部分の本文に関係ある個所はゴシック
・ⓘ旧は『先代旧事本紀』、ホツマツタヘには出ないので同書で補った。
ソサノヲ
①クシキネ
オホナムチ
天照大神
ハヤコ
オキツシマヒメ
七代　タカキネ
タカミムスビ
②クシヒコ
コトシロヌシ
オホミワカミ
オホクニタマ
ミホツヒメ
スヱツミ
ソヲノフナツ
フトミミ
③ミホヒコ
コモリ
イクタマヨリヒメ
ミシマ・
ミゾクヒ
④カンタチ
ツミハヤヘ
コトシロヌシ
タマクシヒメ
オホタ
⑤フキネ
⑥クシミカタマ
ワニヒコ
ミラヒメ
アタツクシネ
タダヒコ
アフエモロ
ヌナタケ
タケイヒカツ
イトヲリヒメ
オホマ
ⓘ旧健甕尻命
ⓘ旧豊御気主命
オホミケヌシ
ⓘ旧阿由賀田須命
オホタタネコ
ミケモチ
オホカモ・クラマロ

そこで、上段本文中の次の一節をもう一度みよう。

ムカシモノヌシ
スヱツミガ　イクタマトウム
モノヌシノ　オホミワカミノ
ハツコナリ

昔モノヌシ
スヱツミが　イクタマと生む
モノヌシの　オホミワ神の
末子（はつこ）なり

ここに一行目と三行目に同じモノヌシが出てくる。これはいかにも同一神と思いがちだが、実はそうではなく別々の神なのだった。土台、ホツマツタヘには系図でみるように、オホモノヌシは一代から六代まであって、どのオホモノヌシも、モノヌシとだけ書かれている場合が多い。そんな時は、読む方が前後の関係を考えて、ここでは三代目のモノヌシを指しているとか、或は五代目のモノヌシをいっているとか判断することが、必要になってくる。では、今二度出てきたモノヌシの場合はどうなのだろうか。

それを考えてみよう。答えは一行目が三代オホモノヌシであるコモリノカミのことであり、三行目のモノヌシの方は、二代目オホモノヌシのコトシロヌシのことをいっているのである。これは、右図で分る通りスヱツミがイクタマヨリヒメの父であり、ヒメの夫がコモリである処から、一行目のモノヌシは三代目を指すことが判明し、三行目のモノヌシはオホミワカミという呼び方が二代オホモノヌシを指すことからして、それぞれ確定できる。

ただここで問題なのは、このような時には、一代目のモノヌシのことを挙げるのが普通だろうに、なぜ、特に三代目モノヌシのコモリとその妻イクタマヒメとをあげ、更にその父スエツミをも出したかという疑問である。もう一度云い直すと、六代までであるオホモノヌシの内、別して三代目コモリ本人とその妻ならびに父をあげたのには、何か理由があるに違いないということである。しかし、この解答は、いまのところ、私には持ち合せがない。ここで、「一代オホモノヌシからオホタタネコに至る系図一覧」について、少し補足しておきたいことがある。系図の片カナで示したのはホツマツタヘに出てくる名である。ところが、下の方に三カ所、漢字で表わしてある方々がある。健甕尻命、豊御気主命、阿田賀田須命の三名である。(旧)というのは、『旧事紀』(『先代旧事本紀』の略称)からの引用を示す符号である。

だが、読者のうちには、この方々だけをわざわざ『旧事紀』からなぜ採ったのかと、疑問に思われる向きもあろうと思う。それは、これらの名がホツマツタヘにでてこないからなのである。では、これらがどうしてホツマにでてこないのだろうか。オホモノヌシ家伝来の書である筈のホツマツタヘに、直系の先祖、まして筆者であるオホタタネコの父親、阿田賀田須命の名さえ載せないということが、果してあるだろうか。事実とすれば、これは非常識に近い。そう考えるのが普通である。

しかし、考えてみれば、もともとホツマツタヘは、勅命を蒙って、ミカサフミと共に、日本古来の尊いアメノミチについて書かれたものであった。主題はアメノミチなのだった。だから、たとえ父親であろうと先祖であろうと、主題とはずれると思われる者は容赦なく落してしまっているのである。こんなところにも、ホツマツタヘの愚直なまでの執筆態度の片鱗がうかがわれて奥ゆかしい。つまり、ホツマツタヘは、自分だけの氏族の自我を誇示しようとする著作では、金輪際ないのだった。このようなホツマツタヘを読んでから、記紀をみると、あまりにも隔たりがありすぎて嫌になる。殊に古事記は、神をもおそれぬ強烈な自我の上に、独断と偏見とをないまぜにした態度が見え見えである。これには反発せずにはいられない。また『古語拾遺』や『旧事紀』をみると、記紀にない貴重な記事、つまりホツマの記述を今に窺わせるのはいいとしても、氏族のエゴが露骨で、うんざりさせられるのである。

記紀を厳しく批判する

次に、中段、書紀についての感想を述べたい。ここでは、ホツマと較べるといろいろ述べたい処が出てくる。前同様、箇条書きにしたい。

○大水口宿禰(おほみなくちすくね)に対して、「穂積臣(ほづみをみ)遠祖」とあるのは、前の垂仁天皇廿五年の武渟川別(たけぬかはわけ)に対して阿倍臣遠祖とあるのと同じで、書紀が文献としてホツマツタヘより後にできたものであることを物語っている。

○市磯長尾市(いちしのながをち)は、ホツマでは、シナガヲイチとなっている。これは漢訳の「市」の一字は別として、後の「磯長尾市」は当っているように思う。そして、これを「しながをいち」と訓(よ)めば、ホツマ通りでよかったのに、「しのながをち」と訓(よ)んだのでは台無しである。

○天皇ニ得夢辞一、益歓ニ於心一(天皇、夢の辞を得て、益心に歓びたまふ)に当る処のホツマでは、キミコレニ、ユメアハセシテ（君これに、夢合せして）とある。この意味は、上段のホツマ原文の訳文に書いた通り、大君が三人の夢とまったく同じ夢を御覧になったということだから、右の書紀の記述ではまるで誤訳というほかはない。まして、このことがあったからこそ、君はオホタタネコを探すお気持になったのであり、こんな大事な処を誤訳してしまったのでは仕方がない。

○於ニ茅渟縣陶邑一、得ニ大田田根子一而貢之(茅渟縣陶邑に於て、大田田根子を得て貢る)というのも、ホツマと違う。ホツマの方は、大君みずから八十臣らとともにチヌに行幸したとある。大君が出向くほど、それほど事は重大事であり、オホモノヌシの神言を重んじていたからに外ならない。

○親臨ニ于神淺茅原一、会ニ諸王卿及八十諸部一(親ら神淺茅原に臨して、諸王卿及び八十諸部を会へて)というのは、まったくおかしい。上段のホツマには、これに相当する原文は何もない。「神淺茅原」というのは、まるで架空の場所であり、本当は「アサヒノハラ」（一一八頁参照）だった。

○書紀系譜については、「父曰ニ大物主大神一」(父をば大物主大神と曰す）というのも、ひどい間違いだ。オホモノヌシというのは、神代の⑥クシミカタマまでの称であって、人代になってからは、この呼び名は使われない。ましてオホタタネコの父親がオホモノヌシとよばれたことは絶対にない。ただし、「活玉依媛」は、ホツマの「イクタマヨリヒメ」であり、「陶津耳」もやはり「スエツミ」で正しい。書紀はこんな処までの系譜をよくも保存して載せたものだと感心している。

○「奇日方天日方武茅渟祇之女也」(奇日方天日方武茅渟祇の女なり）は、上の「陶津耳之女」(陶津耳の女なり）に対する異伝ということらしいが、こんな間違った伝承をも伝えたのは、書紀はこのことについて、よほど自信がなかったからのようだ。

因みに、『旧事紀』に、天日方奇日方命という名が十カ所ばかり出てくるが、これはさっきの系図の中でみた〔ホツマ〕の六代目〔ホホモノヌシ〕の〔クシミカタマ〕のことである。この名は、私たちにとって、片時も忘れることはできない。〔ホツマツタヘ〕の三分の二の量をもつ神代の部分一アヤから二十八アヤまで執筆した方だからである。ただし、クシミカタマの子がアタツクシネなのに、『旧事紀』では、これを阿田都久志尼命として天日方奇日方命と同神にしてしまっているのは残念である。それはともかく、書紀は「奇日方天日方（くしひかたあまつひかた）」と「武茅渟祇（たけちぬつみ）」などという〔チヌ〕をもじった名とまぜこぜにして載せている。

さて、最後に古事記についてみよう。古事記は、例によってあまりに省略が甚しくて批評さえできない。末尾に数行あるのみである。

○「見二得其人一貢進」（その人を見得て、貢進（たてまつ）りき）は書紀と同じ誤ちを犯している。

○ここに載せる系譜については、〔ホツマ〕のそれと見較べれば、あまりに粗ぽくかつ誤っていて、何をかいわんやである。ここでは、記事そのものがないので、何もいうことができないが、古事記の他の行文を〔ホツマ〕と見較べてみると、ある処では、ここでのように極端に省いて、〔ホツマ〕の全文を没にしているかと思うと、別の処では、〔ホツマ〕に一行もない愚劣な伝承をゴテゴテとこね廻しているのがみえる。そうかと思うと、〔ホツマ〕の記述を、勝手に変えて載せている処もある。また、神々の系図を気儘にあっちこっちと結び合せたり、切りとったりして平気である。その傍若無人なふるまいを、私は許すことができないのである。

以上、ミカサフミの筆者オホカシマとホツマツタヘの筆者オホタタネコについて、長々と説明してきた。それに、面倒な記紀との対比「三書比較」に手間どりもした。だが、今のところオホカシマとオホタタネコについて考えることは、記紀の大鹿島命と大田田根子命の記述についてみる以外に方法はない。それなら、これらの記紀の原文を、ホツマの原文と比較対照することで、両神をみることが最も当を得た方法だと私は思った。このやり方だと両神のことは云うまでもなく、ホツマ、記紀の三書のもつ本質も同時に会得できて一石二鳥だからである。それにしても、読者は不馴れな読みものに、さぞや肩が張ったことだろう。申し訳ないと思う。

しかし、ここまでお読みになって、あなたは記紀に対してどういう感想をおもちだろうか。日本書紀がホツマと一面では、驚くほど似ているのに目を見張ったことだろう。それに対し、古事記が対照すべき記事のあまりにも少ないのに、意外な感じをもたれたかもしれない。あるいは、面倒な「三書比較」に興味をもち、もっと他の記述についても較べてみたいという意欲をおもちの方も、きっとあるに違いない。そして記紀がホツマを継受している、つまりホツマが記紀の原本だったという私の説を、自分の目で確めたいと考え出している方もあるだろう。比較することで、記紀が古代を正しく伝えているかいないかの検証も試みたいという欲求をおもちの方もあるかもしれない。

早くできた理由

以上でお分りのように、オホカシマとオホタタネコとの二人の神主が、ヲシロワケの切なる大御心を体して、それぞれの家録を元にして編集し奉ったのが、ミカサフミ六十四アヤであり、ホツマツタヘ四十アヤなのだった。

この時は、日本古代暦のアスス八百四十三年、ヲシロワケのアマキミ（天君）五十六年に当る。この年はヤマトタケが崩じてから十三年の歳月が流れていた。しかし、多分その没後すぐに編纂の下命があったのではなく、アスス八三八年のワカタリヒコ（十三代成務天皇）立太子以後だったのではないかと思う。とすれば、執筆には四、五年しか費やされてはいない。後世の史書に較べれば、物すごく早いスピードといえる。

こんなにも早いペースで、書物ができ上った秘密は、おそらく以下のような事情があったと思われる。それを一言でいえば、豊富な参考資料があったからである。つまり、日本古代文字で書かれた文献が沢山引用できたということである。このことは、日本には漢字以前に文字がなかったという現在の学説からすれば、とても考えられないことになるだろうが、私は固くこのことを信ずる。なぜなら、ホツマツタヘを精読すれば、そう思わざるを得ないからである。

そのことをもう少し説明したい。まず、第一に挙げたいのは、ホツマツタヘを読んでいると、これこれの事柄は、これこれのフミ（文）に書かれている箇所から引用したものだというような下りに、一再ならず出会うのだ。例えば、次のような文章がそれである。

モノヌシガ　マクラコトバノ
ユエヲトフ　モロコタヘネバ
アチヒコガ　コレハミソギノ
フミニアリ　（五アヤ二頁）

モノヌシが　マクラコトバの
故を問ふ　諸答へねば
アチヒコが　これは「ミソギの
フミ」にあり

式内阿智神社。アチヒコを祀る長野県下伊那郡阿智村。

即ち、これを訳すとこうなる。モノヌシ、即ち二代オホモノヌシのコトシロヌシが、心を明らかにするために重要な役目をするといわれる「マクラコトバ」のできた縁を問うた。ところが、諸臣が答えられないので、アチヒコ即ちオモヒカネ（記紀での思兼命）が、「そのことだったら、『ミソギノフミ』の中にあります」と云ったというのである。そして、以下、『ミソギノフミ』の内容が述べられる。

オモヒカネといえば、天照大神の姉君のワカヒメの夫君である。そのオモヒカネが『ミソギノフミ』という書物の内容について語っているのである。この『ミソギノフミ』の文献としての古さは相当なものといえる。

もう一例あげてみよう。

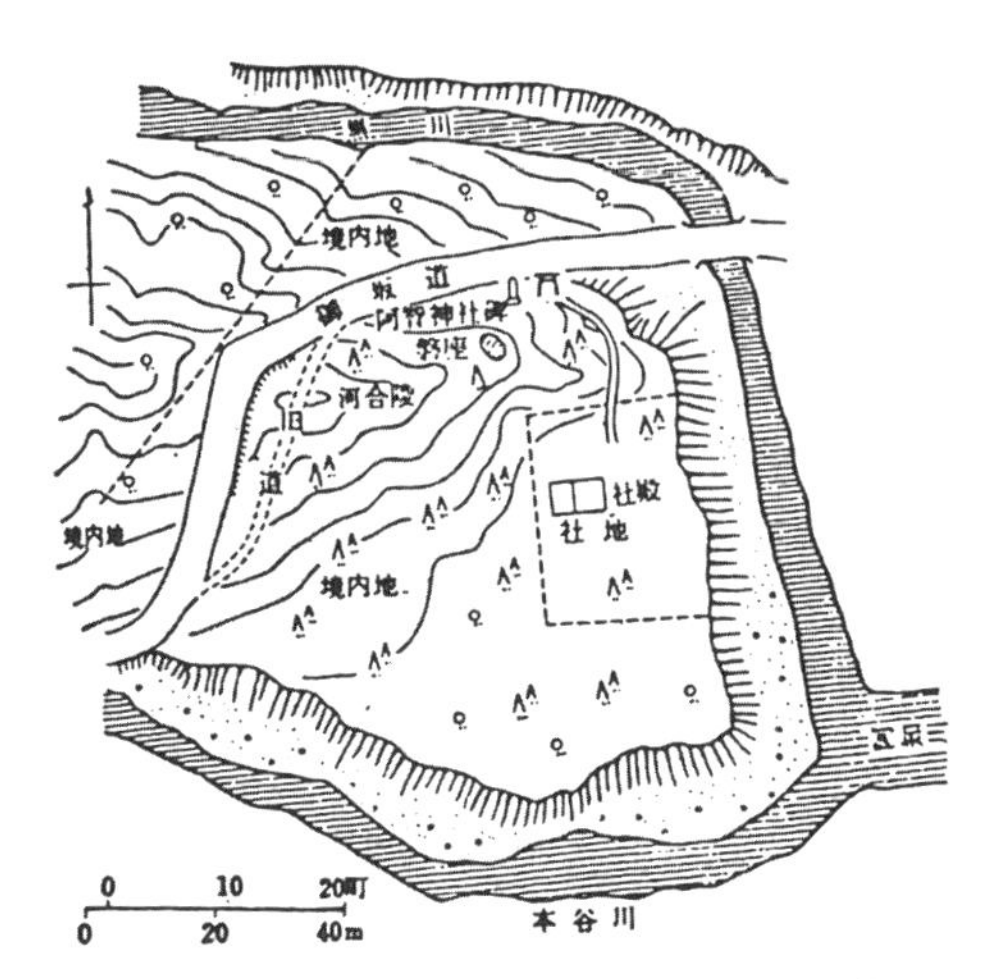

阿智神社奥宮。ここは長野県下伊那郡阿智村昼神部落の前宮（里宮）から阿知川に沿って左岸を上ること二粁余、連山に囲まれた台地に鎮座。江戸中期までは山王権現と云われた。

ミタネウム
コモリダモ
ナラヒキト
イトイナヤ
アヂモマダ
オモフナリ
ヲシヘコフ
ミタネフミ

ヒメキミアヒテ
ミハタオコヘバ
ミメノイロセニ
ヒメハカヘシテ
イロセニトハバ
ヨソニトハント
コミロマヨヘバ
コミニコモリノ

（一六アヤ五頁）

御種生む
コモリだも
習ひきと
いと否や

姫君会ひて
御幡を乞へば
御姫の夫に
姫は返して
夫に問はば

鹿島神宮。茨城県鹿島郡鹿島町。旧官幣大社。タケミカツチを祀る。

アヂもまだ　外（よそ）に問はんと
思ふなり　心迷へば
教へ乞ふ　ここにコモリの
御種文（みたねふみ）

この大意は、以下の通りである。「姫君」というのは、タケミカツチのヒトリヒメのことだ。そのヒトリヒメが、第三代オホモノヌシであるコモリに会って、妊娠する方法を問うたというのである。コモリはミギノヲミ（右の臣）という重責にあった人物だが、また医術もよくしたのであった。すると、コモリは、

「いえ、いえ、このコモリでも、貴女の夫君のアマノコヤネさんに教わったのです。どうぞ、夫君にお尋ねください」

そう云って、謙遜して姫の申し出を断わったのである。すると、すぐに姫は、

「いえ、そんなことはございません。夫にきき

上・与呂岐神社、滋賀県高島郡安曇川町青柳。コモリを祀る。ヨロキマロとも云ったから、社名はそれを残しており貴重である。
左・女性にされてしまったコモリ神。南北朝時代の子守明神像。

ましたところ、私も知らない、どこか外の智慧のある方にきくがよいとの答でございました。それで、どなたに教えを乞うていいかわからず迷っていたところでございます。コモリ様なら、きっと御教え下さることと思い、お待ちいたしておりました。どうか、お教えくださいませ」

と懇願するのだった。そこで、コモリは自ら書いた御種を得る方法を書いた書物の『ミタネフミ』をとり出してきて、姫に見せながら説明をした。

そして、これから後のホツマ原文は、その御種を得る具体的な内容で満たされているのである。

ということは、天照大神時代のオモシカネの時に、『ミツギノフミ』があったのだから、それから後のコモリの時代に『ミタネフミ』があったとしても不思議でも何でもない。ご覧のように、漢字以前に、ホツマと同じ文字によるフミがあったことは、一二に止まらなかったのである。しかし、これはフミと銘うったもの

古代文字文献書目一覧

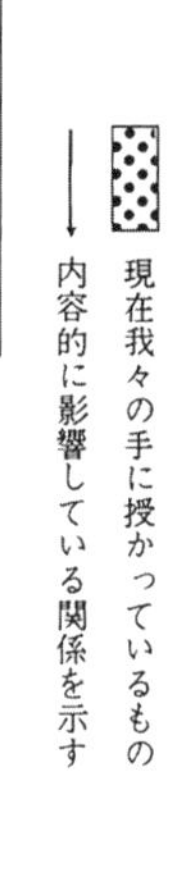

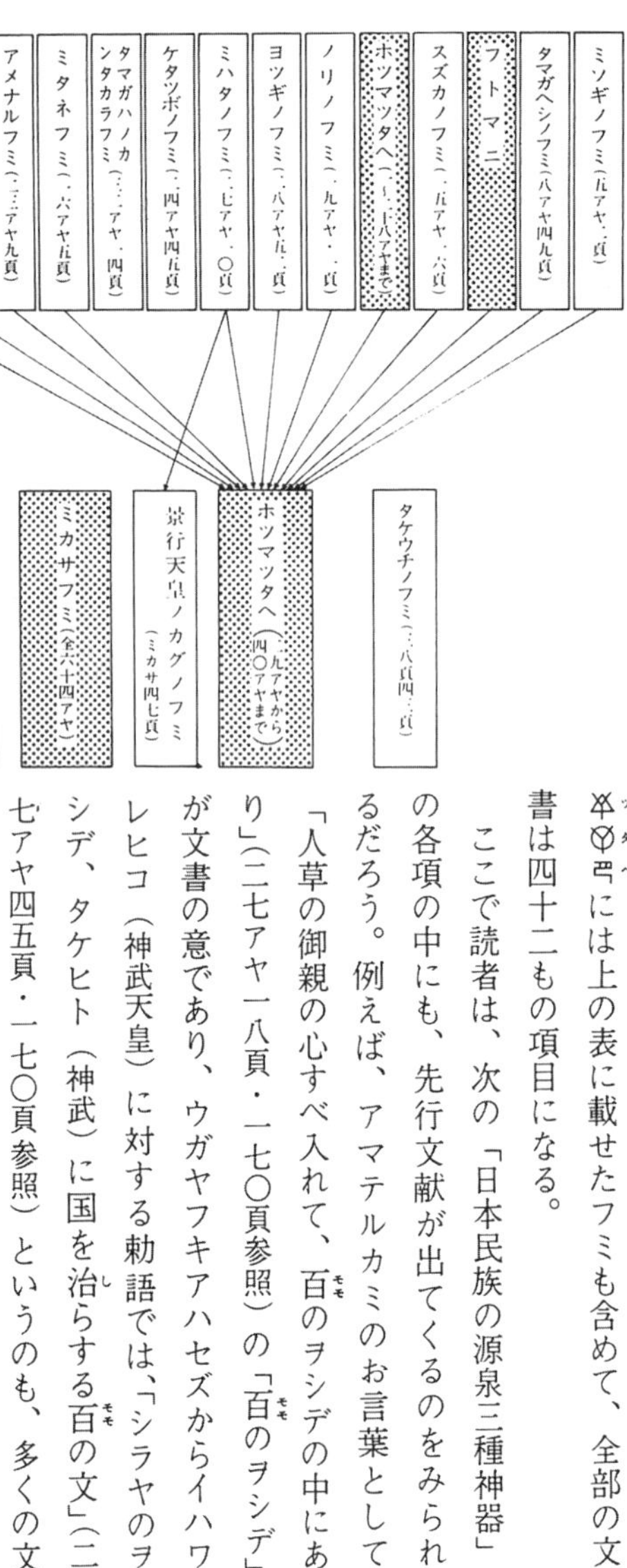

に限ったまでの話で、古代文字で書かれた文書ということになると、もっともっと多くなる。大阪例会の池田満氏が調べてくれたところによると、ホツマツタヘには上の表に載せたフミも含めて、全部の文書は四十二もの項目になる。

ここで読者は、次の「日本民族の源泉三種神器」の各項の中にも、先行文献が出てくるのをみられるだろう。例えば、アマテルカミのお言葉として、「人草の御親の心すべ入れて、百のヲシデの中にあり」(二七アヤ一八頁・一七〇頁参照)の「百のヲシデ」が文書の意であり、ウガヤフキアハセズからイハワレヒコ(神武天皇)に対する勅語では、「シラヤのヲシデ、タケヒト(神武)に国を治らする百の文」(二七アヤ四五頁・一七〇頁参照)というのも、多くの文書ということであるのに間違いない。また、これもアマテルカミから皇孫ニニキネに対して、「ミハタのトメの御文を、御孫に賜ひ」(二四アヤ六頁・一八二頁参照）とある「ミハタのトメの御文」というのは、当時宮中に伝わった修身治国のアメナルミチを書いた文書であったことは疑えない。

また、ホホテミから御子のウガヤに対するところでは、「天君はミハタのフミを、みてづから御子にゆづり」（二七アヤ一〇頁・一九三頁参照）とある「ミハタノフミ」がそうであったのは確実だし、アマテルカミからウガヤへのミコトノリの中にも「人草の御祖（みをや）の心、すべ入れて百々のヲシテの中にあり、綾しげければ天霊（アチ）みえず」（二七アヤ一八頁・二二四頁参照）とある。ここに「綾しげければ天霊（アチ）みえず」というのは、「あまりに文書が多すぎて大事なところが見失いがち」だということであるから、膨大な量の文献があったことを窺わせる。

このようにみてくると、ミカサフミとホツマツタヘとは、これらの先に出来ていた文書や書物の恩恵を大いに蒙って出来上ったものであったことを知るのである。それだからこそ、数年間という短かい期間に完成できたのだろう。私はそう思っている。この推理はおそらく間違っていない筈だ。

これに関連して、私は前著『ホツマツタヘ』の中で、次のようなことを云ったのを思い出す。ホツマツタヘは、古代文字文献として、この一書だけポツンとあったのではなく、同時代にミカサフミという書物があり、また、これより遙か以前の時代にはフトマニという書物があった。そしてこれら三書が、現に我々の手中にあるのだと。さらに、そこで、三人の別々の筆者が時代を異にしながら然も同一文字によりそれぞれの書物をものしたという事実は、このこと自体が古代文字と古代文字文献の存在を確かにする肯定材料たりうるとも書いた。

そして、いまご一緒にみてきた一四八頁の一覧表その他のことは、右に述べた肯定材料に、もう一つ強力な証拠を加えたとみてもいいのではないかと思う。

私の推察

ところで、ミカサフミの編者オホカシマとホツマツタヘの編者オホタタネコの二人は、宮中にそれぞれのフミを奉呈すると同時に、そのフミを互いに交換し、それぞれの家宝として大事に伝えたのであったろう。つまり、両書は宮中に奉呈されたと同時に、編者オホカシマの子孫である中臣家（藤原家）に伝えられ、また、もう一方の編者オホタタネコの子孫のミワ（三輪）家にも残されたものと考えられる。

私が、このように推理するのは、私が発見したホツマツタヘとミカサフミとフトマニの三書についてみると、これらのいずれもが、オホタタネコの子孫である江戸安永年間(一七七二―八〇)の人、三輪容聡(みわやすとし)の家伝の書だったという事実から始まる。そして、次に三輪家家蔵のホツマツタヘは、四十アヤ全部の完本が残されており、ミカサフミは六十四アヤあったというのに、九アヤ分のみしか伝えられてなかったこととも関連する。さらに、ここで注目されるのは、ミカサフミとホツマツタヘとの本文のそれぞれ巻頭に、オホカシマとオホタタネコとが共にこもごも奉呈文を載せているということである。

これら三つの事実から推し量ると、ミカサとホツマ両書とフトマニとを、双方の家で交換し保存したという筋書きができあがるのである。

どうしてそうなるかの理由を書こう。

三輪容聡の墓。滋賀県高島郡安曇川町の来迎寺境内にある。南北朝あたりから井保姓を名のる。

まず、容聡の手元にホツマツタヘ、ミカサフミ、フトマニの三種が揃っていたということ、まして、フトマニのような貴書中の貴書までここにあったということは、容聡がオホタタネコの直系の子孫であることを思わせる。ついで、第二に、ホツマツタヘとミカサフミとが、両方とも三輪家に伝えられたことは、両書の筆者双方が、それぞれに奉呈文を書き、これをヲシロワケに奉った時に、相互の書物を各各交換したものとして、多分間違いはないだろう。第三に、ホツマツタヘの方が四十アヤ全部残されているのに、ミカサフミの方は九アヤ分のみしか見当らないということに対する私の推察はこうなのだ。ホツマツタヘの方は、三輪家にとって自分の家書であるから大切に保存したから完本として欠けなく残された。これに対し、ミカサフミの方は、ホツマツタヘと同じくたぐい稀れな貴重書とはいえ、他家のものであるということになれば、長い年月を伝えている間に、どうしても気の緩みが出、写本も怠りがちになり、いつか紙は虫に食われ、判読さえできにくくなってしまったのではないか。そして江戸期の容聡の頃には、九アヤ分やっとが残されたということでもあったろう。私はこのように考えるのである。

どこに眠るかミカサフミ

いつもいつも思うのだが、ホツマツタヘの筆者オホタタネコの子孫三輪容聰は、よくぞ先祖伝来の貴書を残してくれたものだと三嘆せずにはいられない。そう感謝する心が深くなる一方、ミカサフミの筆者オホカシマの子孫は、その後どうなってしまったのだろうかとあれこれ思案し、探索する気持が強まってくるばかりである。殊に、ミカサフミの未発見部分は、現在、どこに眠っているのだろうかという一事に思いが及ぶと、一刻もこうしてはいられないという焦燥感が胸中を駆けめぐり、夜もおちおち眠れなくなる。

だが、ミカサフミは既に隠滅してしまって、いくら探しても、もう望みはないものだろうか。このことを正確に推定するためには、ミカサフミそれ自体がオホカシマによって書かれてから後、どういう経路を辿ったかを察するのが先決である。前述のように、ホツマツタヘの写本が、オホタタネコを経て子孫である三輪（井保姓）容聰にまで伝えられたように、ミカサフミもオホカシマを経て、その子孫の手によって保存されただろうことは想像に難くない。では、オホカシマは、どんな氏族に属し、その系列はどうなのか。それは前述のように、アマノコヤネに始まる藤原氏の系統であることは、疑うべくもない。

そこで、これも先にちょっと書いた『尊卑分脈』を、もう一度よくみる必要がでてくる。同書の「藤原一・北家甲」の見出しのところがお目当ての箇処である。「北家」というのは、藤原家には、南家、北家、式家、京家の四家があり、その中でも北家は最も繁栄したのだったが、以下にみるように、（オホカシマ）の漢字訳である「国摩大鹿嶋命」は、この北家の系統に属していたのだった。

また、『分脈』のここのところの註をみると、

「藤原、大中臣、中臣、卜部、斎部等上祖也」と書かれている。つまり、これら大中臣など四家は藤原と祖先を同じくし、古代からの「上祖」だというのである。

では、お待ちかねの「天児屋根尊」以下の系図を御覧願おう。

これをみると、さすがに藤原氏は日本一の大族で、いかに上層社会の中枢を占めていたのかがよくわかる。更に近衛、鷹司などの有名な貴族は、みなこの家柄からでてい

藤原氏系図（『尊卑分脈』による）

天児屋根尊（アマノコヤネノミコト）―天押雲命（アマノオシクモノミコト）―天多禰伎命（アマタネキノミコト）―宇佐津臣命（ウサツオミノミコト）―御食津臣命（ミケツオミノミコト）

―伊賀津臣命（イカツオミノミコト）―梨迹臣命（ナシトオミノミコト）―神聞勝命（カンキキカツノミコト）―久志宇賀主命（クシウカヌシノミコト）

―**国摩大鹿嶋命**（クニスリオホカシマノミコト）―臣陝山命（オホンサヤマノミコト）―跨耳命（アトミミノミコト）―大小橋命（オホオハシノミコト）

　　　　―天見通命（アマミトヲリノミコト）（荒木田神主上祖）

……大織冠鎌足―不比等……（略）

……道長……基実（近衛殿）……兼平（鷹司殿）……教実（九条殿）

……良実（二条殿）……実経（一条殿）……（以下略）

たのも読者の知られる通りである。

では、オホカシマの秘書ミカサフミとオホタタネコの交換したホツマツタヘと、それに、これも交換しただろうフトマニとの探究は、これらの系図に載る誰に狙いをつけ、どこを尋ねたらいいのだろうか。

私は探索感覚をフルに働かせてまず、この系図中の大宗である近衛家の宝庫である京都市右京区の陽明文庫を探ったが、空振りであった。また、この系図にはないが、オホカシマの出身地である茨城県潮来（いたこ）町大賀の地を探訪した。オホカシマはイセ神宮の初代神主になる前、「相鹿の里」に住み、ヤマトタケに御食事の接待をしたことが、ホツマツタヘに載っているからである。潮来（いたこ）町大賀に狙いをつけたのは、『常陸風土記』に「相鹿の里」が、現在の大賀に当るからである。しかし、郷土史家も無論、このことを知らず、何の収穫もなかった。また、オホカシマを祭る稀な神社、三重県多気町相可の式内相鹿上（おおかかみ）神社にも上ったのは勿論である。しかし、残念ながら手応えはえられなかった。

なお、藤原家一門の主たる神社である奈良の春日（かすが）大社はもとより、藤原一門の祖先を祭る同じく奈良の大寺興福寺を探訪、最高の地位にあった一条院の系統を引く当主一条院忠順氏にもお会いした。しかし、これも徒労だった。

だが、私は諦めてはいない。私の探索はまだ序の口にしかすぎない。どこに狙いをつけていいのか、見当もつかないほど的は多い。藤原家一族の社寺となれば、この外にも数限りなくあって、どの位あるかさえ定かでない。しかも古代に限っても、大中臣、中臣、卜部、斎部なども同族というのだから、ますます範囲は広くなる。

上・相鹿上神社。他に式内社（相可牟山神社、伊蘇上神社、相鹿木太御神社）他社十四社を合祀する。

右・相鹿上神社碑（三重県多気郡多気相可）。

また、オホカシマはホツマツタヘの中で、自ら語っているところによると、イセノカンヲミ（伊勢の神臣）とあるから、前にも述べた通り伊勢神宮の初代神主だったと思える。この系図でみると、国摩大鹿嶋命の孫の天見通命（アマミトウリノ）は、荒木田神主の祖とある。この荒木田神主というのは、知られるように、伊勢内宮に代々奉仕する伊勢の名族で、外宮に仕える度会（わたらい）神主と同様、伊勢内宮神主家として君臨した。そうなると、探索範囲はまた一段と拡がってくる。

読者へのお願い

ところで、私は前著に、僧溥泉のミカサフミの手訳本（遺愛の書物）が、京都龍谷大学図書館にあるらしいと予告した。そして前著を出してからすぐの昭和五十五年九月、同図書館を訪ね、ミカサフミの得難いトシウチニナスコトノアヤ（年内に為すことのアヤ）という年中行事の一アヤ分を発見したのだった。これで都合十アヤ分のミカサフミが発見されたことになる。

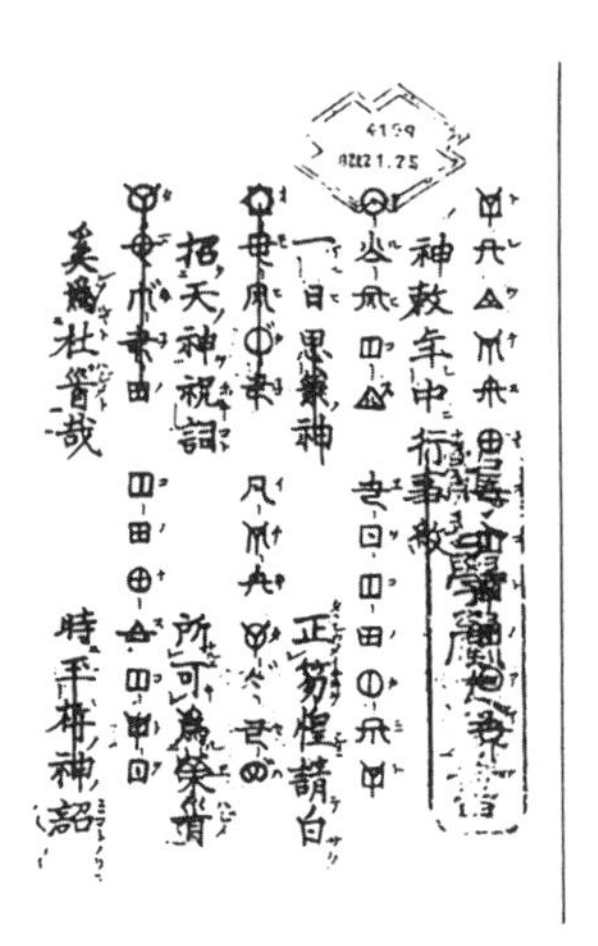

神嶺山傳記
蔵中行事敘

寂照寺常住

「神嶺山伝記」の扉。右端に「寂照寺常住」とみえる。これは溥泉が蔵書本の動かぬ証拠。左頁は本文一枚目。ゴム印は龍谷大学図書館の印。

溥泉が、興福寺に属する僧であったのは、その住持した寂照寺という寺が、興福寺の寺領地である奈良市北小路町にあったことからして動かない。なおこの北小路一帯が、古くから一乗院門跡郷といわれる地であったことは、溥泉が興福寺最高の位にあった一乗院門跡と密接な関係にあったことを示している。

このようなことから、私には溥泉のミカサ手訳本が、オホカシマから藤原家に伝わった生粋のミカサフミの系統をひく異本かもしれないと思った。これが本当なら、宝の鉱脈を発見できたことになる。今後は、溥泉の探索に全力をあげればいいのだ。私は喜びを隠しきれず、血のたぎるのを制しきれなかった。

だが、溥泉本をさきの容聡本と対照してみると、漢訳の部分が余りにも似すぎている。このことは、容聡本と溥泉本とが同じであることを思わせる。そのことから、結局、現在の私は、次のような考えをもつに至った。

大まかに云って、三輪容聡と溥泉とは、共に安永年間に生きた人である。しかし両人が生前に会ったという形跡はみえない。一方、容聡は叡山の目代(もくだい)（近江国高島郡安曇川の出張所長）でもあったのだが、家に伝わる貴書を宮廷に捧げたい素志をかねてからもっていた。そのためには宮家へ献ずるのが一法である。容聡の没後、容聡所蔵の貴書を入手した野々村立蔵は、容聡がこの貴書を「伏見宮御文庫」に納めたのではないかと書き残している。他方、多くの宮家に出入してその蔵書を借覧していた溥泉は、たまたまどこかの宮家で、容聡贈呈の秘書をみせてもらったのではないか。これが、いまの私の推理である。

しかし、溥泉が容聡本を写したのだったとしても、溥泉は我々の知らないミカサフミの幾アヤかを読んでいるのは確かなのだ。このことは、容聡から溥泉へ伝わった分は、容聡から我々へ至った分よりも多いということを意味する。では、その我々のまだ知らない分は、どこへ行ってしまったのだろうか。

龍谷大学にはもうこれ以上埋もれていそうにない。では、どこにあるのだろうか。この探究が我々の目下の重大関心事である。どこかにあるに違いない。この探索に、読者も力を貸していただきたいのである。どんな小さな情報でも結構、お教え賜わりたいのである。アドバルーンをあげなければ、誰も気づかないで過ぎてしまう。これが恐ろしい。その間に隠滅してしまう公算はすこぶる大きいのだ。

貴書がどこにあるかは、まったく予断を許さない。予想もしない処に埋もれている場合が大いにありうるからである。現に、ホツマツタヘ、ミカサフミ、フトマニが発見された宇和島にしても、尋常に考えたのでは、こんな処にありっこないといえる。それが、現実にはそこで発見できたのだ。

宇和島に宝物があった理由はこうである。京都の市内にはあったが、宮中にある神社と同じ格式をもつ古社に式内左京二条坐神社（通称天道宮）という神社があった。その神主に、小笠原通当がいた。この通当が、天保元年（一八三〇年）に容聡の遺本漢訳つきホツマツタヘを、容聡の生地、近江国高島郡で、発見したのだった。その後、このホツマツタヘは通当の郷里宇和島にもち帰られた。そしてそこで通当の甥小笠原長弘、更に、小笠原本家の長武ら、都合三代に渉って研究されてきた。つまり宇和島は、発見者小笠原通当の郷里だったのである。

一方、通当の正嫡、通孝もホツマを学んでいた。その証拠は、通孝より早世した子の吉丸のために、次頁写真のように、ヲシテ（古代文字のことを、ホツマ原典ではこう呼ぶ）の遺牌を、父自ら書いているからである。だが、惜しいことに、通孝は二十六歳の時に故くなった。明治維新の赤報隊の事件に連なって散ったのである。赤報隊のことは、作家、長谷川伸が血涙をこめて綴った『相楽總三とその同志』（中公文庫）に詳しい。この著は、偽官軍の汚名をきせられて散花した志士たちの雪冤の譜である。通孝の遺歌は、「賤の男もすゑは御国の民なれば、人より先に死なむとぞ思ふ」であった。通孝の志は、惻々として私の胸に伝わる。

小笠原長武の墓。愛媛県宇和島市にある。小笠原一族の墓がずらりと並んでいる。

それはともかく、このように、近江高島郡の三輪容聡の秘書が、宇和島で発見されたという事情から考えれば、未発見のミカサフミや容聡本以外のホツマツタヘの異本が、どこに眠っているか、まったく予断を許さないのである。言葉をかえれば、どこに埋もれていてもおかしくはないということになるのである。

最後に群馬県岩宿遺跡から、相沢忠洋(ただひろ)氏が旧石器時代の遺物を発見した有名な話に移ろう。この事件は我々に有益な示唆を与えるからである。あれは昭和三十五年だったから、もうかれこれ二十四、五年は経つ。相沢氏がこれを見出すまでは、考古学者や地質学者の誰もが、関東ローム層の赤土の中に、旧石器の遺物など絶対にありっこないと信じていたのだった。しかし、相沢氏は納豆売りのアマチュアだったから、学界の色眼鏡に惑わされることなく、己が信念に邁進し、世紀の大発見をしたのである。そして、いまでは赤土の中から旧石器の遺物は、全国至る処から出てきている。これは、まるで現代版シュリーマンのような話である。いうまでもなく、シュリーマン（一八二二―一八九〇）は、ドイツに生れ、昔の物語を読んで、美しい古都が地下に埋もれていると信じ、一生を幾多の困難に投じ、これを克服して、遂にギリシャのトロイ遺跡の発掘に成功したのだった。

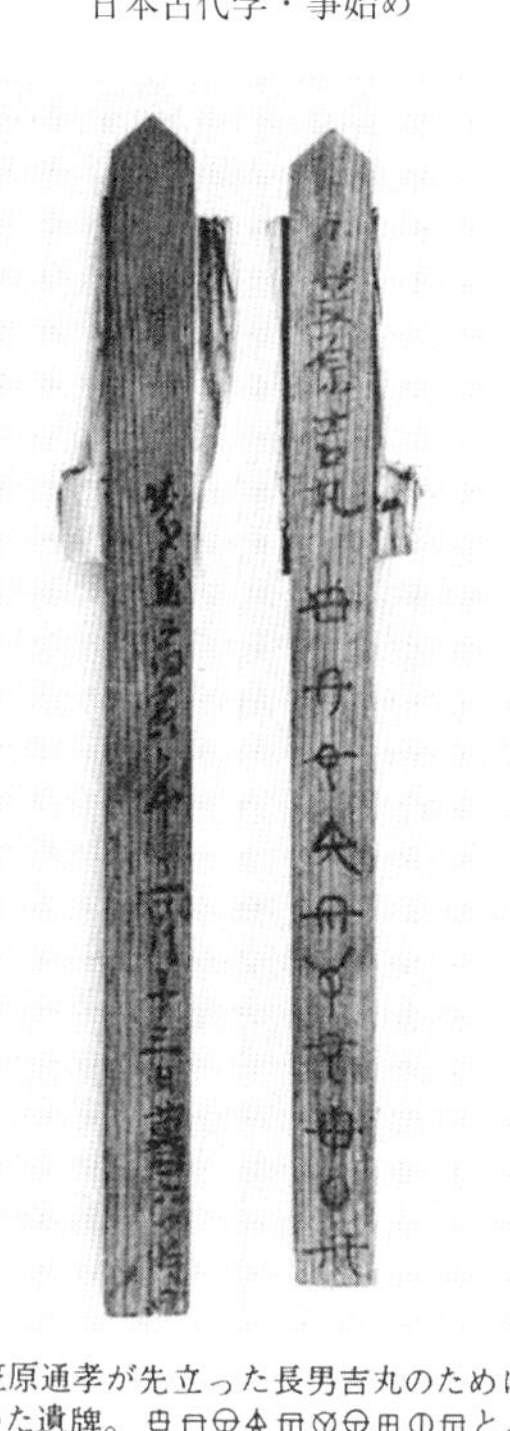

小笠原通孝が先立った長男吉丸のために書いた遺牌。（ヨシマルミタマノカミ）とよめる。

相沢氏の場合、考古学者も地質学者も、「赤土の中には石器はまったく含まれていない」と信じ、「火山灰地の日本は人間が住めない不毛の地であった」という今から思うと、バカバカしい考え方が頭脳を支配していたのだった。先入観ほど怖ろしいものはない。専門家が赤恥をかいた事件として、この発見物語は、シュリーマンの時と同じように、私たちの記憶から消えないだろう。

だが、このことは、現に我々をとりまいている環境と大変よく似ているような気がする。国語学者も歴史学者も、「日本には漢字の前に固有の文字など存在しない」と、固く信じ、まして、「それで書かれた文献など到底ありっこない」と確信しているのである。しかし、これはまったくの愚かしい先入観にしかすぎないのだ。これを訂すのは、我々素人しかないのである。前にも書いたが、餅屋が餅をつくことをしない以上、素人がやらねばならぬのである。

かくて、私は、ホツマとミカサ、フトマニに載る神々、これを書いたアマテルカミは元よりクシミカタマとオホタタネコとオホカシマ、それに、これら書物を我々に伝えて下さった恩人たち、三輪容聡、僧溥泉、小笠原通当、同長弘、同長武の御前に、朝な夕なに額ずく。これらの御稜威(みいつ)を仰ぐためにである。

そしてアメナルミチの大道を日々深めて自らに行い、これを内外の心ある人々に拡めたい。なお、ミカサフミの欠本を発見するためにも、渾身の努力を尽したいと思う。

小笠原通孝、幕末の珍らしいガラス版の写真。顔面に緊迫の気漲る。子孫の小笠原伊勢義氏蔵。

私の願いは、ホツマツタヘが世間から正しい評価をうけるようになるという一点にある。そのためならば、文字通り水火を辞せぬ。

前著『秘められた日本古代史・ホツマツタヘ』（毎日新聞社刊・昭和五十五年）と同じように、本書でも激しい記紀批判を行なった。それを耳障りに感じる方もあると思う。だが、古事記・日本書紀が、日本の古代を素直に表現していないのだから仕方ない。この場合、もっと困るのは、世間が記紀を日本で一番古くて良質の書だと思っている点である。

しかし、本書を読まれた方は、三種の神器のことが、記紀には大して書かれていないのに較べて、「ホツマツタヘ」には納得できる記事があったのを、気づかれたに違いない。オホタタネコやオホカシマについても同じである。要するに、ホツマツタヘと記紀とを比較しながら読むと、ホツマはすばらしいと感じ、記紀は評価以下の書とならざるを得ない。

心ある方は、どうかホツマツタヘと記紀との「三書比較」をやって欲しい。そうすれば、古事記と日本書紀の本質も、そしてホツマツタヘ自体がどういうものであるかも理解できるに違いない。「三書比較」の原稿は、既に出来上がっている。

繰返すが、私は、記紀批判のための記紀批判をやっているのではない。私の真の目的は、ホツマツタヘとミカサフミのすばらしさを伝えることにある。そして、そこに書かれているとおりに、生きかつ死ぬことにある。

一方、私のもう一つの願いは、ミカサフミの、まだ見出されてない部分を発見することにある。どんな些細な情報でも結構、お知らせいただければありがたい。本文でも書いたように、どこに眠っているのか、皆目見当がつかないのである。

ところで、私は、私の志を継いでホツマツタヘとミカサフミとフトマニとに打ち込んでくれる同志が、着実に育っていることに満足している。これは何よりも喜ばしい。

私が、これらの貴重な書物を発見してから、まだ二十年しか経っていない。にもかかわらず、もうしっかりした後継者が出来ているのだ。正直言って、こんなにも早くバトンタッチが出来るようになろうとは思ってもいなかった。

最初、私は日本一の宝物をひとり抱いたまま、朽ち果てるものと覚悟をきめていた。だが、私の予想は見事にはずれたのだ、このことはこれら書物のもつ底力を示すものでなくて何だろうか。

そして、宝物の底力は、前著の時のように、本書でもきっと発揮されるだろう。読者のうちから、「よし、俺も」また「私も」と、ホツマやミカサを勉強しようと名乗りをあげる方が、きっと出てくるに違いない。そういう方々と共に、今後もホツマツタヘを克明に読み、ミカサフミの発見に努力していきたい。

私をこんなにも駆り立てるのは、ホツマツタヘやミカサフミの中に、真の日本があるからである。私は日本人だから、本当の日本人になりたいと熱望する。これは已むに已まれぬ欲求なのだ。

最後に、四年前に本書の正篇を作り、引き続き、この続篇を早く書け書けと、私を責め立てていた毎日新聞社の故牧孝昌氏に、この書をみせて喜んで貰いたいと思う。また、『ホツマ入門』(昭和五十四年・自然社刊)を出し、ホツマツタヘが世に出る先鞭をつけて下さった大阪自然社の橋本郷見先生が、この書の出る寸前の七月十七日みまかったのは、かえすがえすも残念でならない。

著者

昭和五十九年七月

解題

「新々国学」の提唱から「ヲシテ国学」へ

――毎日新聞社版の出版からの後の三十六年間――

池田　満

三十六年目の『秘められた日本古代史　ホツマツタヘ』

平成も、もう28年になりました。今上陛下が、運転免許の高齢者講習にお臨みになられたとか。いやはや、歳月の過ぎ行く、その速さに、驚嘆をいたすばかりで御座います。

そう申しましたら、松本善之助（よしのすけ）先生の毎日新聞社からの『秘められた日本古代史　ホツマツタヘ』の出版から、早や、もう三十六年目です。長くて長い歳月が過ぎてきてしまっていました。この書は、絶版となってから、すでに久しくなってしまっていました。中古書もかなり高価になってきています。簡単に手に取ってもらう事もむつかしい。もはや、お若い世代の方が、『ホツマ ツタヱ』などヲシテ文献の現代発見のいきさつを知ることも、むつかしくなってきました。そのように、極めて稀有な情報になってまいってしまっているとも申せましょうか。年月の流れるのは、とても速い事で御座います。

展望社の唐澤さんから、毎日新聞社からの『秘められた日本古代史　ホツマツタヘ』の再出版をしたいのだけど……、と、ご相談を頂きました。そこに、条件がふたつありました。正編と続編の二冊を合わせて一冊にまとめることと、ページ数を４５０頁ほどにすること、この二つの条件です。

松本善之助先生のご功績の顕彰は、もとより、進めてゆきたいところで御座います。

そこで、『ホツマ ツタヱ』などヲシテ文献の現代発見のいきさつに付いての事情と、松本善之助先生の門下に集った私達の研究の初期の段階の取り組みの方向性について、これを主にして、紙数の内にまとめました。割愛しました二編は、「日本民族の源泉「三種神器」」、「古い神社の祭神間違い一覧表」です。その選定の理由は、この時代はヲシテ研究の黎明期の段階でしたので、少し掘り下げた説明になりますと、「難解でわからない」（続編257p）という記述が出てまいりますからです。総じて言えます事は、ヲシテ時代の「かみ（カミ）」の言葉を、「神」に直訳的な理解をしていた黎明期での迷いの解説です。また、「トのヲシヱ」の意味に付いても理解の未だしの説明もあります。（続編170p）

「[ヲシテ文字]（カミ）」の言葉を、「神」に直訳的に理解して、何が問題なのか？に付きましては、『秘められた日本古代史　ホツマツタヘ』（毎日新聞社）の出版の後の三十六年間の研究成果を踏まえた、最小限の「解題」を添えることに致しました。「トのヲシヱ」の意味など、もっと詳しくお知りになられたい場合は『ホツマ辞典』（松本善之助装丁、池田満編著、展望社）をご覧願います。

　松本善之助先生が現代研究の端緒をお開きになった時代から、年月を重ねて、ヲシテによる国語の解明も進んでいます。青木純雄さんが独特の天才的な解析力で『よみがえる日本語』（明治書院）の出版もなされました。そして、助詞篇の解明も『よみがえる日本語Ⅱ』（明治書院）として公表できています。すでに、ヲシテ解明の、つまりは、我が国の本当の源流の解明が、新段階の時代を迎えています。平岡憲人さんや斯波克幸さんなど、続々と素晴らしい人物の出現も出来（しゅつらい）してきています。もう、わたくしひとりが孤軍奮闘の時代は終わったという事でしょう。安堵のできる一つの節目です。

『ホツマ ツタヱ』などヲシテ文献の現代発見、これが、現代研究の発端です。もう、それから五十年になりました。これも、ひとつの記念の節目です。毎日新聞社版『秘められた日本古代史ホツマツタへ』の出版から、もう、早くも三十六年間も経ったのかと思いますと感慨もどうにも涙にも無量です。早や三十六年です。ここに、ヲシテ文献の研究の成果からみなさまに是非ともお知り頂きたいことだけを述べさせて頂く意義は大きいと自認を致しております。

毎日新聞社版『秘められた日本古代史　ホツマツタヘ』

平成に入っての初めのころ、私が初めて出版をしようと出版社を探していました際の事でした。編集者の人から、『秘められた日本古代史　ホツマツタヘ』（毎日新聞社）の内容は「これから一緒に勉強・研究をしてゆきましょう、という、趣旨の本ですね」と言われたことを思い出します。昭和55年（1980）の『秘められた日本古代史　ホツマツタヘ』（毎日新聞社）の出版から、おおよそ、10年経ったころの話でした。

今になって、わたくしも、見直しておりましたら、そのようだと感じるようにもなりました。『秘められた日本古代史　ホツマツタヘ』（毎日新聞社）の出版から、ほぼ10年たった当時には、わたくしには、そうは思えませず、はっきりと記紀の原書だと解かる筈だ、という感覚が先行していました。どうして解からないんだ！　と。そのところには、違和感を強く感じたのを思い出します。これを読んでわからないの？　どうして？　の感覚でした。でも、今なら、その当時には、当然だと思えます。その編集者の人の感覚の方が大多数の常識だとわたくしも思います。千数百年の積み重なった壁は、その大きな障壁は、とても巨大なのです。簡単な意識改革でどうにもなる訳がない、大きな障壁が塞いでいたのです。

それもその筈で、昭和42年（1967）の『ホツマ ツタヱ』の全巻を松本善之助先生が現代発見なさってから、13年間、血の滲むようなご苦心を重ねられても、なお、山の頂までには先がいやまだ遠くてなお遠しの感が強かった時点の事です。漢字が国字となってから千数百年です。ヲシテ文字も、ヲシテ時代中期からの5・7調の我が国の本来の伝統の文章形態も忘却の彼方の果てに霞んで久しいのでした。常識とのギャップが、大き過ぎるのです。ヲシテ文字の復活を、わたくしが今、一人で叫んでいても、現在に至っても遠吠えに近い状態ですから切ないものがあります。しかし、さすが、松本善之助先生です、最初の目の付け所から、目指すべき目的を明瞭に意識なさっておられたことが確認できます。さすがです、ここに、松本善之助先生に一目も二目も置く敬意の元の感動があります。これは、括目して見るべき松本善之助先生のご慧眼の在り処です。

「新々国学」の樹立の提唱

かつて、わたくしは、松本善之助先生から、大きな教えを授けて戴きました。教えと言うよりも、「命題」と言い換えた方が良いかも知れません。それは「国学」を新たに建て直すという仕事です。

わたくしの、若い時代の事でした。年表を繰ってみますと昭和49年（1974）ですから今から40年

強烈な求道心（2〜3頁参照）
★今でもうんざりする程、汽車に乗らねば行けないのに、往復二十七日間、山河八十余里の困苦に満ちた旅路を続けた“蟻の熊野詣で”のエネルギーは、一体どこからでてきたものなのだらうか。それも一度ならまだしも、後白河上皇は三十四度、後鳥羽上皇は二十八度といふ御幸に至っては正に驚異そのものである。更に花山法皇の阿部晴明を伴ふ千日の“お滝籠り”は壮絶の限りである。

九月号

発行所／日本古代文化研究会・〒145 東京都大田区南雪ケ谷4 15-4松本方☎03-729-7668／編集発行・松本善之助／定価弐百円・年間弐千円・賛助壱万円以上／振替東京80536／印刷・光輪閣／昭和49年9月1日発行／復刊8号・通巻6巻9号／毎月1回1日発行／題字・（南画家）故小川千甕筆／昭和49年8月2日第3種郵便物認可

〃新々国学〃樹立の提唱
――本居・平田・柳田・折口・津田学説の超克とその前途――

宣長と篤胤

本居宣長は渾身の力をこめて古事記の解明に打込んだ。彼がさうしたのは、云ふまでもなく古事記にこそ古代日本の真実がこめられてゐると確信したからであったが、彼が古事記よりも本来の目的に叶ふ書物を発見し得てゐたら、彼は問題もなくその方に情熱を傾けたであらう。即ち[illegible]を読めば、彼は欣喜してこの研究に没頭したに違ひない。然し[illegible]を秘伝した近江三輪容聡とは同時代であったのに、会ふ機会なく、従って稀有の古典に縁がなかったのは、いかにも残念である。

その後、宣長の学問は伴信友にうけ継がれた実証的な文献学の方向と、平田篤胤に引きつがれた神秘的非合理的傾向とに分れ、前者は明治以来の西欧合理主義思潮と相まって今日の学界の主流となり、依然として高い評価を保ってゐるが、これに比して篤胤学は右の傾向の故に不評判で篤胤全集は覆刻版ブームにも乗れず屛息した儘でゐる。然し、古代は非合理を除外した処に成立する筈がなく、この傾向は決して正しいものではない。

篤胤の学問の内、もう一つ注目すべきは、宣長の否定した〃神代文字〃を、彼は肯定した事であった。だが、彼が具体的証拠として挙げた「日文」なる文字は、彼の確信にも拘はらず、朝鮮文字の諺文まがひのものと論破されざるを得なかったのは当然だが、彼が同書の巻末に、資料として所載する十数種の〃神代文字〃の中に、[illegible]や[illegible]に使はれてゐる文字を掲げてゐるのに、これらこそが真正のものである事を気づかなかったのは何としても口惜しい。

今一歩の処で、篤胤が真を掴み損ねたのは、彼が宣長同様、[illegible]・[illegible]両書を入手できなかったのが大きな理由であらう。当時、両書はさきの三輪家とは別に真言・天台の両密教に秘伝されてゐたらしいのだが、それを彼が見得なかったのは、彼が仏教に強烈な罵詈を浴びせてゐたから、僧侶側としては篤胤には金輪際みせたくなかったのではないか。

柳田・折口・津田

契沖・春満・真淵を経て宣長に伝へられた和学は、その後の篤胤・信友以降の道統をも含めて〃国学〃とよばれてゐるのは衆知だが、これに対して柳田国男は自らの学問を〃新国学〃と称したのも又知られる通りである。

以上も前になります。松本善之助先生の情報発信誌の、月刊「ほつま」昭和49年9月号に「〃新々国学〃樹立の提唱」と題する一文を掲載されました。『秘められた日本古代史 ホツマツタヘ』（毎日新聞社）の出版のされる6年前の事になります。当時、私は19歳でした。「〃新々国学〃樹立の提唱」の文章を読んで以来、わたくしは、一途に、このこころざしの具体化に進んでまいりました。

そして、現在に至りまして、この近年には、具体的に言い表すことのできる「新々国学（しんしんこくがく）」よりもさらに進めて、「ヲシテ国学（wo_shi te kokugaku）」の名称の方が、松本善之助先生のご意志をより率直に実現するものであろうと考えて提唱を始めています。

さて、この度は、松本善之助先生のご著書の

『秘められた日本古代史　ホツマツタヘ』（正編・続編、毎日新聞社）の復刊をしようという機運が起こりました。

松本善之助先生の研究の時代は、今からしますと随分と昔になっております。『秘められた日本古代史　ホツマツタヘ』（毎日新聞社）の出版された、正編の出版年の昭和55年（1980）、続編の昭和59年（1984）の当時は、ヲシテ文献の研究の黎明期ともいえる時期でした。『古事記』『日本書紀』との対比を掲げた、本格的な研究書籍の『定本『ホツマ ツタヱ』』（松本善之助監修、池田満編著、展望社、平成14年（2002））の出版もまだでした。その前著作の『校本三書比較『ホツマ ツタヱ』』（松本善之助監修、池田満編著、新人物往来社、平成7年〜9年（1995〜1997））の出版もまだの時期でした。さらには、総合的なヲシテ文献の辞書の『ホツマ辞典』（松本善之助装丁、池田満編著、展望社、平成9年（1999））の出版よりも前の時代でした。

つまり、端的に申しますと、松本善之助先生が啓蒙に挑まれた時代、『秘められた日本古代史　ホツマツタヘ』（毎日新聞社）の出版された頃と言いますのは、ヲシテ国学の樹立に向けての初期で黎明期の事であったという事になります。ですが、歴史と言いますのは、端緒が極めて大切なものであること。わたくしは、ヲシテ文献に若い頃から心底親しんできましたから、黎明の端緒の重要性に付きましていやと言うほどにこころにキモに浸透しております。ヲシテ時代にも言えることでして、記述の分量は少なくても、初代のクニトコタチの時代こそが、極めて我が国の国家の本質を尋ねるべき急所です。それゆえに、松本善之助先生の初の啓蒙書の『秘められた日本古代史　ホツマツタヘ』（正編・続編、毎日新聞社）の復刊は、とても意義の深いものがあると申し上げる次第なのです。

『現代用語の基礎知識』（自由国民社）の編集や、ドラッカーの『現代の経営』（自由国民社）の翻訳出版にかかわった、当時の代表的な編集者であった松本善之助氏が、『ホツマ ツタヱ』などヲシテ文献に遭遇して、どう対応していったのか？ この事実は、現代にも、さらには、もっと何百年もの未来にも人々の大きな参考になるでしょう。

『秘められた日本古代史　ホツマツタヘ』（毎日新聞社）の続編の刊行されました、昭和59年（1984）の当時から、36年もの年月を過ぎまして、今現在に、研究はかなり進んできております。この36年来にわたって広がってまいりましたギャップに付きまして、解説を加えさせて頂くことが松本善之助先生の「〝新々国学〟樹立の提唱」のご意志に沿うところだと考えます。この、36年間に出版などで、新たな解明・発見の成果は様々な形で発信しておりますので、ここでは、最小限の解説にとどめさせて頂きます。この書籍の目的は、ヲシテ文献の現代発見と現代研究における端緒の時代の状況の、その記録にあります。詳しくは、他の既出版の書籍に堡塁を定めて下さいます様お願い申し上げます。

ヲシテ文献の記述の深さ

平成24年（2012）に発見された『ミカサフミ』の一冊のアヤには、新発見の概念がありました。

この『ミカサフミ ワカウタのアヤ』の発見も、奇跡的な出来事でした。

新発見の概念とは、「ナカレキ」と「オヨクキ」のふたつの把握の仕方です。

新発見のこのヲシテ文献は、江戸時代中期には存在していたものの、その所在は、ずっと不明だった『ミカサフミ』のアヤのひとつでした。

『ミカサフミ ワカウタのアヤ』によって、新しく私たちの知見に入った「ナカレキ」と「オヨクキ」の考え方は、良く考えてみますと高度な概念であることが解かります。

でも、一瞥しただけでは、「流れて来る木」と「泳いで行く木」のことかと即断してしまう事もあります。深い意味合いにまで考慮を及ぼしますと、「ナカレキ」とは、宇宙の中心の意味の「ナカ」の意味が込められていることに気が付きます。天の川のことを「ナカクタ」（ホ１４‐２３）に表現している用例があります。「オヨクキ」も同じことで一見すると「泳いで行く木」と、理解されます。少し違和感のある表現であるのが、重要なことだと感じます。何故ならば、もっと深い意味が「オヨクキ」の言葉にも込められていることを、そこはかとなく滲（にじ）み出させているからです。ヒトは、創造の祖（おや）の「アメミヲヤ」の分身であることから、小宇宙の位置にあると理解されていました。すなわち、小宇宙のひとつである私達ヒトの「及ぼしてゆく」はたらきを「オヨクキ」と表現していたのが、深い方の意味だったのです。

このように、子供や初心の人にも解りやすく作られているとともに、相当の人生経験の達人にも新たに深い哲理が得られるようにも作られていたのが、ヲシテ文献です。だから、ヲシテ文献は、奥深いものがあるわけです。

神さんがいはるさかい

『ホツマ ツタヱ』などヲシテ文献に研究を進めるにあたって、松本善之助先生は『万葉集』も見るようにと、よく、お諭しになられていました。松本善之助先生のご指導の下に、『万葉集』『古今和歌集』『新古今和歌集』などにもわたくしは親しんでまいりました。そのうちに、藤原定家の家の直系で、現在も京都御所の北隣りに公家屋敷を構えておられる冷泉（れいぜい）家に、おウタを習うようにもなりました。ご当代の冷泉貴実子（きみこ）先生は現代のおウタの名手です。いつも、感心して手を打って、冷泉貴実子先生のお詠（よ）みになられた「やまとうた（短歌）」を拝読させてもらっています。冷泉さんは、古い文書を守るお家筋なので、今は亡きご母堂から、収蔵庫の蔵には特別に注意をされていたそうです。

「あのお蔵には神さんがいはるさかい」

だから、近所の悪童たちと缶ケリ遊びをしても、お文庫の蔵には粗略な行為をしてはならないと、子供向けにきつい制止を掛ける意味で「神さんがいはるさかい」と言っておられたのです。詳しく聞くと、『二階には「シュンゼーキョー」や「テイカキョー」などのこわい神さんが祀ってあり、一階には「テイカキョー」の書かはった本が一杯ある』これが、子供の時に聞いたお文庫の蔵の事だった、と、冷泉貴実子先生は述べておられます。『花もみぢ ―冷泉家と京都―』（冷泉貴美子、書肆フローラ）P11に記しておられますように、後になってから、中学生のころに「シュンゼーキョー」は藤原俊成であり、「テイカキョー」はその子の藤原定家であることがやっと解かったそうでした。それが、冷泉貴実子先生のご自身のご先祖であることも。

物心のつかない頃には、とかく危ないことが起きてしまいやすいものです。子供の頑是ない遊びから、火事でも出したら大変です。子供には「神さんがいはるさかい」と言っておくのが、強い制止を利かす有効性があることでしょう。唯一の有効性です。その子供にも物心がついてきたら、ご先祖さんの偉人のことを「神さん」と言っていたのだな、と、気が付いてくるはずです。物心が付いてきてから、子供向けの「神さん」の表現と、実質の「ご先祖さま」との表現の違いに気が付かない人が居たら、それは、また、問題なようです。

　ヲシテ文献における「カミ」と言う言葉の意味にも、二つの意味合いが兼ね合わせて込められています。尊称的な意味合いと、実質の意味とのふたつです。

「神さん」と「カミ」との違い

『ホツマ ツタヱ』などヲシテ文献には、「（カミ）」の言葉は多くの用例があります。表面的・象徴的な尊敬・敬意を表す意味の他に、実質の本質を表す意味合いは、いくつにも分類できる、違う言葉の「（カミ）」の語彙がヲシテ文献中に混在しています。詳しく分類して分けてみると、十把一絡（じっぱひとから）げのかき揚げ状態では、実際のところ、具合が非常によろしくないと痛感するところです。居ても立ってても居られないほど、見るに忍びなく、具合が悪いのが、どんぶり勘定の「（カミ）」の言葉の混ぜこぜです。たとえば、眠りにくいから睡眠薬と、目を覚ましたいから興奮薬のカフェインと、咳を止めたいからエフェドリンと、などなど、どっちにしたいのか良く判らなくなるほどの多種の薬品をごっちゃに混ぜて服用しているようなものです。こんなことを続けていましたら、本体の生命の健康が侵（おか）されておかしくなってしまいます。そこで、漢字国字化時代から、もっと、本来の私たちの文明の根幹に遡及して言葉の分類と、語彙の意味の分類をしてみますと、本当に素晴らしい大文明が、漢字渡来以前にあったことが解かってまいります。

たとえば、当代の天皇陛下を表す「お上」の意味の「[ヲシテ文字]（カミ）」の言葉もあります。

〈

『ホツマ ツタヱ』17アヤ61頁を示します。

ホ17-61

オノガペラ ナロマスコンチニ
ワザツケテ ソラツカマント
ミチヒネリ ムタビタヽカヒ
ナシタレド マサクルコトハ
イカナラン ソノトキカミハ
ニコヱミテ マタハナトルナ
タヽコヽロ シツメテキケヨ
オノガトキ サカリアザムク

ホ17-62

ムクヒアリ ユエオキカセン

人々を苦しめる悪党のハタレ達が攻め寄せてきた際に、アマテルカミが、ハタレの頭目のハルナにお諭しになる場面です。

ハルナは言います。

「われわれの欲求・要求を通すために、708000人の集団にまとめて、攻め方を教えて天下を取ろうと3000日にもわたって6度も戦闘を試みてきたのだったが、これが上手くゆかなかったのは何故なのでしょうか？」

アマテルカミはお答えになられます。にこっと笑まれてアマテルカミはおっしゃったそうです。

「これから答えることに、また、はなどるな（鼻にかけてせせら笑ってあなどるな）。素直な心で聞くべし」

だと、前置きをしてからアマテルカミはおっしゃいますのでした。

「おのがトキ（日先の敏い事）の盛りによって、欺いてきた、その報いが表れているのです…」

と、アマテルカミは、ハタレのハルナにお諭しになられてゆかれます。

この際に「そのときカミは」の語句が『ホツマ ツタヱ』の文中にあります。17アヤの61頁にあります。ここでの「（カミ）」の言葉の、表面的な尊敬を表す意味の他に、実質を表す意味合いは、時の今上陛下の事が本当の実質の意味でした。当時におきまして、アマテルカミは8代のアマカミにお就きになられておられたからです。

こうして考えてみますと、この『ホツマ ツタヱ』17アヤ61頁の「（カミ）」の言葉に「神」の当て漢字を当て付けするのはおかしいと思われることでしょう。物心が付いていればの話ですが。

また、参考にヲシテ時代のアマカミの表を掲げます。

カミヨとヒトノヨとの区別は、漢字文献以降の「神代」「人皇」の概念とは異なります。ヲシテ文献に言う「カミヨ」は、天地の開き始まりから8代アマカミであられたアマテルカミの崩御の頃あたりまでを、一括りの時代としてとらえたものです。『ホツマ ツタヱ』の前編が編集された時代に、それ以前の意味で「かみ（昔）」の世と表現された経緯がありました。『ホツマ ツタヱ』の後編が記述されて、最終的に『ホツマ ツタヱ』の全編が完成を見る際に、「カミヨ」「ヒトノヨ」として区別がなされました。

アマカミの表

『ホツマ辞典』掲載

区分	名号		参考 区分	参考 社会状況	参考 統合宝璽等
カミヨ	初代	クニトコタチ 2−3	草期	住居・木の実栽培	トノヲシテ マサカキ暦
	2	クニサツチ（トホカミヱヒタメ） 2−4			
	3	トヨクンヌ 2−5		稲作試作	
	4	ウビチニ・スビチニ 2−6	初期	稲作導入	トツギ（結婚）のノリ
	5	オオトノチ・オオトマヘ 2−15			
	6	オモタル・カシコネ 2−16		農耕生産の減衰	オノで罪人を斬る
	7	イサナギ・イサナミ 2−19, 4−39	中期	畜力耕作普及	トとホコ
	8	アマテル 6−7		ハタレの乱 高度の農耕技術	トとカガミとツルギ（三種神器（みくさたから）） ヒヨミノミヤの設置
	9	オシホミミ 11−1			
	10	ニニキネ 24−6, 24−93 ／ ホノアカリ 20−5, 24−93		灌漑事業による新田開発	二朝廷並立時代
	11	ホホテミ 26−25 ／ ニギハヤヒ 27−14			
	12	ウガヤフキアハセズ 27−31			
ヒトノヨ	第一代	タケヒト（神武） 29−66	後期		アスス暦始まる 二王朝の統合がなされる
	第二代	カヌガワミミ（綏靖） 31−40			
	第三代	タマテミ（安寧） 31−61			
	第四代	スキトモ（懿徳） 31−75			
	第五代	カヱシネ（孝昭） 31−83			
	第六代	タリヒコクニ（孝安） 31−95			
	第七代	フトニ（孝霊） 32−1			
	第八代	クニクル（孝元） 32−33			
	第九代	フトヒヒ（開化） 32−49			
	第十代	ミマキ（崇神） 33−2		疫病の流行	隣国との本格的な外交が始まる
	第十一代	イクメイリヒコ（垂仁） 35−2			
	第十二代	ヲシロワケ（景行） 38−1			

∧

たとえば、祖先の偉人を表す「祖（かみ）（ご先祖さま）」の意味の「[Woshite glyphs]（カミ）」の言葉もあります。

『ホツマツタヱ』27アヤ33頁を示します。

ワレムカシ　アメノミチヱル
カケノフミ　ミヲヤモアミオ
サツクナモ　ミヲヤアマキミ
コノコヽロ　ヨロノマツリオ
キクトキハ　カミモクタリテ
ウヤマエバ　カミノミヲヤゾ
コノミチニ　クニヲサムレバ
モヽツカサ　ソノミチシトフ
コノコトク　コレモミヲヤゾ

ホ27-34

ホ27-35

アマテルカミの、子孫にあたるウカヤフキアハセスさんが、ミクライ（天皇位）にご即位になられることになりました。この時、ご長命のアマテルカミはお元気で遊ばされたのでした。すでに、アマカミの位を引退されておられたアマテルカミは、祝賀をお述べになられます。さらに、アマテルカミの子孫のウカヤフキアハセスさんに授けて、とても重要な指針をお示しになられるお言葉です。つまり、アマテルカミのご自身の崩御が近いことを覚えられまして、後のことを篤（あつ）く託されるお言葉なのでした。このお言葉は、とにもかくにも重要です。

「われ（アマテルカミ）むかし、アメのミチを得ることが出来たのは、初代クニトコタチ以来の営々と記し継がれてきた「カクのフミ」のおかげであった。この、ミヲヤ（祖先のアマカミ）からの伝承・伝来の貴重なフミ（カクのフミ）をあなたに授けます。「カクのフミ」は百篇・百巻にもなる多くのフミ（文献）です。よくよく学んでアメのミチを覚り得て下さい。あなたなら出来ますでしょう。

すなわち、これより、あなたは、ミヲヤ・アマキミと名乗りなさい。

その、真意は、「カクのフミ」にてアメのミチを覚り得たならば、その、こころで、天下の政道を聴くとき、（カミ）（祖先の偉人たち）も降り来たって敬うのです。それは、アメのミチに則って政道をきいてゆくから、祖先のクニトコタチのアメのミチに適うためです。アメのミチとは「（ト）のヲシヱ」の実現を実際に広げてゆくミチです。この大きな意味合いによって、（カミ・祖先の偉人）も降り来たって、アマキミ（古代の天皇陛下）を敬うのです。アメのミチを覚り得てこその事です。それは、勿論の事「トのヲシヱ」です。こう考えましたら、あなたは、これからの「ミヲヤ」なのです。（カミ・祖先の偉人）の「ミヲヤ」なのです。それで、すなわち、ミヲヤ・アマキミと名乗ってゆくべきだと諭し示す真意が此処にあります。この意味でミヲヤ・アマキミの名乗り名を授ける事にしました。

そういう事から、アメのミチに則った政道を為しゆくからこそ、万民も慕ってくれます。さらには、モモ（百）のツカサ（司・カミ）も大切な役割を果たしてゆく事が出来る訳です。それで、モモ（百）のツカサ（司・カミ）もアメのミチを慕ってくれて天下のマツリコト（政治）が順調にうまく運ぶことが出来ます。ミヲヤの先祖からの、初代クニトコタチからの貴き教えによって、今ここにあるという事を肝に命じて下さい。それが、ミヲヤ・アマキミとしての心構えです。詰まる所の要諦は、親子のいつくしむ気持ち・心情が此処にどれほどあるのか？　と、この事をいつも気に掛けて下さい。「〓〓〓（ミヲヤ）」とは、そういう意味です。アマキミとは、現在に生ある人々の代表としての「〓〓〓（ミヲヤ）」なのです。この、真意が解かってマツリコト（政治）を執るならば、「〓〓（カミ・祖先の偉人達）」も降り来たって力添えをしてくれることでしょう。

この『ホツマツタヱ』27アヤ34の「〓〓（カミ）もくだりて（くだりて）」の「〓〓（カミ）」言葉は、「祖先の偉人」を指しています。次の「〓〓（カミ）のミヲヤ」の言葉にも繋がるには、27アヤ34の「〓〓（カミ）もくだりて（くだりて）」の「〓〓（カミ）」の言葉は、「祖先の偉人」の意味でなくては文脈に齟齬（そご）をきたします。ですが、子供向けに解かりやすい言葉・概念としては、「神」の当て漢字を当て付けしたら、解かりやすいかも知れません。でも、本質はそうではありません。この例の「〓〓（カミ）」言葉の実質の意味には、「神」の概念と食い違いがあります。この例でも、判別がつくのも、物心が付いてきていればという事にもなりましょうか。

〈

たとえば、長官・長者のような、今でいえばドクター称号の「博士号」の位の授与にも近い、つかさ（司）のような意味の「かみ（カミ）」の言葉もあります。

『ホツマツタヱ』14アヤ43頁及び46頁を示します。

ミホヒコモ　タチウヤマヒテ
オモフコト　モフセルウタニ
コオコフル　イモヲセノナカニ
ホ14-43
コモリクノ　コモリソタテン
タラチネノカミ
カスガカミ　マタミホヒコガ
ミソムコオ　ヒタスコゝロハ
ミニコタエ　タマフヲシテハ
コモリカミ　マタヤスヒコハ
ホ14-47

3代目のオオモノヌシのミホヒコは、子沢山(だくさん)でした。医術・医療に長けていたミホヒコでしたから、男女の産み分けの方法にも試行をしていたのかも知れません。その意味で考えると合点が出来ます。ミホヒコは二人の妻を持っています。それぞれに、男女18人づつを産み分けしたのです。

一人の妻のスエツミの娘さんのイクタマヨリヒメは18人の男の子を産みます。スエツミさんは、陶器を大々的に生産する仕事をしています。（今の大阪の泉北地区の陶荒田神社（大阪府堺市中区上之）にご由緒が深いです）

もう一人の妻のコシ（今の、越前・越中・越後）のアチハセの娘さんのシラタマヒメは18人の女の子を産みます。

合わせて、36人の子沢山でした。男の子だったら、イクタマヨリヒメの子です。女の子だったら、シラタマヒメのお子さんです。

アマテルカミの「ヨツギを得るアヤ」の要諦を拝聴したミホヒコが、ウタを奉りました。

　こをこふる　いもをせのなかに
　こもりくの　こもりそたてん
　たらちねのかみ

そうしますと、アマテルカミは、ミホヒコに新しく名乗り名を授与なさいました。それが「コモリ・カミ」の称号です。

「コモリ・カミ」とは、幼稚園の園長さんのような雰囲気の人物に親しみを込めて贈られた称号です。この言葉の「[illegible]（カミ）」に、「神」の漢字を当てたら、違和感が強く感じられます。幼稚園の園長さんのような、長官・長者のような、ドクター称号や博士号のような、つかさ（司）のような意味の「[illegible]（カミ）」の言葉ですから、「神」の漢字に直訳を当ててはおかしいのです。この用例の「[illegible]（カミ）」と、「神」の違いのこと、この区別が解かるのは、物心が付いてきていればという事でもありましょうか？

〈

たとえば、季節の巡りを齎（もたら）してくる、温める働きや、冷やす働きの作用を意味する「[illegible]（カミ）」の言葉もあります。

温める働きや、冷やす働きの作用を言い表すのは、物理的とも言えましょうか、形而上的な意味合いともいえましょうか、概念として的確な理解が難しい部類の「（カミ）」の言葉です。『トシウチニナスコトのアヤ』の12枚目を掲げます。『トシウチニナスコトのアヤ』のアヤ（文献）は、百篇にも百巻にもその数があったとされる『カクのフミ』の内に含まれていたと推察されます。（百篇という根拠は『ホツマ ツタヱ』27アヤ33頁・90頁にあります。461ページ参照）

カモトカミ　ミハキサニスム
ソノメフリ　ヲカミシリゾク
ハツシグレ　ヤヽメモミチテ
ナカコロハ　ヲノカミツキテ
カミナツキ　ネノツキツユモ

「ミ」の季節は、秋の後半から秋の終わりまでの、一年の循環を8分割したうちのひとつを意味しています。「トホカミヱヒタメ」の表現の、8っつの内のひとつだと表現するのが適切です。

現行の暦で言いますと、「ミ」の季節は11月の初旬ころに始まります。「ミ」の季節の終わりが、現行の暦の12月の23日ごろの冬至の日までになります。冬至の、ヲシテ時代の用語での「フユイタルヒ」からは、次の「（ヱ）」の季節になります。つまり、「フユイタルヒ」に至る際に終焉するのが「（ミ）」の季節です。

現在に世界的におこなわれています現行のグレゴリオ暦と、ヲシテ時代のコヨミとの比較の図を掲げます。外円に記載しているのが、現行の暦による季節の把握です。内円が、我が国の縄文時代にさかの

日本固有暦の基本（内円）とグレゴリオ暦（外円）

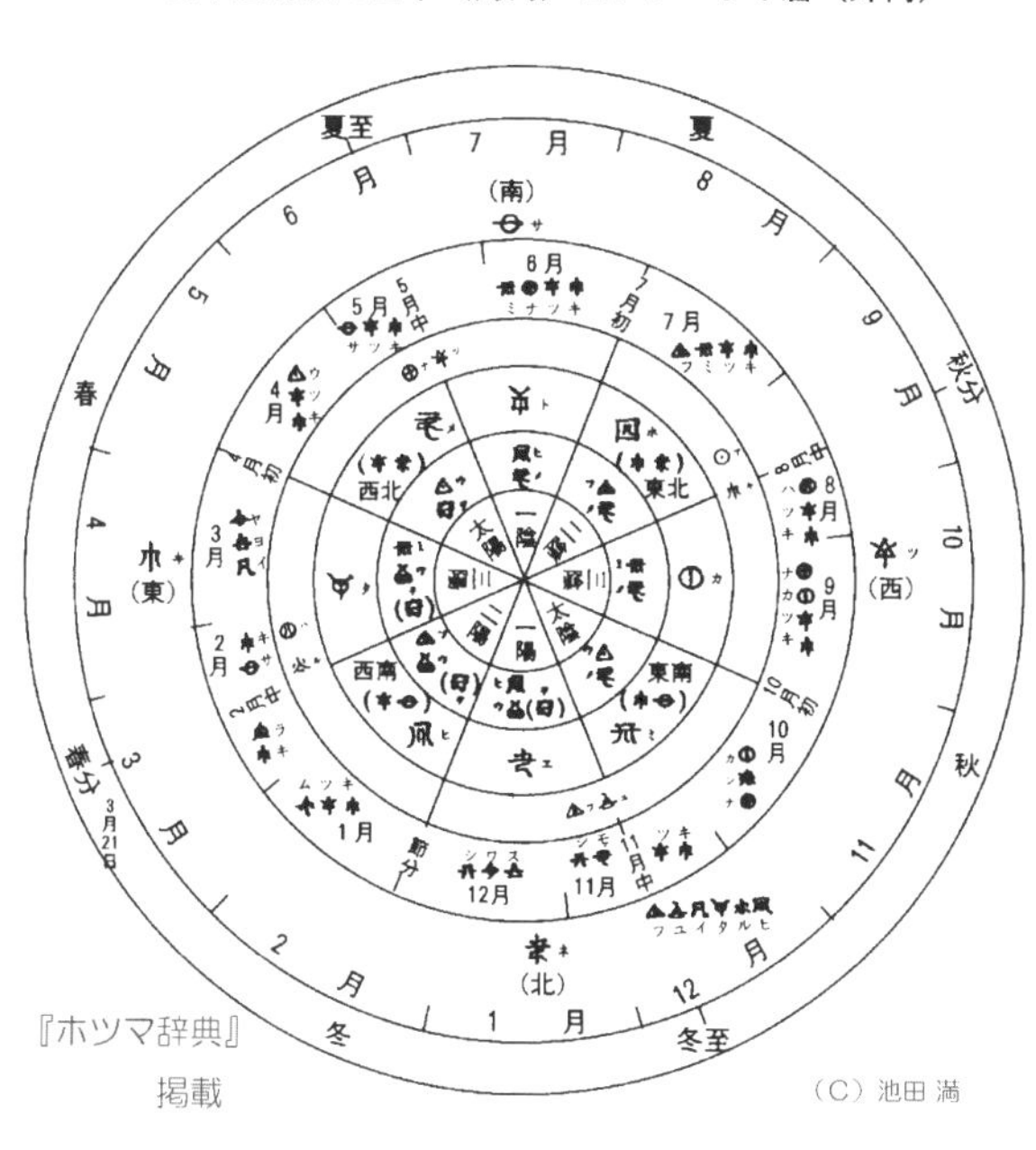

『ホツマ辞典』掲載

（C）池田 満

ぼる本来のコヨミの季節の把握です。

「〓（ミ）」の季節は何を表しているのか？ と言いますと、ヲシテ文字の表現に解かりますように、温かさを齎す「〓（ヲ）」の働きの最後のひとつまでが、地面の底にもぐった状態を指し示しています。

「〓（ミ）」のヲシテ文字の子音m音を表す形状の「丅」は、分解して考えますと横棒の「一」が地面の地表を表しています。そして、縦棒の「｜」は温めてくる働きを示しています。そこに、冷たい風の「∩」が吹いてくる状況が表現されたのが「〓（ミ）」のヲシテ文字の深い意味です。冷たい風の「∩」の母音の「い」の発音の概念は、現在完了の状態の時制をも表しています。今終わったという雰囲気の事です。だから、名詞的な意味を表す「態（母音）」のイメージになります。

そして、「（ミ）」の季節と言うものは、「（キサ・東南）」に澄まして齎して及ぼし来るものなのです。天空から、宇宙の中心から、齎し来るものは、常にヒタヒタと伝わり来ますが、その路筋は、天の川が地面に接してくる接点によってそこから広がり齎されてきます。「（ミ）」の季節には、「（キサ・東南）」の方角からの齎しが極めて強くなるのが特徴です。何故ならば、真夜中に、その位置に天の川が地表に遭遇するからです。

「（ミ）」の季節には、すべて、温かさを齎すはたらきの「（ヲ）」が地面の底にもぐってしまいます。地表の上は、冷たさを齎す「（メ）」のはたらきの4つの力が表れてまいります。温かさを齎すはたらきの「（ヲ）」が地面の底にもぐり込むので、寒さが極まるわけです。それで、初しぐれにもなります。シグレは、冷たくて、心も冷やす雨です。「（ミ）」の季節の中頃には、「（ヲ）」のカミがいよいよ尽きてきます。旧暦の10月のころです、現行の西暦のグレゴリオ暦では11月の終わりの頃になります。一年で、一番の「（ヲ）」の温める働きの少なくなる時です。それで、「（ミ）」の季節を「カンナツキ」あるいは略して「カナツキ」と呼ぶのです。「（ヲ）」のカミが、いよいよ、極限に少なくなる季節を呼ぶ名称です。

「（ヲ）」のカミの、はたらきとしての形而上的な概念を表す意味の、「（カミ）」の言葉は、ヲシテ文字のイメージで捉えないと正確には理解が及びかねます。

この区別、「⦶Ⴖ（カミ）」と直訳の「神」との区別が付くのは、物心が付いてきていればという事でもありましょうか？

正直のところ、こう言ったヲシテ文献のまともな解析による解きほぐしを細かに遂行して分析・解析してやっと解かってきた高度で複雑な概念の言葉の意味の詳細な区別の理解は、小学生には実に難しいというものでありましょう。わたくしも、そう思います。それは、お血筋も家柄もすばらしい、現代の歌人の秀逸な代表の冷泉（れいぜい）貴実子先生ですら、中学生になってから、祖先の藤原定家やその厳父の藤原俊成の事情のことを、やっと、実感を伴って解かってきたほどの事でしたから…　。

小学生には、「神」さんと、総じて、言っておけば良いようなことが正しいのかも知れませんです。ですが、我が国の文化・文明を貴いと気付いてきた人には、こういった「⦶Ⴖ（カミ）」も「神」も一緒くたの直訳の当て付けは、如何（いか）にも、短兵急に過ぎるという指摘をせざるを得ない私の心情に付きまして、お解り頂けたかと思います。この意味からしまして、漢字仮名交じり文への直訳的な置き換え文は、初めの入門的には悪い事とは申しませんが、ちょっと、モノの大事さを理解して下さいますようになりましたら、感覚が違って見えてくるものと、私の体験から申し上げます所です。松本善之助先生は、世間的に広く広く問うために、直訳的な漢字仮名交じりの置き換え文を、この書籍に多用してお られましたが、今、現在に至ります研究の進展の事から考えますと、もう一つ、首を捻り眉を顰（ひそ）めてしまう記述も多い事です。何故ならば、松本善之助先生は、「何時まで、ルビを振ってるんだ！　ルビなんか、早く、取っちまえ！」と、私にきつくお命じになられたのです。つまり、漢字仮名交じり文に単純変換することは良くない事と、松本善之助先生は常々おっしゃっておられました。さらに、ヲシテ文字にルビを振ることすら、そんなものは、早く卒業させろ！　と、わたくしにお命じになられておられました。ヲシテ文字にルビを振るのも良くないわけです。いわんや、漢字仮名交じり文の直訳文に、単純な機械翻訳みたいな置き換えなんて、松本善之助先生のお心の中では「言語道断の宜しからざる仕儀」としての認識であられたことは、確実です。

強烈に強く強固な、松本善之助先生のご意志を継いで、わたくしは愚直に仕事を進めてまいりました。『ホツマ辞典』（池田満、展望社）の出版にてヲシテ国学の推進に向けて、原字原文の尊重と、用例の各所に当たるべきこと、この二点の重要視についての所定の研究の進め方を纏（まと）めましてから、「[ヲシテ文字]（カミ）」の言葉を「神」の現代の漢字用語に機械翻訳的な直訳の当て付けをするのは、間違った方法であると一般にも理解が出来るようになってきました。『ホツマ辞典』を出版したそれ以前においての時代の認識は、時期の極めて尚早なる、ヲシテ研究の黎明期だと理解をなされて頂きたいわけです。最も本質的に重要な観点のポイントは、『ホツマ ツタヱ』など記紀の原書のヲシテ文献による、ヲシテ国学の樹立こそが、松本善之助先生の本当の大きなお志（こころざし）であったのです。

「〝新々国学〟樹立の提唱」として、月刊の研究誌の「ほつま」昭和49年9月号に記述なさっていた文章に拠って、松本善之助先生の、本当のおこころざしの在り処を知ることが出来ます。（451ページに掲示しました。ご参照下さい）

このことは、ようやく世間的にも徐々に理解が進みつつあります。初期においての段階で啓蒙をしてゆく黎明期には、何でもかんでも「神」の漢字に置き換えてしまっていた時代があったと、ご理解して頂けましょうか。それは、『秘められた日本古代史　ホツマツタヘ』（毎日新聞社）の出版された、正編の出版年の昭和55年（1980）、続編の昭和59年（1984）の当時の状況であって、その後の30年以上の研究の進展によって、相当に進んでゆきました。そこで、塗り替えられてゆきましたのです。この、事実の有ることも、じっくりとご理解を願いたく思います。

記紀の原書の認識

『ホツマ　ツタヱ』などヲシテ文献の発見と現代研究の前には、『古事記』や『日本書紀』などが、日本最古の書物だと思われていました。ところが、『ホツマ　ツタヱ』などヲシテ文献こそが、『日本書紀』や『古事記』など漢字文献よりも古い原書であると確認の出来ました根拠は、文献考古学とも言うべき文章の比較対比の手法にありました。

原文で同じ内容の個所を比較して対比して並べて比べてみますと、どっちが古いのかが解かってきます。

松本善之助先生は、ヲシテ文献の『ホツマ ツタヱ』と『日本書紀』および『古事記』との対比比較の手法を確立なさいました。ヲシテ文献研究にとって、画期的な仕事です。

松本善之助著

『ホツマツタヘ』の成立　《本文篇 1》

——『ホツマツタヘ』中の神武天皇の記事を『古事記』・『日本書紀』の同部分と比較して——

「ホツマ・ツタヘ」研究会刊

昭和48年8月に神武天皇紀の個所を、『ホツマ ツタヱ』と『日本書紀』と『古事記』との対比比較をして出版なさいました。『ホツマツタヱへの成立』の表紙と内容を掲げました。

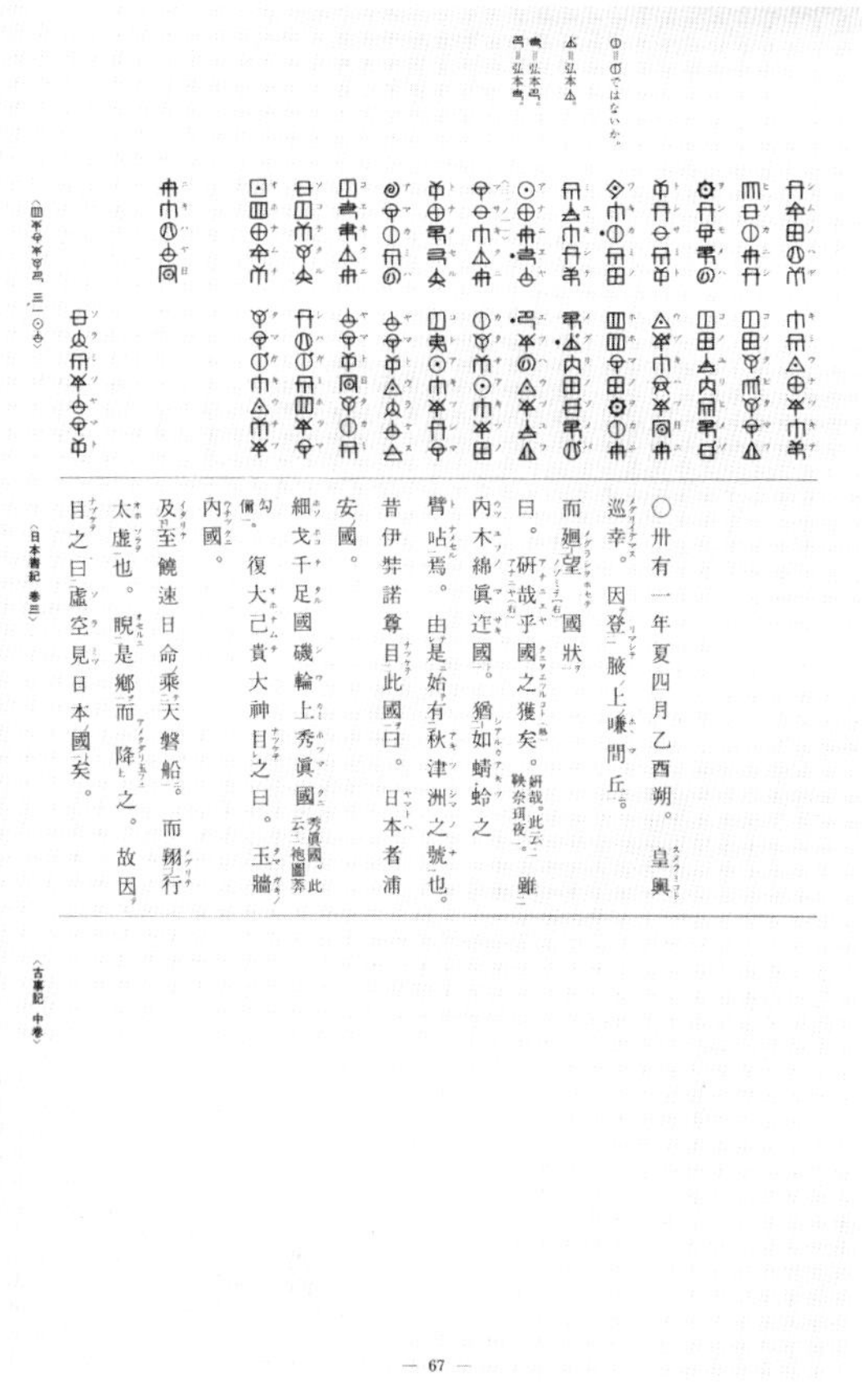

○卅有一年夏四月乙酉朔。皇輿
巡幸。因登腋上嗛間丘。
而廻望國狀
曰。研哉乎國之獲矣。研哉。此云鞅奈珥夜。雖
內木綿眞迮國。猶如蜻蛉之
臀呫焉。由是始有秋津洲之號也。
昔伊奘諾尊目此國曰。日本者浦
安國。
細戈千足國。磯輪上秀眞國。秀眞國。此云袍圖莽句儞。
復大己貴大神目之曰。玉牆
內國。
及至饒速日命乘天磐船。而翔行
太虛也。睨是鄕而降之。故因
目之曰虛空見日本國矣。

〈日本書紀 巻三〉

〈古事記 中巻〉

— 67 —

神武天皇紀の個所だけを見ても、記紀がヲシテ文献の『ホツマツタヱ』を原書にしていることは明白に解かります。松本善之助先生はこれを根拠にして、『秘められた日本古代史　ホツマツタヘ』（毎日新聞社）の出版にと啓蒙をはかられました。正編を出版した年の昭和55年（1980）、続編の昭和59年（1984）の出版と繋げていかれました。結局、総計で8万部ぐらいは出たのじゃないか？　と、松本善之助先生はおっしゃっておられました。

ですが、今に至る世間の評価は、『ホツマ　ツタヱ』に偽書のようなあれよあれよのイメージの先行が染みて付いていいます。

本当のところ、偽書かも？　の扱いにしているのは、直訳をやって現代漢字仮名交じり文にして流布する人たちが居るので、反対勢力は、そこを偽書論に祭り上げる当たりにしているわけです。いつの時代にも、反対勢力は居ます。そして、気持ちは純粋でも不勉強から、反対勢力に利用されてしまう人もいます。そのような事情から、『ホツマ　ツタヱ』などヲシテ文献の啓蒙と流布は上手く運んでゆかなかったのでした。

それで、『ホツマ　ツタヱ』と『日本書紀』と『古事記』との対比比較を全巻にわたっての出版をすることになりました。松本善之助先生のご指導の下に『校本三書比較ホツマ　ツタヱ』（上・中・下、松本善之助監修、池田満編著）の3編の3冊に別けて新人物往来社から出版しました。平成7年から9年（1995〜1997）にかけての出版でした。その後、一冊本に改編して『定本ホツマ　ツタヱ』（松本善之助監修、池田満編著、展望社）を平成14年（2002）に出版して今に至ります。松本善之助先生の時代からさらに進めました作業は、諸写本の校異（写本ごとの細かな相違）を頭注に掲げましたことと、『ホツマ ツタヱ』全巻の40アヤすべてを網羅しましたこと、『ミカサフミ』の同文個所に付いても掲示をしたことなどがあります。

平成元年か2年（1989／1990）の頃に言われた話を思い出します。編集者の人から、『秘められた日本古代史 ホツマツタへ』（毎日新聞社）の内容は「これから一緒に勉強・研究をしてゆきましょう、という、趣旨の本ですね」と言われた事がありました。その答えが、『定本ホツマ ツタヱ』（松本善之助監修、池田満編著、展望社）の平成14年（2002）の出版にあったのかも知れません。また、平成11年（1999）に出版した『ホツマ辞典』（松本善之助装丁、池田満編著、展望社）にあったのかも知れません。解答は、いくつも必要なようです。そして、今回の『秘められた日本古代史ホツマツタへ』（松本善之助、毎日新聞社）の復刊版の出版に、この解題を添えさせて頂けますことも、ひとつの解答なのかも知れません。すべて、松本善之助先生のご遺志に基付いてそのさらなる発展形の若干をここに記させて頂きました。

松本善之助先生のご学恩にこうべを垂れつつ……。

書題の『ホツマツタヱ』の仮名使い

松本善之助先生は、歴史的仮名使いを重視しておられました。『〓〓〓〓〓〓（ホツマツタヱ）』と、ヲシテ文献中に多くある用例は、「ハ行」に活用している方が正しい記述だと考えておられました。『〓〓〓〓〓〓（ホツマツタヘ）』とする方が古意に沿うものだ。との立場でした。

ですが、のちに36年間の研究の結果、『〓〓〓〓〓〓（ホツマツタヱ）』の文献名は、ヲシテ時代の48音図には「ヤ行のye」を用いている用例が多いことが、「索引」を用いた総合研究で判明してまいりました。

勿論の事に、歴史的仮名使いは、『万葉集』などの漢字文献から導き出された法則です。漢字文献よりも、さらに古い時代のヲシテ文献に適用するには無理があります。漢字国字化時代からは、国語の法則も変化が起きていたと考える方が順当です。ですから、漢字時代以降の法則を、ヲシテ時代に適用するのは論外の事だと申せます。とは言いましても、松本善之助先生の研究の当時には、歴史的仮名使いに拠る『ホツマツタヘ』として、「ヘ」を動詞の活用の仮名使いとするのも、ヲシテ研究史上のひとつの歴史にはあります。

書名には、元の版にもとづき『ホツマツタヘ』の表記にしました。また、本文中の仮名使いも、著者の松本善之助先生の書式を尊重して『ホツマツタヘ』のままとしておきました。適時、読者のお方には、ヲシテ文献中の用例の多い「ヤ行」の活用として『〓〓〓〓〓〓（ホツマツタヱ（ye））』として読み替えをお願いします。

「索引」の活用の事

松本善之助先生は、ヲシテ文献中の言葉が他の個所のどこにあるのか？を、検索する「索引」の重要性を常に強調されていました。初めに作成された「索引」は名古屋の皿井寿子（かずこ）さんによる『ホツマツタヱ』の索引でした。後に、『ミカサフミ』『カクのミハタ（『フトマニ』など）』の索引も、わたくしも共同で作成を致しました。これが、ヲシテ文献研究の強力な基礎になりました。

さらに、平成19年（２００７）には、パソコンでヲシテ文献の言葉の総合検索のできる「デジタル・検索」が大阪の平岡憲人さんによって作成されました。そのベースには、パソコン用の「ヲシテ・フォント」を平成19年（２００７）にわたくしが作成しましたことも役立ちました。

ヲシテ文献の用語を、各々の用例に基付いて吟味するには「索引」の役割が大きいものです。

さらに、大阪の森本璋さんはネットで使えるようにと、試行段階の試みをなさっておられます。

「天成神道」の表現の不適切

明治から大正にかけて、宇和島の小笠原長武さんがヲシテ文献の研究を熱心になさっておられました。松本善之助先生も、現代研究の先駆者として、お認めになっておられたのが、小笠原長武翁(おう)でした。小笠原長武さんは、多くの手稿を残して下さっています。そのうち、『日本書紀』と『古事記』と『ホツマツタヱ』との比較を試みた冊子は、現代研究の嚆矢と言っても間違いありません重要な手稿です。

小笠原長武さんは、「神道」の立て直しを強く意識されていたようでした。そのことから「天成神道」として、新たな創建運動を起こしてゆこうと試みておられました。小笠原長武さんの多くの手稿のうちに読み取れます。

今の現代に考えてみます。そうしますと、そもそも「神道」というものは、つまり宗教としての「神道」は、奈良時代以降に確立されてくるのでした。それよりも、奈良時代よりも、漢字が我が国に渡来してくるよりも、もっとずっと古い時代がヲシテ時代です。このことからしますと、ヲシテ時代の哲学・宗教の形容に、「神道」の言葉を用いる事は不適切である、という事になります。

ヲシテ時代の、草期から前期、そしてヲシテ時代の中期のアマテルカミのご活躍されていた時代の「アメのミチ」の言葉に、現代用語の「宗教（レリジョン）」の意味に直訳して当てては違和感があるからです。もっと、哲学的な感覚に近いのが、ヲシテ時代の「アメのミチ」の言葉の中身でした。「宗教（レリジョン）」というよりも、「哲学」の概念に近い意味で、わたくしはヲシテ時代の中期ごろまでの感覚を「縄文哲学」と呼ぶ方がよりふさわしいと、先年から提唱をしています。
これから、ヲシテ国学の樹立に向けて、漢字由来のイメージを払拭することが大切です。「日本」の本来の大切な「ミチ」の「（アメノミチ）」の言葉は、現代的な入門の仮名交じりの表記として「アメのミチ」の表し方が望ましいでしょう。

ヲシテの濁点表記や数詞の表記

「ヲシデ」か「ヲシテ」か？　濁音表記の事は、いつも頭を悩ませるところです。そもそも、江戸時代ごろの表記でも、濁音は表記しないで補いながら読んでいたりもします。話し言葉と、書き言葉を、一致させましょうという言文一致の運動は、明治ごろから強く始まったのでした。

さて、ヲシテ文献は、伝来の存続が奇跡ともいえる状況で今に至っています。

写本の筆写にも、異同はあります。「（ヲシテ）」の文字使いが8割を超えるほどの多くを占めます。「ワ行」の標準の文字は「（ヲ）」ですが、「（ヲシテ）」の「ヲ」の文字の文字は、中点無しの「（ヲ）」の特殊文字であることをご注意願います。特に、大切な敬意を表す意味が、この、中点無しの「ヲ（ヲ）」のヲシテ文字に込められているのです。

この他に「（オシテ）」の「ア行」の「（オ）」に記す用例が2割ほどあります。

さらに詳しく掲げますと、他にも、「（ヲシデ）」と（ホ27-90長武写本のみ、ホ19B-

２４長弘写本・長武写本のみ）「（ヲシテ）」（ホ２３－９長弘写本・長武写本のみ）など、完写本の４写本の内にも微妙に写本での文字表記の違いがあります。ですが、そのほとんどを集約していえば、「ヲシテ」の言葉は、中点無しの「（ヲ）」の特殊文字に記した「（ヲシテ）」の文字使いが断然において主流です。

　この事からしまして、「ヲシデ」と、濁音に現代表記するのは間違った表記であるという事になります。

　また、濁点の表記に、外二点濁点と内側などの濁点表記の二種類が、ヲシテ文献にあります。全般的に勘案しまして、外二点濁点表記は、漢字国字化時代以降の、ヲシテ文献の伝承時代に写本を繰り返すうちに付加されてきたものであろうと、わたくしは推考しております。

　また、数詞のハネの付けてあるヲシテ文字の特殊形も、漢字国字化時代以降の、ヲシテ文献の伝承時代に付加されてきた可能性が濃厚です。ヲシテ時代の中期ごろの書写の形態は、絹のような布に染めて記録したか、綾文様に織り込んで記録したか、そういった方法が最も想像されてしかるべきです。そうなりますと、微妙なハネの表記は物理的に困難であったと言えます。

ヲシテの文字形の理解の進展

ヲシテ文字の形状に付きまして、千数百年ぶりに出現してきたわけですから、この理解の進展は遅々

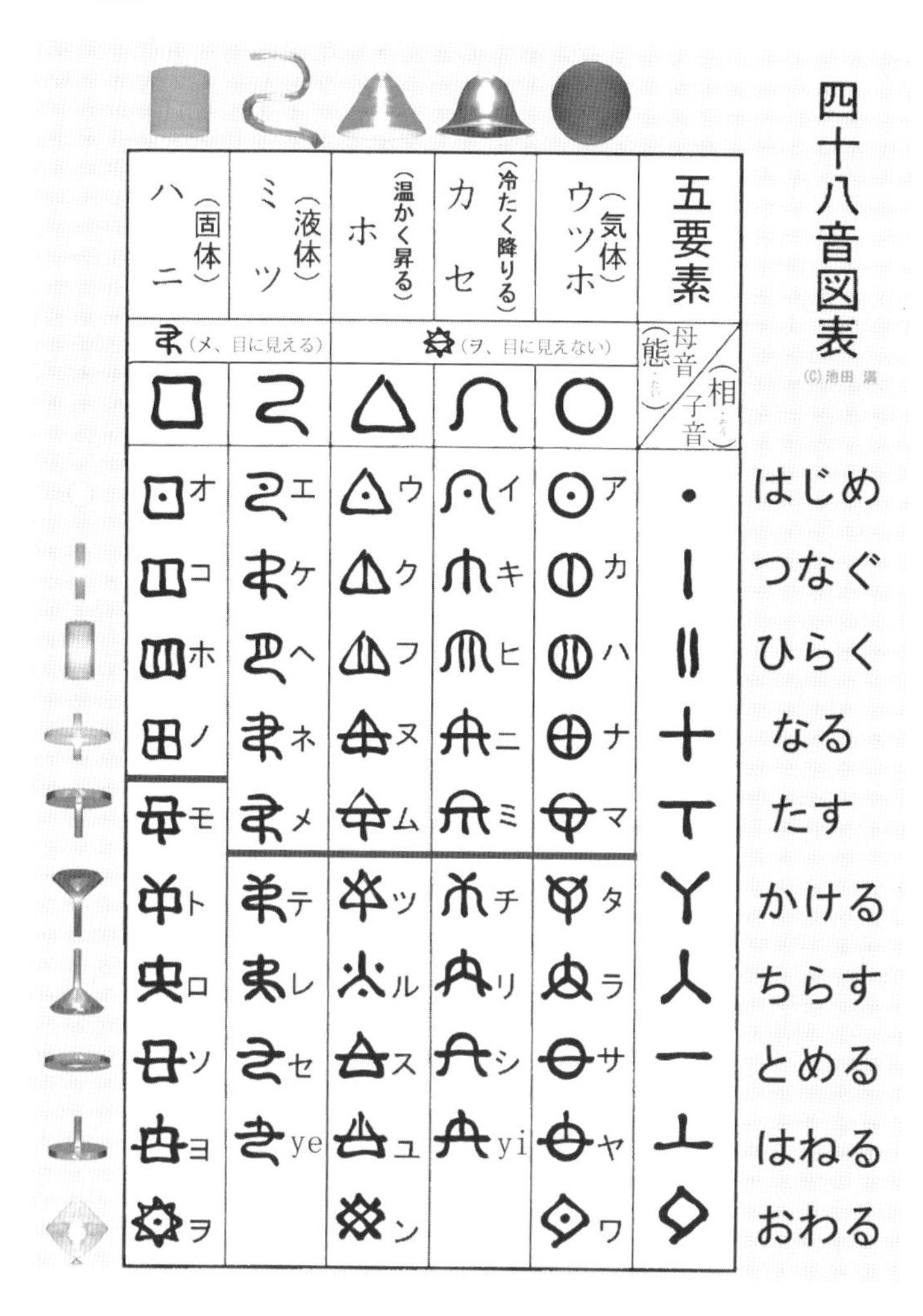

四十八音図表
(C)池田 满
五要素
ウツホ（気体）
カセ（冷たく降りる）
ホ（温かく昇る）
ミツ（液体）
ハニ（固体）
（ヲ、目に見えない）
（メ、目に見える）
母音（態・たい）
子音（相・そう）
はじめ ア イ ウ エ オ
つなぐ カ キ ク ケ コ
ひらく ハ ヒ フ ヘ ホ
なる ナ ニ ヌ ネ ノ
たす マ ミ ム メ モ
かける タ チ ツ テ ト
ちらす ラ リ ル レ ロ
とめる サ シ ス セ ソ
はねる ヤ yi ユ ye ヨ
おわる ワ ン ヲ

基本字形	特殊文字	数詞文字	濁音文字 古来からのもの	濁音文字 伝承時代の付加
モ	喪のモ	100		
ト	トノヲシテのト	10		
ロ	畑の作物・オノコロのロ			
ソ	水田の作物 稲	10		
ヨ	世の中のヨ	4・10,000		
ヲ	ヲシテのヲ 教えるのヲ・メヲのヲ 男性のヲ・目に見えないつながりのヲ・ホヲムシのヲ			
テ				
レ				
セ				
ヱ				
ツ	擬音か？	ふたつのツ		
ル	目に見えないナミを指す			
ス		100,000		
ユ				
ン				
チ	乳房や母乳を指す	1000		
リ		100,000		
シ				
ヰ		5		
タ	種のタ 田畑のタ	ふたつのタ		
ラ				
サ				
ヤ	ヤッコ（謙譲の自称）のヤ	8		
ワ	地球や地面を指す ハにも通韻・通親する			

同音記号　同音数詞

基本字形	特殊文字	数詞文字	濁音文字 古来からのもの	濁音文字 伝承時代の付加
ア	天地の天・改まった時に使う			
カ		100,000	助詞・強い香る	
ハ	着物や文章・助詞	100,000	汚れた土地	
ナ	野菜や葉っ葉	7		
マ		100,000		
イ				
キ				
ヒ	人など・太陽・根・火	1・一人のヒ		
ニ				
ミ	フミのミ	3		
ウ	ヲ（陽）のナミ・太初のウ			
ク				
フ	フミ（文）などに使う・フユ（冬）のフ	2		
ヌ				
ム		6		
エ				
ケ	ミケ（食物）のケ			
ヘ	スヘラギのヘ			
ネ				
メ	目のこと・メヲ（陰陽）のメ			
オ	峰や尾根・尾っぽ 母音			
コ	豊かに肥えること・オノコロのコ	9		
ホ	炎・歳のホ・稲穂のホ	年		
ノ	野っ原のノ			

10,000の位

100,000の位

たるものであったことは否めません。

松本善之助先生が現代研究を開始なさって、『秘められた日本古代史　ホツマツタヘ』（毎日新聞社）の啓蒙書にまとめられた時代には、最古の完写本の和仁估安聡（わにこやすとし）筆記の写本が、まだ発見される前の事でした。和仁估安聡（わにこやすとし）の完写本には、微細な特殊文字表記が最も多く記載されていました。特に、「（ル）」の文字形が、標準文字であることは、和仁估安聡（わにこやすとし）の完写本の発見によって確定的になったことが言えます。和仁估安聡（わにこやすとし）の完写本の発見は、平成4年（1992）の4月のことでした。「ル」のヲシテの文字形を「（ル）」として標準文字に考えていたのは、小笠原道当、小笠原長弘の初期のころ、小笠原長武の初期のころに認められます。松本善之助先生の現代研究を開始された際には、ヲシテ文字の文字形形状に付いて未だ黎明期であったと申せましょう。

松本善之助先生の啓蒙書の『秘められた日本古代史　ホツマツタヘ』（毎日新聞社）の出版から、最早、あれから36年。ヲシテ文字形の理解も深まりました。今の現在におきましての、ヲシテ文字を、ヲシテ時代にさかのぼり遡及しての形状は四八一頁のような形になります。この理解は、ヲシテ時代中期ごろを目標にして遡った形状です。

最古の完写本から、印刷用のヲシテ文字を厳選しまして使っています。江戸時代の中期の最古の完写本「和仁估安聡（わにこやすとし）写本」の『ホツマツタヱ』を底本にしました。特殊文字のヲシテ文字も右に掲げます。

編者あとがき

『古事記』『日本書紀』の原書の現代発見が、50年前の出来事でした。『ホツマ ツタヱ』など「ヲシテ文献」発見は、歴史的に見て大きな出来事です。まだ、世間的には、その大きさに気が付き得ていない事がもどかしいです。この、大きな出来事から50年の節目に、この書籍を上梓できる幸せを実感しています。松本善之助先生の現代発見の事実は、永遠に記憶されますことでしょう。

昔の事です。松本善之助先生の奥様に、夏の暑い日に、お素麺を冷たくしてもらって頂いたことを思い出します。

大森の病院に、先ほどお見舞いに上がりましたら、松本先生の奥様はとっても喜んで下さいました。長い間の想い出は、一瞬にしてよみがえるのも不思議です。

また、鰻を店屋さんから、ご馳走になった事も思いだします。関西の鰻と、関東の鰻では、雰囲気が違います。幾たびも頂戴いたしていましたら、両方のそれぞれの良さが解かってまいりました。これも、勉強させて貰う事の、ひとつの事がかないました事でした。その他にも、人生の過程で、言うに言われぬ、いろいろお世話になりましたことも、多い事で御座いました。あれこれと、走馬灯のように思い出しておりました。それが、もう、今年には、40年は、ゆうに過ぎることになっていました。

『ホツマ ツタヱ』など「ヲシテ文献」の現代発見から50年、長いようでも、一瞬に思えるのはとても不思議な事です。人生とは、ひとつの航海のようにも思えます。長い長い航海です。

松本善之助先生の求めて願われておられました「新々国学」の精神を、近年さらに充実させて発展させて「ヲシテ国学」として標榜して提唱してきております。建学のかたちには、まだまだ、先が長いことで御座います。みなさま、どうか、長い視点での、ご理解とご支援を賜りますようお願い申し上げます。

快く、再出版を了承して下さいました、毎日新聞出版社に感謝を申し上げます。

再出版をとっても喜んで下さいました、松本善之助先生の奥さま、お嬢さま、有り難うございます。

松本善之助先生のご命日の4月7日には、再刻の出版の形の纏まりましたことをご報告申し上げることが出来ます。

現代発見の50年記念に、再出版を実現して下さいました、展望社の唐澤明義氏に深く感謝申し上げます。

いつもご支援・応援をして下さいます、多くの同志のお方々様、深い感謝を申し上げます。

平成28年4月2日

池田　満

ヲシテ文献研究年譜　池田　満（昭和30年、一九五五、大阪生まれ）

一九七二年　松本善之助塾に入門。三書比較、系図、年表など、基礎研究に没頭する。
一九八〇年　『秘められた日本古代史ホツマツタヘ』（毎日新聞社）上梓に補助をする。
　『トシウチニナスコトノアヤ』1アヤ分（溥泉旧蔵書・龍谷大学所蔵）発見に同席。
一九九一年　『ホツマ神々の物語』（長征社）上梓。
一九九二年　『ホツマツタヱ』（和仁估安聡本）発見、修理。最古の祖本。
一九九三年　『和仁估安聡本ホツマツタヱ』（新人物往来社）復刻上梓。
一九九五年～一九九七年　『校本三書比較ホツマツタヱ—日本書紀・古事記との対比—（上、中、下編）』（新人物往来社）上梓。
一九九六年　『The World of Hothuma Legends』（Japan Translstion Center,Ltd.）上梓の監修。
一九九九年　『ホツマ辞典』（展望社）上梓。
　『校註ミカサフミ、フトマニ』（展望社）上梓。
二〇〇一年　『ホツマツタヱを読み解く』（展望社）上梓。
二〇〇三年　『縄文人のこころを旅する』（展望社）上梓。
　ヲシテ文献を典拠とした、歌の作詞。歌曲、「アワのうた」「二見浦」の作詞。
二〇〇四年　『記紀原書ヲシテ』上・下巻（展望社）上梓。
二〇〇五年　『ホツマ縄文日本のたから』（展望社）上梓。
二〇〇六年　「縄文文字ヲシテA」（パソコン用フォント）開発・公開頒布。「日本ヲシテ研究所」設立。
二〇〇七年　テレビ番組「人間の杜」（チャンネル桜）出演。
二〇〇八年　立体ヲシテの縄文時代への遡及を開始。国語の文法の解明。
二〇〇九年　『よみがえる日本語』（青木純雄、平岡憲人:明治書院）上梓の監修。
二〇一〇年　『ホツマで読むタマトタケ物語』（展望社）上梓。
二〇一二年　『新訂ミカサフミ・フトマニ』（展望社）上梓。
　『ミカサフミ ワカウタのアヤ』の発見と鑑定。
二〇一三年　『よみがえる縄文時代イサナギ・イサナミのこころ』（展望社）上梓。
二〇一五年　『よみがえる日本語Ⅱ』（青木純雄、斯波克幸:明治書院）上梓の監修。

ホツマツタヱ発見物語

平成二十八年九月二十八日　初版第一刷発行
令和三年　七月二十七日　初版第二刷発行

著　者　松本善之助（まつもとよしのすけ）
編　者　池田　満（いけだ みつる）
発行者　唐澤明義
発行所　株式会社 展望社
〒一一二-〇〇〇二
文京区小石川三-一-七　エコービル二〇二
電　話　東京（〇三）三八一四-一九九七
FAX　東京（〇三）三八一四-三〇六三
振　替　〇〇一八〇-三-三九六二四八
展望社ホームページ　http://tembo-books.jp/
印刷・製本　株式会社 東京印書館

ISBN978-4-88546-319-8